DR. OETKER VORSPEISEN UND SNACKS VON A–Z

DR. OETKER

VORSPEISEN UND SNACKS

VON A–Z

Dr. Oetker Verlag

Abkürzungen

EL	=	Esslöffel
TL	=	Teelöffel
Msp.	=	Messerspitze
Pck.	=	Packung/Päckchen
g	=	Gramm
kg	=	Kilogramm
ml	=	Milliliter
l	=	Liter
evtl.	=	eventuell
geh.	=	gehäuft
gem.	=	gemahlen
ger.	=	gerieben
gestr.	=	gestrichen
TK	=	Tiefkühlprodukt
°C	=	Grad Celsius
Ø	=	Durchmesser

Kalorien-/Nährwertangaben

E	=	Eiweiß
F	=	Fett
Kh	=	Kohlenhydrate
kJ	=	Kilojoule
kcal	=	Kilokalorien
BE	=	Broteinheiten

Bei den Nährwertangaben in den Rezepten handelt es sich um auf- bzw. abgerundete ganze Werte. Lediglich die Broteinheiten werden in 0,5er-Schritten mit einer Stelle nach dem Komma angegeben.
Aufgrund von ständigen Rohstoffschwankungen und/oder Rezepturveränderungen bei Lebensmitteln, kann es zu Abweichungen kommen. Die Nährwertangaben dienen daher lediglich Ihrer Orientierung und eignen sich nur bedingt für die Berechnung eines Diätplans, zum Beispiel bei Krankheiten wie Diabetes.
Bei krankheitsbedingten Diäten richten Sie sich daher bitte nach den Anweisungen Ihres Diätassistenten bzw. Ihres Arztes.

Allgemeine Hinweise zu den Rezepten

Lesen Sie vor der Zubereitung – besser noch vor dem Einkauf – das Rezept einmal vollständig durch. Oft werden Arbeitsabläufe oder -zusammenhänge dann klarer.

Zutatenliste

Die Zutaten sind in der Reihenfolge ihrer Verarbeitung aufgeführt.

Arbeitsschritte

Die Arbeitsschritte sind einzeln hervorgehoben, in der Reihenfolge, in der sie von uns ausprobiert wurden.

Zubereitungszeiten

Die Zubereitungszeit ist ein Anhaltswert für die Zeit der Vorbereitung und der eigentlichen Zubereitung. Die Garzeiten, die nicht in diese Zeit fallen, sind gesondert ausgewiesen. Längere Wartezeiten wie z. B. Kühl- und Auftauzeiten sind nicht mit einbezogen.

Backofeneinstellung und Back- und Garzeiten

Die in den Rezepten angegebenen Gartemperaturen und -zeiten sind Richtwerte, die je nach individueller Hitzeleistung Ihres Backofens über- oder unterschritten werden können. Bitte beachten Sie deshalb bei der Einstellung des Backofens die Gebrauchsanleitung des Herstellers.
Die Temperaturangaben in diesem Buch beziehen sich auf Elektrobacköfen. Die Temperatureinstellungsmöglichkeiten für Gasbacköfen variieren je nach Hersteller, sodass wir keine allgemeingültigen Angaben machen können.

Vorwort

Ob als Auftakt für ein Menü, für die Vielfalt auf dem Partybuffet, als Kleinigkeit für zwischendurch oder leckerer Pausenfüller in Schule und Beruf: Vorspeisen & Snacks sind genau das Richtige für den kleinen Hunger oder die große Lust auf Abwechslung: Antipasti, Tapas, Mezze, Fingerfood und kleine Mahlzeiten kommen als Salate, Spießchen, belegte Brote, Brötchen und Sandwiches, gefüllt oder eingelegt, aus der Pfanne oder aus dem Ofen, kalt oder warm daher. Die Vielfalt macht sie so beliebt, die Portionen sind klein und erlauben es, aus mehreren Gerichten auch eine abwechslungsreiche Hauptmahlzeit zusammenzustellen.

Eröffnen Sie Ihr Menü mit einem pikanten Cheesecake im Glas: Birne, Gorgonzola und Salbei harmonieren fantastisch und machen Lust auf mehr. Kleine Häppchen kommen auf jeder Party und jedem Buffet gut an: Zwischen Käse-Windbeutelchen, Rühreihäppchen mit Makrele oder Winter-Crostini fällt die Wahl nicht eben leicht. Ein gemütlicher Weinabend mit Freunden wird mit einem selbst gemachten Antipasti-Teller, kleinen Kräuter-Fougasse und einem Schälchen Olivenöl noch mal so schön.

Für das kleine Energietief zwischendurch servieren wir jede Menge Ideen für leckere Snacks: French Toast gibt es klassisch süß oder als Ciabatta-French-Toast in der pikanten Variante. Die Eier im Glas sind ein echter Hingucker und auch eine feine Idee für den Sonntagsbrunch. Hähnchen-Sandwich Vietnam-Style, Süßkartoffel-Muffins mit Kapern, Vitalsandwich oder ein – diesmal veganer – Burger sind ideale Snacks zum Mitnehmen.

Lassen Sie sich von lauter kleinen Köstlichkeiten für den großen Genuss inspirieren.

Antipasti-Teller

Klassisch – dauert länger

12 Portionen

Pro Portion: E: 25 g, F: 26 g, Kh: 34 g, kJ: 1940, kcal: 463, BE: 2,5

Für die Bruschettas:

12 Tomaten (etwa 1,2 kg)
2 Bund Basilikum
3 Knoblauchzehen
4 EL Olivenöl
Salz
gem. Pfeffer
24 Scheiben geröstetes Ciabatta

Für die Champignonköpfe:

24 große Champignons
2 EL Olivenöl
1 große Zwiebel
1 Tomate
1 Zucchini (etwa 200 g)
1 EL Olivenöl
1/4 TL gerebelter Thymian

Für die Artischockenböden:

2 große Zwiebeln
200 g Champignons
2 grüne Paprikaschoten (je etwa 150 g)
3 EL Speiseöl
1 1/2 kg abgetropfte Artischockenböden (aus der Dose)

Für die Mozzarella-Tomaten:

1 kg Tomaten
2 Bund Basilikum
625 g abgetropfter Mozzarella
3 EL Balsamico-Essig
6 EL Olivenöl

Zubereitungszeit: 2 1/2 Stunden

1. Für die Bruschettas die Tomaten kreuzweise einschneiden und mit kochendem Wasser übergießen. Nach 1–2 Minuten herausnehmen und mit kaltem Wasser abschrecken. Tomaten enthäuten, halbieren und die Stängelansätze herausschneiden. Das Fruchtfleisch in kleine Würfel schneiden.

2. Basilikum abspülen und trocken tupfen. Die Blättchen von den Stängeln zupfen und grob hacken.

3. Knoblauch abziehen und fein hacken, mit Tomatenwürfeln und Basilikum mischen. Das Olivenöl untermengen. Die Tomaten mit Salz und Pfeffer würzen und auf den Ciabattascheiben verteilen.

4. Für die Champignonköpfe Champignons putzen, evtl. kurz abspülen und trocken tupfen. Die Stiele vorsichtig herausdrehen und fein würfeln. Olivenöl in einer Pfanne erhitzen. Die Champignonköpfe darin braten.

5. Die Zwiebel abziehen, halbieren und fein würfeln. Tomate und Zucchini abspülen und abtrocknen. Die Tomate halbieren, die Stängelansätze herausschneiden. Die Tomate entkernen und fein würfeln. Von der Zucchini die Enden abschneiden. Zucchini ebenfalls fein würfeln.

6. Olivenöl in einer Pfanne erhitzen. Die gewürfelten Champignonstiele, Zwiebel-, Tomaten- und Zucchiniwürfel darin bissfest dünsten, mit Salz, Pfeffer und Thymian würzen. Die Gemüsemischung mit einem Teelöffel in die Champignonköpfe füllen.

7. Für die Artischockenböden die Zwiebeln abziehen, halbieren und fein würfeln. Champignons putzen, evtl. kurz abspülen, trocken tupfen und fein würfeln.

8. Paprikaschoten halbieren, entstielen, entkernen und die weißen Scheidewände entfernen, Schoten abspülen, abtropfen lassen und in kleine Würfel schneiden. Das Speiseöl in einer Pfanne erhitzen. Zwiebel-, Champignon- und Paprikawürfel darin anbraten, mit Salz und Pfeffer würzen. Die Gemüsemischung mit einem Teelöffel in die Artischockenböden füllen.

9. Für die Mozzarella-Tomaten die Tomaten abspülen, abtrocknen und die Stängelansätze herausschneiden. Tomaten in Scheiben schneiden. Basilikum abspülen, trocken tupfen und die Blättchen von den Stängeln zupfen. Mozzarella in Scheiben schneiden.

10. Die Tomaten nebeneinander auf eine große Platte legen, mit jeweils 1 Mozzarellascheibe belegen. Die Mozzarella-Tomaten mit Essig und Olivenöl beträufeln, mit Pfeffer bestreuen und mit Basilikumblättchen garnieren. Bruschettas, Champignonköpfe und Artischockenböden ebenfalls auf der Platte anrichten.

Apfel-Käse-Brötchen I

Zum Mitnehmen

4 Stück

Pro Stück: E: 16 g, F: 17 g, Kh: 36 g, kJ: 1518, kcal: 363, BE: 3,0

4 Salatblätter, z. B. Römer- oder Kopfsalatblätter
2 rotschalige Äpfel (je 150 g)
200 g Salatgurke
2 TL Zitronensaft
gem. Pfeffer
2 TL Olivenöl
4 Mohnbrötchen
4 TL Halbfett-Margarine
4 Schnittkäsescheiben, z. B. Gouda

Zubereitungszeit: 15 Minuten

1. Salatblätter abspülen und trocken tupfen. Die Äpfel heiß abwaschen, abtrocknen, vierteln und entkernen. Gurke abspülen, abtrocknen und die Enden abschneiden. Gurke nach Belieben schälen, dann halbieren. Die Äpfel und Gurke in feine Würfel schneiden.

2. Die Apfel- und Gurkenwürfel in einer Schüssel mischen, mit Zitronensaft und Pfeffer abschmecken. Das Olivenöl unterrühren.

3. Die Mohnbrötchen waagerecht aufschneiden und mit Margarine bestreichen.

4. Jeweils 1 Salatblatt und 1 Käsescheibe auf die unteren Brötchenhälften legen. Das Apfel-Gurken-Tatar in Häufchen daraufsetzen und mit den oberen Brötchenhälften bedecken.

Apfel-Milch-Reis | Süßer Snack

4–6 Portionen

Pro Portion: E: 2 g, F: 0 g, Kh: 44 g, kJ: 795, kcal: 190, BE: 4,0

500 ml Apfelsaft
1 TL flüssiger Honig
125 g Milchreis (Rundkornreis)
1 Apfel (etwa 200 g)
1 EL Zucker
etwa 1/4 TL gem. Zimt
1–2 EL Rosinen

Zubereitungszeit: 40 Minuten

1. Den Apfelsaft mit dem Honig in einem kleinen Topf verrühren und aufkochen lassen. Den Milchreis hineingeben, umrühren und zum Kochen bringen. Den Milchreis bei schwacher Hitze mit halb aufgelegtem Deckel etwa 30 Minuten quellen lassen, dabei gelegentlich umrühren (damit der Reis nicht anbrennt).

2. In der Zwischenzeit den Apfel heiß abwaschen, abtrocknen, vierteln und das Kerngehäuse entfernen.

3. Apfelviertel erst in dünne Spalten schneiden und 3 Apfelspalten zum Garnieren beiseitelegen.

4. Restliche Apfelspalten in kleine, mundgerechte Stücke schneiden. Zucker mit Zimt vermischen.

5. Die Apfelstücke unter den Milchreis rühren. Den Milchreis mit den beiseitegelegten Apfelstücken, dem Zimtzucker und den Rosinen kalt oder warm genießen.

Tipps: Der Milchreis schmeckt auch mit anderem Obst (frisch oder aus der Dose) oder mit Kompott. Statt Honig die gleiche Menge Zucker nehmen. Für eine fein-säuerliche Note zusätzlich 1 Stück Bio-Zitronenschale (unbehandelt, ungewachst) mit dem Apfelsaft zum Kochen bringen. Die Zitronenschale vor dem Servieren entfernen. Die Rosinen können einfach weggelassen werden.

Apfelmusgrieß | Für Kinder

4 Portionen

Pro Portion: E: 7 g, F: 4 g, Kh: 34 g, kJ: 852, kcal: 204, BE: 3,0

500 ml Milch (1,5 % Fett)
1 Prise Salz
1 EL Zucker
1 Prise gem. Zimt
50 g Hartweizengrieß
1 geh. EL gestiftelte Mandeln
etwa 350 g Apfelmus

Zubereitungszeit: 20 Minuten

1. Die Milch mit Salz, Zucker und Zimt in einem Topf unter Rühren zum Kochen bringen. Den Topf von der Kochstelle nehmen. Den Grieß einstreuen und unter Rühren bei schwacher Hitze nach Packungsanleitung in 5–10 Minuten ausquellen lassen.

2. Inzwischen Mandeln in einer Pfanne ohne Fett unter Wenden goldbraun rösten und auf einen Teller geben. Apfelmus unter den Grieß ziehen. Den Apfelmusgrieß in 4 Schälchen anrichten. Die Mandeln daraufstreuen. Apfelmusgrieß sofort servieren.

Apfelpuffer mit Lachstatar I

Für die Party

12 Stück

Pro Stück: E: 6 g, F: 8 g, Kh: 5 g, kJ: 488, kcal: 117, BE: 0,5

Für das Tatar:

250 g geräucherter Lachs
1 kleine Zwiebel
3–4 Stängel Dill
2 EL Kräuteressig
1 EL Zitronensaft
1 TL ger. Meerrettich
Salz, gem. Pfeffer
3–4 EL Speiseöl, z. B. Olivenöl

Für die Puffer:

250 g Knollensellerie
2 säuerliche Äpfel, z. B. Cox Orange
1 Ei (Größe M)
2 EL Weizenmehl
60 g Butterschmalz

Zubereitungszeit: 50 Minuten

1. Für das Tatar den Lachs in kleine Würfel schneiden. Zwiebel abziehen, ebenfalls klein würfeln. Dill abspülen, trocken tupfen und die Spitzen von den Stängeln zupfen. Dillspitzen klein schneiden, mit den Lachs- und Zwiebelwürfeln vermengen.

2. Essig mit Zitronensaft und Meerrettich verrühren, mit Salz und Pfeffer würzen. Das Speiseöl unterschlagen. Die Marinade zu den Lachswürfeln geben und gut untermischen. Das Lachstatar zugedeckt in den Kühlschrank stellen.

3. Für die Puffer Sellerie schälen, abspülen, abtropfen lassen und grob reiben. Die Äpfel abspülen, abtrocknen, schälen, vierteln und entkernen. Die Apfelviertel ebenfalls grob reiben und in einem Geschirrtuch gut auspressen.

4. Die Sellerie- und Apfelraspel mit Ei und Mehl in einer Rührschüssel vermengen. Die Sellerie-Apfel-Masse mit Salz und Pfeffer würzen.

5. Etwas von dem Butterschmalz in einer Pfanne zerlassen. Die Puffermasse portionsweise mit einem Esslöffel in die Pfanne geben und etwas flach drücken. Die Puffer von beiden Seiten knusprig braten. Aus der Puffermasse insgesamt 12 Puffer backen.

6. Die fertigen Puffer aus der Pfanne nehmen, kurz abtropfen lassen und auf Küchenpapier legen. Puffer warm stellen. Das Lachstatar auf den Puffern verteilen und sofort servieren.

Apfel-Schnittlauch-Meerrettich-Sauce

Edel (ohne Foto)
4 Portionen

Pro Portion: E: 1 g, F: 18 g, Kh: 7 g, kJ: 795, kcal: 190, BE: 1,0

1 rotschaliger Apfel, z. B. Pink Lady (etwa 160 g)
3 EL Zitronensaft
1 Bund Schnittlauch
4 EL Sahnemeerrettich
1 EL Weißweinessig
4 EL Speiseöl
3 EL kaltes Wasser
Salz
gem. Pfeffer
1 Prise Zucker

Zubereitungszeit: 20 Minuten, ohne Durchziehzeit

1. Den Apfel heiß abspülen, abtrocknen, vierteln, entkernen und mit Schale in kleine Würfel schneiden. Die Apfelwürfel sofort mit Zitronensaft beträufeln.

2. Schnittlauch abspülen, trocken tupfen. 2–3 Halme zum Garnieren beiseitelegen. Die restlichen Halme in kleine Röllchen schneiden.

3. Den Meerrettich mit Essig, Speiseöl und Wasser in einer Schüssel glatt rühren. Die Meerrettich-Essig-Öl-Mischung mit Salz, Pfeffer und Zucker würzen, die Apfelwürfel unterrühren.

4. Apfel-Schnittlauch-Meerrettich-Sauce etwa 10 Minuten durchziehen lassen, dann in eine Schale geben. Die beiseitegelegten Schnittlauchhalme in kleine Röllchen schneiden und auf die Apfel-Schnittlauch-Meerrettich-Sauce streuen.

Tipps: Die Apfel-Schnittlauch-Meerrettich-Sauce passt hervorragend zu Fisch und Fleisch. Rühren Sie unter Punkt 3 zusätzlich 1–2 Teelöffel süßen, körnigen Senf unter. In gut verschlossenen Gläsern können Sie die Sauce im Kühlschrank 3–4 Tage aufbewahren.

Apfel-Sellerie-Rohkost

Zum Mitnehmen
4 Portionen

Pro Portion: E: 12 g, F: 10 g, Kh: 32 g, kJ: 1130, kcal: 270, BE: 2,5

Für die Marinade:
Saft von
2 Zitronen (100–120 ml)
2 EL flüssiger Honig
Salz
gem. Piment (Nelkenpfeffer)

4 Äpfel (etwa 600 g)
800 g Knollensellerie
40 g Walnusskernhälften
250 g Joghurt (1,5 % Fett)
100 g Kasseler Aufschnitt oder geräucherter Putenbrustaufschnitt

Zubereitungszeit: 20 Minuten

1. Für die Marinade Zitronensaft mit Honig verschlagen, mit Salz und Piment abschmecken.

2. Die Äpfel heiß abwaschen, abtrocknen, vierteln und entkernen. Sellerie schälen, abspülen und gut abtropfen lassen. Äpfel und Sellerie grob raspeln, unter die Marinade rühren.

3. Von den Walnusskernhälften 4 Stück beiseitelegen, die restlichen Walnusskernhälften grob hacken. Den Joghurt glatt rühren und unter die Apfel-Sellerie-Mischung rühren.

4. Apfel-Sellerie-Rohkost mit Kasseler Aufschnitt oder Putenbrustaufschnitt anrichten und mit den beiseitegelegten Walnusskernhälften garniert und gehackten Walnusskernen bestreut servieren.

Tipps: Knollensellerie hat einen ausgeprägt würzigen Geschmack. Er kann roh als Salat verzehrt, mit Kartoffeln zu Püree verarbeitet oder, in Scheiben geschnitten und paniert, wie ein Schnitzel gebraten werden.

Appetithappen I

Für Gäste

10–12 Portionen

Pro Portion: E: 25 g, F: 24 g, Kh: 29 g, kJ: 1832, kcal: 438, BE: 2,5

24 Weißbrottaler
etwa 100 g Butter

3–4 Kiwis
12 dicke Scheiben Rinderfilet (Aufschnitt, etwa 240 g)

einige Salatblätter
6–8 Scheiben Räucherlachs (etwa 175 g)
125 g Eiersalat (aus dem Kühlregal)

6–8 Scheiben Bündner Fleisch oder Lachsschinken (etwa 30 g)
etwa 24 grüne Weintrauben

1–2 hart gekochte Eier
einige Spargelspitzen (aus dem Glas)
etwas Kaviar

6 Scheiben Baguette
30 g Butter
einige Salatblätter
1 Radieschen
300 g Krabbenfleisch
etwas Zitronensaft
einige Dillspitzen

8 runde Pumpernickeltaler
30 g Butter
8 dicke Scheiben Pfefferkäse (etwa 160 g)
1 Radieschen, in Scheiben geschnitten

8 Walnusskernhälften

Zubereitungszeit: 50 Minuten

1. Die Weißbrottaler mit Butter bestreichen. Die Kiwis schälen und in Scheiben schneiden.

2. Sechs Weißbrottaler mit je 2 Scheiben Rinderfilet belegen und je 1 Kiwischeibe darauflegen.

3. Sechs weitere Weißbrottaler zuerst mit abgespülten und trocken getupften Salatblättern belegen. Die Räucherlachsscheiben anschließend jeweils zu einer Tüte formen, auf die Salatblätter geben und mit Eiersalat garnieren.

4. Bündner Fleisch oder Lachsschinken aufrollen und jeweils in die Mitte von weiteren 6 Weißbrottalern legen. Die Weintrauben abspülen, trocken tupfen und dekorativ auf den Weißbrottalern verteilen.

5. Die Eier pellen und in Scheiben schneiden. Die restlichen Weißbrottaler mit je 1 Eierscheibe belegen. 1–2 abgetropfte Spargelspitzen darauflegen und mit Kaviar garnieren.

6. Die Baguettescheiben mit Butter bestreichen und mit abgespülten und trocken getupften Salatblättern belegen.

7. Radieschen putzen, waschen, trocken tupfen und in dünne Scheiben schneiden.

8. Krabbenfleisch mit Zitronensaft beträufeln. Jeweils 1 Radieschenscheibe auf den Rand der einzelnen Baguettescheiben legen. Das Krabbenfleisch darauf verteilen.

9. Die Häppchen mit abgespülten und trocken getupften Dillspitzen garnieren.

10. Pumpernickeltaler mit Butter bestreichen. Pfefferkäsescheiben darauf verteilen.

11. Die Käsescheiben mit je 1 Walnusskernhälfte und 1 Radieschenscheibe garnieren.

Tipps: Die Weißbrottaler können nach Belieben aus Weißbrot- oder Toastbrotscheiben ausgestochen werden. Wichtig bei den Appetithäppchen sind ein phantasievoller Belag und eine hübsche Garnierung.

Aprikosen mit Löwenzahnhonig und Hirse | Vegan – schnell

4 Portionen

Pro Portion: E: 10 g, F: 5 g, Kh: 72 g, kJ: 1611, kcal: 385, BE: 6,0

12 EL Hirse (430 g)
1,2 l Wasser
12 reife Aprikosen
8 EL flüssiger Löwenzahnhonig (veganer Sirup aus Zucker und Löwenzahnblüten)
500 g Soja-Naturjoghurt
Saft von
1–2 Bio-Zitronen (unbehandelt, ungewachst)
4 Msp. gem. Zimt
4 gestr. TL Dr. Oetker Bourbon-Vanille-Zucker

Zubereitungszeit: 30 Minuten

1. Die Hirse mit Wasser in einem Topf zum Kochen bringen und etwa 5 Minuten kochen lassen. Anschließend Hirse auf der ausgeschalteten Kochstelle etwa 15 Minuten ausquellen lassen. Hirse in ein Sieb geben und abtropfen lassen.

2. Die Aprikosen kurz in kochendem Wasser überbrühen, mit kaltem Wasser abschrecken und die Haut abziehen. Die Aprikosen halbieren und entsteinen. Die Aprikosenhälften mit dem Löwenzahnhonig überziehen.

3. Joghurt mit etwas Zitronensaft, Zimt und Vanille-Zucker glatt rühren. Die Hirse unterrühren. Die Aprikosen mit der Hirse servieren.

Tipp: Die Hirse können Sie durch die gleiche Menge Couscous, Quinoa oder Bulgur ersetzen.

Artischockenblätter mit Shrimps

Etwas teurer

4 Portionen

Pro Portion: E: 17 g, F: 27 g, Kh: 4 g, kJ: 1364, kcal: 326, BE: 0,5

2 Artischocken
1 Zitrone
Salz
2 EL Weißweinessig
2 Lorbeerblätter

Für den Frischkäse-Dip:

200 g Doppelrahm-Frischkäse
125 g Schlagsahne
Cayennepfeffer
2 TL fein gehackte Kapern

200 g Shrimps
2 TL Kapern

Zubereitungszeit: 35 Minuten
Garzeit: 25–30 Minuten

1. Artischocken waschen und die äußeren, schlechten Blätter abschneiden. Die Blattspitzen mit einer Küchenschere gerade schneiden. Zitrone halbieren und die Schnittflächen der Artischocken mit dem Zitronenfruchtfleisch abreiben.

2. Salzwasser zum Kochen bringen. Die Artischocken in kochendes Salzwasser geben. Essig und Lorbeerblätter hinzufügen, wieder zum Kochen bringen und zugedeckt 25–30 Minuten bei schwacher Hitze garen, bis sich die Blätter leicht herausziehen lassen.

3. Die Artischocken mit einem Schaumlöffel herausnehmen und jeweils mit dem Boden nach oben in ein Sieb geben, abtropfen und erkalten lassen.

4. Die Artischockenblätter herauszupfen und auf einer großen Platte anrichten. Das Heu von den Artischockenböden entfernen. Die Böden in die Mitte der Platte setzen.

5. Für den Dip Frischkäse mit Sahne geschmeidig rühren. Den Dip mit Cayennepfeffer und Salz abschmecken. Die fein gehackten Kapern unterrühren.

6. Die Frischkäsemasse in einen Spritzbeutel mit großer Lochtülle füllen. Die Frischkäsemasse auf die Artischockenböden und -blätter spritzen, mit Shrimps und Kapern garnieren.

Asiatische Hackbällchen I

Schnell
40 Stück

Pro Stück: E: 3 g, F: 2 g, Kh: 1 g, kJ: 141, kcal: 34, BE: 0,0

1	*Zwiebel*
1	*Knoblauchzehe*
40 g	*abgetropfter eingelegter Ingwer (in Sirup)*
500 g	*Rindergehacktes*
2 EL	*Sojasauce*
	Salz
1 Prise	*gem. Zimt*
½ TL	*gem. Koriander*
1 l	*Speiseöl*

Zubereitungszeit: 25 Minuten

1. Zwiebel und Knoblauch abziehen, beides in kleine Würfel schneiden. Den Ingwer ebenfalls klein würfeln. Gehacktes in eine Schüssel geben. Zwiebel-, Knoblauch-, Ingwerwürfel und Sojasauce hinzugeben und gut unterkneten. Die Hackfleischmasse mit Salz, Zimt und Koriander kräftig würzen. Aus der Hackfleischmasse mit angefeuchteten Händen kleine Bällchen (Ø etwa 3 cm) formen.

2. Das Speiseöl in einer Fritteuse auf etwa 180 °C erhitzen und die Hackbällchen darin portionsweise in 4–5 Minuten goldbraun ausbacken, dabei die Bällchen jeweils einmal wenden.

3. Die Hackbällchen mit einer Schaumkelle herausnehmen und auf Küchenpapier abtropfen lassen. Die Hackbällchen auf einer Platte anrichten.

Tipp: Dazu Paprikagemüse, Reis, Sojasauce und Wasabipaste servieren.

Auberginen mit eingelegten Limetten | Originell

8–10 Portionen

Pro Portion: E: 4 g, F: 29 g, Kh: 8 g, kJ: 1296, kcal: 309, BE: 0,5

Für die eingelegten Limetten:

5 Bio-Limetten (unbehandelt, ungewachst)
1 EL Meersalz
150 ml Olivenöl

5 Knoblauchzehen
150 ml Olivenöl
10 mittelgroße Auberginen (je etwa 300 g)
Salz
grob gem. bunter Pfeffer
2 Bund Schnittlauch

Zubereitungszeit: 50 Minuten, ohne Durchzieh- und Kühlzeit
Grillzeit: etwa 4 Minuten

1. Für die eingelegten Limetten die Limetten heiß abwaschen, abtrocknen und in dünne Scheiben schneiden. Die Limettenscheiben mit dem Salz bestreuen, in ein Glas schichten und so mit dem Olivenöl übergießen, dass die Limettenscheiben bedeckt sind.

2. Die Limettenscheiben mit Frischhaltefolie abdecken, mindestens 24 Stunden in den Kühlschrank stellen und durchziehen lassen.

3. Knoblauch abziehen und durch eine Knoblauchpresse drücken. Anschließend Olivenöl mit Knoblauch verrühren.

4. Auberginen abspülen, abtrocknen und die Stängelansätze entfernen. Auberginen in Scheiben schneiden und in eine flache Schale legen.

5. Auberginenscheiben mit Salz und Pfeffer bestreuen und mit dem Knoblauchöl übergießen. Auberginen mit Frischhaltefolie abdecken und kalt stellen.

6. Den Backofengrill vorheizen.

7. Schnittlauch abspülen, trocken tupfen und in Röllchen schneiden.

8. Die Auberginenscheiben aus der Schale nehmen, trocken tupfen und auf einen mit Alufolie belegten Backofenrost legen. Den Backofenrost unter den vorgeheizten Backofengrill schieben. Die Auberginenscheiben von jeder Seite etwa 2 Minuten grillen.

9. Die Auberginenscheiben vom Backofenrost nehmen und etwas abkühlen lassen.

10. Auberginenscheiben mit den eingelegten Limettenscheiben auf einer großen Platte anrichten und mit den Schnittlauchröllchen bestreuen.

Beilage: Eingelegter Schafskäse oder Mozzarella, frisches Stangenweißbrot oder Fladenbrot.

Tipps: Die Auberginen schmecken auch sehr gut zu gegrilltem Lammfleisch oder Fisch. Die Limettenscheiben einige Tage vor dem Verzehr in Olivenöl einlegen.

Auberginen mit Ricotta-Füllung

Einfach

10 Stück

Pro Stück: E: 2 g, F: 6 g, Kh: 3 g, kJ: 295, kcal: 70, BE: 0,5

1 EL	*Pinienkerne*
1	*große Aubergine*
	Salz
3	*abgetropfte getrocknete Tomaten, in Öl*
½ Topf	*Thymian*
120 g	*Ricotta (ital. Frischkäse)*
1 EL	*Rosinen*
einige Spritzer	*Balsamico-Essig*
1 Prise	*Zucker*
	gem. Pfeffer
5–6 EL	*Olivenöl*

Außerdem:

Holzstäbchen

Zubereitungszeit: 30 Minuten

1. Die Pinienkerne in einer Pfanne ohne Fett unter Wenden goldbraun rösten und auf einen Teller geben.

2. Die Aubergine abspülen, trocken tupfen und den Stängelansatz abschneiden. Aubergine längs in etwa ½ cm dicke Scheiben schneiden (evtl. mit einer Aufschnittmaschine). Auberginenscheiben mit Salz bestreuen und etwa 10 Minuten ziehen lassen.

3. In der Zwischenzeit die Tomaten in kleine Stücke schneiden. Thymian abspülen und trocken tupfen. Einige Stängel zum Garnieren beiseitelegen. Von den restlichen Stängeln die Blättchen abzupfen. Blättchen klein schneiden.

4. Ricotta mit Thymian, Tomatenstücken und Rosinen verrühren. Die Ricottamasse mit Balsamico-Essig, Zucker, Salz und Pfeffer abschmecken. Etwa die Hälfte der Pinienkerne unterrühren.

5. Auberginenscheiben trocken tupfen. Jeweils etwas Olivenöl in einer großen Pfanne erhitzen. Die Auberginenscheiben darin portionsweise von beiden Seiten anbraten, auf Küchenpapier abtropfen lassen.

6. Die Ricotta-Füllung auf den Auberginenscheiben verteilen. Auberginenscheiben von der schmalen Seite aus aufrollen und mit Holzstäbchen feststecken. Auberginenröllchen mit den beiseitegelegten Thymianstängeln garnieren und mit den restlichen Pinienkernen bestreuen.

Auberginen- und Zucchiniröllchen | Gut vorzubereiten

20 Stück

Pro Stück: E: 4 g, F: 9 g, Kh: 3 g, kJ: 431, kcal: 103, BE: 0,0

2 mittelgroße Auberginen
2 mittelgroße Zucchini
Salz
1–2 Knoblauchzehen
125 ml Olivenöl
gem. Pfeffer
150 g Schafs- oder Fetakäse

Für die Tomatensauce:

1 Zwiebel
1 Knoblauchzehe
2 EL Olivenöl
400 g stückige Tomaten (aus der Dose)
1 Prise Zucker

Für den Belag:

125 g abgetropfter Mozzarella
2 mittelgroße Tomaten

Zubereitungszeit: 50 Minuten, ohne Ziehzeit
Backzeit: etwa 15 Minuten

1. Auberginen und Zucchini abspülen, abtrocknen und die Stängelansätze bzw. Enden abschneiden. Auberginen und Zucchini längs in jeweils 10 etwa 1 cm dicke Scheiben schneiden.

2. Die Auberginenscheiben mit Salz bestreuen und etwa 15 Minuten stehen lassen. Die Auberginen mit Küchenpapier trocken tupfen. Knoblauch abziehen und klein würfeln.

3. Jeweils etwas von dem Olivenöl in einer Pfanne erhitzen. Knoblauch hinzufügen. Auberginen- und Zucchinischeiben darin portionsweise anbraten.

4. Auberginen- und Zucchinischeiben auf Küchenpapier legen, abtropfen lassen und mit Salz und Pfeffer bestreuen.

5. Den Käse in 20 längliche Stifte schneiden. Jeweils 1 Käsestift auf 1 Auberginen- und Zucchinischeibe legen, von der schmalen Seite aus aufrollen.

6. Den Backofen vorheizen.
Ober-/Unterhitze: etwa 200 °C
Heißluft: etwa 180 °C

7. Für die Tomatensauce Zwiebel und Knoblauch abziehen, klein würfeln. Olivenöl in einem Topf erhitzen. Zwiebel- und Knoblauchwürfel darin andünsten. Die Tomatenstücke mit der Flüssigkeit hinzufügen, zum Kochen bringen und leicht sämig einkochen lassen, dabei zwischendurch umrühren. Die Sauce mit Salz, Pfeffer und Zucker abschmecken.

8. Sauce in eine große, flache Auflaufform (gefettet) füllen. Auberginen- und Zucchiniröllchen hineinsetzen.

9. Für den Belag Mozzarella in sehr feine Scheiben schneiden. Tomaten abspülen, abtrocknen, halbieren und Stängelansätze herausschneiden. Die Tomatenhälften in Scheiben schneiden. Zuerst die Tomatenscheiben, danach die Mozzarella-Scheiben auf die Röllchen legen. Jeweils mit Salz und Pfeffer bestreuen. Die Form auf dem Rost in den vorgeheizten Backofen schieben. Die Auberginen- und Zucchiniröllchen **etwa 15 Minuten überbacken.**

Auberginen-Tortilla I

Raffiniert

10–12 Portionen

Pro Portion: E: 6 g, F: 23 g, Kh: 7 g, kJ: 1091, kcal: 260, BE: 0,5

1	*mittelgroße Aubergine*
1 gestr. TL	*Salz*
4	*Kartoffeln*
200 ml	*Olivenöl*
	Salz
	gem. Pfeffer
175 g	*abgetropfte Champignonköpfe (aus der Dose oder dem Glas)*
100 g	*ger. Butterkäse*
1 TL	*gerebelter Oregano*
1 TL	*gerebeltes Basilikum*
4	*Eier (Größe M)*
½ Bund	*Petersilie*

Zubereitungszeit: 35 Minuten, ohne Ziehzeit
Backzeit: etwa 15 Minuten

1. Die Aubergine abspülen, abtrocknen und den Stängelansatz entfernen. Aubergine in dünne Scheiben schneiden, mit Salz bestreuen und etwa 15 Minuten ziehen lassen.

2. Den Backofen vorheizen.
Ober-/Unterhitze: etwa 180 °C
Heißluft: etwa 160 °C

3. Kartoffeln waschen, schälen, abspülen, abtropfen lassen und in dünne Scheiben schneiden. Etwa ein Drittel des Olivenöls in einer Pfanne erhitzen. Die Kartoffelscheiben darin unter mehrmaligem Wenden anbraten, herausnehmen und warm stellen.

4. Die Auberginenscheiben unter fließendem kalten Wasser abspülen und trocken tupfen.

5. Das restliche Olivenöl in der Pfanne erhitzen. Die Auberginenscheiben darin unter mehrmaligem Wenden anbraten und herausnehmen. Die Auberginenscheiben vorsichtig unter die warmen Kartoffelscheiben heben, mit Salz und Pfeffer kräftig würzen.

6. Champignonköpfe, Käse, Oregano und Basilikum zu der Kartoffel-Auberginen-Mischung geben und untermengen.

7. Die Eier verschlagen, mit Salz und Pfeffer würzen, in eine flache Auflaufform (gefettet) geben. Die Kartoffel-Auberginen-Käse-Masse darauf verteilen. Die Form auf dem Rost in den vorgeheizten Backofen schieben. Die Auberginen-Tortilla etwa 15 Minuten backen.

8. Die Form auf einen Rost stellen. Petersilie abspülen und trocken tupfen. Die Blättchen von den Stängeln zupfen. Blättchen klein schneiden.

9. Auberginen-Tortilla in kleine Würfel schneiden und mit Petersilie bestreut servieren.

Tipps: Zusätzlich 125 g gewürfelten Kochschinken unter die Kartoffel-Auberginen-Mischung heben. Die Tortilla-Würfel mit kleinen Holzspießen als Fingerfood servieren.

Aufschnitt in Radieschen-Vinaigrette | Einfach – schnell

8 Portionen

Pro Portion: E: 16 g, F: 20 g, Kh: 1 g, kJ: 1029, kcal: 246, BE: 0,0

1 Bund Radieschen (etwa 200 g)
2 Kästchen Kresse
1 EL mittelscharfer Senf
3 EL milder Weißweinessig
Salz
gem. Pfeffer
8 EL Olivenöl
1 Bund Schnittlauch
250 g Rinderbratenaufschnitt
250 g Schweinebratenaufschnitt

Zubereitungszeit: 30 Minuten

1. Radieschen putzen und waschen, trocken tupfen und in kleine Würfel schneiden. Radieschenwürfel in eine Schüssel geben.

2. Kresse abspülen, trocken tupfen und abschneiden. Senf mit Essig verrühren, mit Salz und Pfeffer würzen. Die Hälfte der Kresse unterrühren. Das Olivenöl unterschlagen. Die Vinaigrette zu den Radieschenwürfeln geben und untermischen.

3. Schnittlauch abspülen, trocken tupfen und in kleine Röllchen schneiden. Bratenaufschnitt auf einer großen Platte anrichten und mit der Radieschen-Vinaigrette beträufeln. Schnittlauchröllchen und restliche Kresse daraufstreuen.

Tipp: Den Rinder- und Schweinebratenaufschnitt können Sie durch Kalb- oder Geflügelfleischaufschnitt ersetzen.

Aussie-Grissini

Inspiriert von Down Under

24 Stück

Pro Stück: E: 1 g, F: 3 g, Kh: 9 g, kJ: 277, kcal: 66, BE: 1,0

100 ml lauwarmes Wasser
10 g frische Hefe
8 Stängel Thymian
250 g Weizenmehl
½ TL Salz
1 EL Zucker
50 ml Olivenöl
1 TL schwarze Pfefferkörner
1 TL Kreuzkümmel (Cumin), ganz
1 TL Koriandersaat, ganz
10 g gehackte Haselnusskerne
10 g geschälte Sesamsamen
¾ TL grobes Meersalz, z. B. Fleur de Sel

Zubereitungszeit: 40 Minuten, ohne Ruhe- und Teiggehzeit
Backzeit: 13–15 Minuten

1. Das Wasser in ein Gefäß geben, die Hefe hineinbröckeln, kurz mit einer Gabel verrühren. Das Hefewasser 10 Minuten stehen lassen.

2. Das Hefewasser einmal durchrühren. Thymian abspülen, abtropfen lassen und die Blättchen von den Stängeln zupfen. Blättchen fein hacken.

3. Mehl mit Salz, Zucker, Olivenöl, Hefewasser und Thymian in eine Rührschüssel geben. Die Zutaten mit einem Mixer (Knethaken) zunächst kurz auf niedrigster, dann auf höchster Stufe in etwa 5 Minuten zu einem glatten, geschmeidigen Teig verkneten.

4. Den Teig zu einer Kugel formen. Den Teig mit Mehl bestäubt und zugedeckt an einem warmen Ort etwa 30 Minuten gehen lassen.

5. Pfefferkörner, Kreuzkümmel und Koriandersaat im Mörser nicht zu fein zerstoßen. Die Gewürzmischung mit Haselnüssen, Sesam und Meersalz vermischen.

6. Den Teig auf einer leicht bemehlten Arbeitsfläche zu einem etwa ½ cm dicken Rechteck (24 x 20 cm) ausrollen und in 24 gleich große Streifen schneiden.

7. Die Streifen mit etwas kaltem Wasser bepinseln und gleichmäßig durch die Gewürzmischung rollen. Dabei die Stangen in Größe der Backbleche ausrollen. Die Teigstangen anschließend zugedeckt etwa 10 Minuten gehen lassen.

8. Den Backofen vorheizen.
Ober-/Unterhitze: etwa 200 °C
Heißluft: etwa 180 °C

9. Die Teigstangen auf Backbleche (mit Backpapier belegt) legen.

10. Die Backbleche in den vorgeheizten Backofen (unteres Drittel) schieben. Die Grissini in **13–15 Minuten so backen,** dass die Spitzen goldbraun, die restlichen Stangen aber noch relativ hell sind.

11. Die Grissini mit dem Backpapier von den Backblechen auf Kuchenroste ziehen und erkalten lassen.

Tipps: Die Grissini bleiben in gut schließenden Dosen, luftdicht verpackt, kühl und trocken gestellt, etwa 1 Woche knusprig. Schneller und einfacher geht es, wenn Sie fertigen Pizzateig (aus dem Kühlregal) verwenden.

Austern im Serrano-Mantel I

Für Gäste – edel

12 kleine Spieße

Pro Stück: E: 3 g, F: 1 g, Kh: 1 g,
kJ: 101, kcal: 24, BE: 0,0

12	*Austern*
6 Scheiben	*Serrano-Schinken*
1 EL	*Olivenöl*
2 EL	*Butter*
	gem. Pfeffer

Zum Garnieren:

1	*Bio-Zitrone (unbehandelt, ungewachst)*
etwas	*vorbereitete glatte Petersilie*

Außerdem:

12	*Holzstäbchen*

Zubereitungszeit: 40 Minuten
Garzeit: 3–4 Minuten

1. Die Austern gründlich waschen und mit einem sogenannten Austernbrecher öffnen. Die Austern dazu in die linke Hand nehmen (stark gewölbte Schale nach unten). Den Austernbrecher zwischen die Schalen stecken und leicht auf und ab bewegen. Das Muschelfleisch aus den Schalen lösen.

2. Schinkenscheiben längs halbieren. Die Schinkenstreifen mit je 1 Auster belegen, einwickeln und auf ein Holzstäbchen stecken.

3. Olivenöl in einer Pfanne erhitzen. Die Butter hinzufügen und aufschäumen lassen. Die eingewickelten Austern darin unter ständigem Rütteln der Pfanne in 3–4 Minuten leicht bräunen, herausnehmen und mit Pfeffer bestreuen.

4. Zum Garnieren Zitrone heiß abwaschen, abtrocknen und vierteln. Die Austernspieße mit Zitronenspalten und Petersilie garniert servieren.

Tipp: Austern müssen beim Einkauf geschlossen sein. Offene Austern wegwerfen.

Austernpilztoast | Schnell

4 Portionen (ergibt 8 Toastdreiecke)

Pro Portion: E: 9 g, F: 7 g, Kh: 19 g, kJ: 731, kcal: 175, BE: 1,5

1 große Zwiebel
200 g Austernpilze
1 rote Paprikaschote
1 Bund Schnittlauch
4 Stängel Basilikum
2 EL Sonnenblumenöl
Salz, gem. Pfeffer
100 g Frischkäse mit Kräutern (8 % Fett)
4 Scheiben Vollkorntoastbrot

Zubereitungszeit: 20 Minuten
Backzeit: etwa 10 Minuten

1. Zwiebel abziehen, halbieren und klein würfeln. Die Austernpilze putzen, evtl. kurz abspülen, gut trocken tupfen und in dünne Streifen schneiden.

2. Paprikaschote halbieren, entstielen, entkernen und die weißen Scheidewände entfernen. Schotenhälften abspülen, abtropfen lassen und in Streifen schneiden.

3. Den Backofen vorheizen.
Ober-/Unterhitze: etwa 200 °C
Heißluft: etwa 180 °C

4. Schnittlauch und Basilikum abspülen, trocken tupfen. Schnittlauch in Röllchen schneiden. Basilikumblättchen von den Stängeln zupfen. Die Blättchen klein schneiden.

5. Sonnenblumenöl in einer Pfanne erhitzen. Zwiebelwürfel darin glasig dünsten. Die Paprikastreifen hinzufügen und unter gelegentlichem Rühren 2–3 Minuten bei mittlerer Hitze mitdünsten. Dann die Austernpilzstreifen hinzugeben. Das Gemüse unter gelegentlichem Rühren weitere etwa 4 Minuten dünsten. Die Kräuter untermengen, mit Salz und Pfeffer würzen. Dann den Frischkäse unterrühren.

6. Toastbrotscheiben toasten und diagonal durchschneiden. Pilz-Gemüse-Mischung darauf verteilen. Die Toastdreiecke auf ein Backblech (mit Backpapier belegt) legen. Das Backblech in den vorgeheizten Backofen schieben und die Austernpilztoasts **etwa 10 Minuten überbacken.**

Tipp: Sie können auch andere Pilze wie Champignons oder Pfifferlinge für diesen Toast verwenden.

Baby-Auberginen aus dem Ofen mit orientalischem Joghurt I

Würziger Genuss

4 Portionen

Pro Portion: E: 9 g, F: 15 g, Kh: 21 g, kJ: 1130, kcal: 269, BE: 1,5

1,2 kg Baby-Auberginen
Meersalz

Für die Marinade:

8 Knoblauchzehen
4 rote Chilischoten
8 EL Olivenöl
4 EL Rosmarinnadeln

Für den orientalischen Joghurt:

4 Bio-Limetten (unbehandelt, ungewachst)
400 g Joghurt (3,5 % Fett)
4 TL Ras el-Hanout (Marokkanische Gewürzmischung)

Zum Bestreuen und Garnieren:

120 g Rucola (Rauke)
8 EL Granatapfelkerne
evtl.
4 Stängel Rosmarin

Zubereitungszeit: 45 Minuten, ohne Ziehzeit
Backzeit: etwa 25 Minuten

1. Die Auberginen abspülen, abtrocknen und die Enden abschneiden. Auberginen längs halbieren. Die Schnittflächen mehrmals mit einer Gabel einstechen und mit Salz bestreuen. Die Auberginenhälften etwa 15 Minuten stehen lassen.

2. Den Backofen vorheizen.
Ober-/Unterhitze: etwa 220 °C
Heißluft: etwa 200 °C

3. Anschließend die Auberginenhälften abspülen, trocken tupfen und in eine kleine Auflaufform oder feuerfeste Form legen.

4. Für die Marinade den Knoblauch abziehen und durch eine Knoblauchpresse drücken. Chilischoten abspülen, trocken tupfen, entstielen und in Ringe schneiden.

5. Olivenöl mit Knoblauch, Rosmarinnadeln und Chiliringen verrühren. Die Marinade mit den Auberginenhälften vermischen.

6. Die Form auf dem Rost in den vorgeheizten Backofen schieben. Die Auberginen **etwa 25 Minuten backen.**

7. Für den Joghurt die Limetten heiß abwaschen, abtrocknen und die Schale abreiben. Limetten halbieren und den Saft auspressen. Den Joghurt anschließend mit Ras el-Hanout, Salz, Limettenschale und -saft abschmecken.

8. Rucola putzen und die harten Stiele abschneiden. Rucola abspülen und trocken tupfen.

9. Die Auberginen aus der Form nehmen und auf Küchenpapier abtropfen lassen.

10. Auberginen auf einer Platte anrichten, mit Granatapfelkernen und Rucola bestreuen. Nach Belieben mit abgespülten, trocken getupften Rosmarinstängeln garnieren und mit dem orientalischem Joghurt servieren.

Balearen-Wurst-Salat I

Mediterran inspiriert

6 Portionen

Pro Portion: E: 15 g, F: 28 g, Kh: 27 g, kJ: 1793, kcal: 428, BE: 2,0

je 1	*kleine rote, grüne und gelbe Paprikaschote (je etwa 175 g)*
50 g	*Schalotten*
10 EL	*Olivenöl*
100 g	*abgetropfte schwarze Oliven, mit Stein*
1 Döschen	*Safran (0,2 g)*
300 ml	*Orangensaft*
4 EL	*Weißweinessig*
	Salz
	gem. schwarzer Pfeffer
180–200 g	*Baguette zum Aufbacken (Fertigprodukt)*
100 g	*Serrano-Schinken, in Scheiben*
50 g	*Chorizo-Wurst, in Scheiben*
40 g	*Manchego-Käse, ohne Rinde*
6 Stängel	*glatte Petersilie*
50 g	*Salzmandeln*

Zubereitungszeit: 50 Minuten, ohne Abkühlzeit

1. Paprikaschoten halbieren, entstielen, entkernen und die weißen Scheidewände entfernen. Schotenhälften abspülen, abtropfen lassen und in ½ cm breite Streifen schneiden. Schalotten abziehen und in feine Würfel schneiden.

2. Von dem Olivenöl 3 Esslöffel in einer Pfanne erhitzen. Paprikastreifen und Schalotten darin unter Wenden bei starker Hitze etwa 1 Minute anbraten.

3. Anschließend Oliven, Safran, Orangensaft und Essig dazugeben. Die Zutaten mit Salz und Pfeffer würzen, etwa 2 Minuten einkochen lassen. Die Pfanne von der Kochstelle nehmen. Das Paprikagemüse erkalten lassen.

4. In der Zwischenzeit den Backofengrill vorheizen.

5. Das Baguette in sehr dünne Scheiben schneiden. Die Baguettescheiben auf ein Backblech legen. Das Backblech unter den heißen Backofengrill schieben. Baguettescheiben goldbraun rösten.

6. Den Serrano-Schinken in etwa 2 cm breite Streifen schneiden. Chorizo in feine Streifen schneiden. Manchego in dünne Blättchen hobeln.

7. Petersilie abspülen, abtropfen lassen und die Blättchen von den Stängeln zupfen. Blättchen grob schneiden. Die Salzmandeln in grobe Stücke hacken.

8. Die Petersilie mit 5 Esslöffeln von dem restlichen Olivenöl unter das erkaltete Paprikagemüse geben.

9. Das restliche Olivenöl in einer Pfanne erhitzen. Den Serrano-Schinken darin bei mittlerer Hitze etwa 1 Minute erwärmen.

10. Das Baguette mit dem Paprikagemüse, dem Serrano-Schinken und der Chorizo-Wurst mischen.

11. Den Salat auf einer Platte anrichten, mit dem Käse und den Mandeln bestreuen. Den Salat sofort servieren.

Tipp: Garnieren Sie den Salat doch zusätzlich mit 10–12 abgetropften Kapernäpfeln (aus dem Glas).

Blätterteigecken mit Hackfüllung I

Für die Party

12 Stück

Pro Stück: E: 9 g, F: 16 g, Kh: 15 g, kJ: 1009, kcal: 241, BE: 1,0

450 g TK-Blätterteig (6 rechteckige Platten)

Für die Füllung:

1 Zwiebel
1 große Tomate
2 EL Olivenöl
300 g Gehacktes (halb Rind-, halb Schweinefleisch)
2 EL Tomatenmark
Salz
gem. Pfeffer
1 TL gerebelter Oregano

Zum Bestreichen und Bestreuen:

1 Ei
2 EL Milch
40 g Pinienkerne oder 40 g gewürfelter Schafskäse

Zubereitungszeit: 30 Minuten, ohne Auftau- und Abkühlzeit
Backzeit: etwa 20 Minuten je Backblech

1. Blätterteigplatten nebeneinander nach Packungsanleitung auftauen lassen.

2. Für die Füllung die Zwiebel abziehen, halbieren und in kleine Würfel schneiden. Die Tomate abspülen, abtrocknen, halbieren, entkernen und den Stängelansatz herausschneiden. Tomate in Würfel schneiden.

3. Olivenöl in einer Pfanne erhitzen. Zwiebelwürfel darin andünsten. Gehacktes hinzufügen und unter Rühren anbraten. Dabei die Fleischklümpchen mit einer Gabel zerdrücken. Tomatenmark unterrühren. Gehacktesmasse mit Salz, Pfeffer und Oregano würzen, Tomatenwürfel unterrühren. Gehacktesmasse etwas abkühlen lassen.

4. Den Backofen vorheizen.
Ober-/Unterhitze: etwa 200 °C
Heißluft: etwa 180 °C

5. Die Blätterteigplatten quer halbieren. Die Blätterteighälften jeweils auf einer leicht bemehlten Arbeitsfläche zu einem Quadrat (etwa 14 x 14 cm) ausrollen.

6. Zum Bestreichen Ei trennen. Eiweiß verschlagen, die Teigränder damit bestreichen. Die Gehacktesmasse in die Mitte der einzelnen Teigplatten geben. Die Teigplatten diagonal zusammenklappen, sodass Dreiecke entstehen.

7. Die Teigränder mit einer Gabel gut zusammendrücken. Die Teigdreiecke auf Backbleche (gefettet, mit Backpapier belegt) legen.

8. Eigelb mit Milch verschlagen, die Teigoberfläche damit bestreichen und mit Pinienkernen oder Schafskäsewürfel bestreuen. Die Backbleche nacheinander (bei Heißluft zusammen) in den vorgeheizten Backofen schieben. Die Blätterteigecken **etwa 20 Minuten je Backblech backen.**

9. Die Blätterteigecken mit dem Backpapier auf Kuchenroste ziehen und warm oder kalt servieren.

Blätterteig-Zwiebeltörtchen

Originell

12 Stück

Pro Stück: E: 3 g, F: 10 g, Kh: 14 g, kJ: 661, kcal: 158, BE: 1,0

450 g TK-Blätterteig (4 Platten)
2 Gemüsezwiebeln (etwa 500 g)
2–3 Knoblauchzehen
3 EL Olivenöl
1/2 TL gerebelter Thymian
1 Lorbeerblatt
Salz
gem. Pfeffer
1 gestr. EL Weizenmehl
2 EL abgetropfte Kapern
1 Msp. gem. Zimt
6 Strauchtomaten (etwa 230 g)

Zum Bestreuen:
2 EL Schnittlauchröllchen

Zubereitungszeit: 35 Minuten, ohne Auftau- und Ruhezeit
Backzeit: etwa 25 Minuten

1. Blätterteigplatten nebeneinander zugedeckt nach Packungsanleitung auftauen lassen. Zwiebeln und Knoblauch abziehen. Die Zwiebeln halbieren und in Streifen schneiden. Knoblauch in Scheiben schneiden.

2. Zwei Esslöffel Olivenöl in einem Topf erhitzen. Zwiebelstreifen und Knoblauchscheiben darin unter Rühren andünsten. Thymian und Lorbeerblatt hinzufügen, mit Salz und Pfeffer würzen. Die Zwiebelmasse zugedeckt etwa 10 Minuten bei schwacher Hitze dünsten.

3. Die Zwiebelmasse mit Mehl bestäuben und unter Rühren kurz andünsten. Die Kapern unterrühren. Die Zwiebelmasse mit Salz, Pfeffer und Zimt abschmecken und abkühlen lassen.

4. Die Blätterteigplatten aufeinanderlegen und auf der bemehlten Arbeitsfläche zu einem Rechteck (etwa 34 x 45 cm) ausrollen, etwa 10 Minuten ruhen lassen.

5. Den Backofen vorheizen.
Ober-/Unterhitze: etwa 200 °C
Heißluft: etwa 180 °C

6. Tomaten abspülen, abtrocknen und die Stängelansätze entfernen. Tomaten quer halbieren.

7. Aus dem Blätterteigrechteck mit einer Ausstechform 12 runde Platten (Ø etwa 11 cm) ausstechen. Die Teigplatten in eine Muffinform (für 12 Muffins, Böden gefettet) legen und andrücken.

8. Zwiebelmasse (Lorbeerblatt entfernen) auf dem Teig verteilen. Die Tomatenhälften mit der Schnittseite nach oben auf die Zwiebelmasse legen und leicht andrücken. Mit dem restlichen Olivenöl beträufeln, mit Salz und Pfeffer bestreuen. Die Form auf dem Rost in den vorgeheizten Backofen schieben. Die Zwiebeltörtchen **etwa 25 Minuten backen.**

9. Die Zwiebeltörtchen etwa 10 Minuten in der Form stehen lassen, danach aus der Form lösen und auf eine Platte legen. Zwiebeltörtchen heiß oder kalt mit Schnittlauchröllchen bestreut servieren.

Tipp: Von der Muffinform nur die Böden der Mulden einfetten. Streicht man die Ränder mit Fett ein, rutscht der Teig beim Backen zusammen.

Blumenkohl mit Räucherlachs, marinierter | Originell – einfach

4 Portionen

Pro Portion: E: 15 g, F: 32 g, Kh: 5 g, kJ: 1537, kcal: 368, BE: 0,5

1 kleiner Blumenkohl
Salz

Für die Marinade:
2 EL Crème fraîche
1 EL flüssiger Honig
50 ml Balsamico-Essig
100 ml Sonnenblumenöl
gem. Pfeffer

30 g Kapuzinerkresseblätter oder 2 Kästchen Kresse
80 ml Olivenöl
1 Spritzer Zitronensaft
250 g Räucherlachs, in Scheiben
8 Kapuzinerkresseblüten (unbehandelt)

Zubereitungszeit: 30 Minuten, ohne Marinierzeit

1. Von dem Blumenkohl die Blätter entfernen und den Strunk abschneiden. Blumenkohl in kleine Röschen teilen, abspülen und abtropfen lassen.

2. Salzwasser in einem Topf zum Kochen bringen. Die Blumenkohlröschen hinzufügen, wieder zum Kochen bringen und etwa 5 Minuten kochen lassen.

3. Blumenkohlröschen in ein Sieb geben, mit kaltem Wasser abschrecken und abtropfen lassen.

4. Für die Marinade Crème fraîche mit Honig und Essig in einer Rührschüssel mit einem Mixer (Rührstäbe) oder einem Schneebesen aufschlagen. Sonnenblumenöl nach und nach unterschlagen. Die Marinade mit Salz und Pfeffer abschmecken.

5. Die Blumenkohlröschen mit der Marinade übergießen und zugedeckt 30–60 Minuten kalt gestellt durchziehen lassen.

6. Kapuzinerkresseblätter oder Kresse abspülen und trocken tupfen. Kresse abschneiden. Kapuzinerkresseblätter oder Kresse mit Olivenöl fein pürieren, mit Salz und Zitronensaft abschmecken.

7. Die marinierten Blumenkohlröschen etwas abtropfen lassen. Blumenkohlröschen und Räucherlachsscheiben auf je einem Teller anrichten. Die Kapuzinerblüten vorsichtig abspülen und trocken tupfen. Die Blumenkohlröschen mit den Blüten garnieren und mit Kapuzinerkresse- oder Kresseöl beträufeln.

Blumenkohltörtchen | Für Gäste

12 Stück

Pro Stück: E: 6 g, F: 14 g, Kh: 17 g, kJ: 911, kcal: 218, BE: 1,5

450 g TK-Blätterteig
1 kleiner oder ½ Blumenkohl (etwa 500 g)
Salz
1 Zwiebel (etwa 40 g)
2 EL Olivenöl
1 gestr. EL Weizenmehl
3 EL Schlagsahne
3 EL Wasser
1 Döschen Safran (0,2 g)
100 g TK-Erbsen
Cayennepfeffer
50 g Kochschinken, in Scheiben
1 Ei (Größe M)
30 g gestiftelte Mandeln

Zubereitungszeit: 45 Minuten, ohne Auftau-, Abkühl- und Ruhezeit
Backzeit: 25–30 Minuten

1. Blätterteigplatten nebeneinander zugedeckt nach Packungsanleitung auftauen lassen.

2. Von dem Blumenkohl die Blätter entfernen und den Strunk abschneiden. Den Blumenkohl in Röschen teilen (etwa 350 g), abspülen und abtropfen lassen. Die Blumenkohlröschen in kochendem Salzwasser etwa 3 Minuten blanchieren, in ein Sieb geben, mit kaltem Wasser übergießen und abtropfen lassen.

3. Zwiebel abziehen und in kleine Würfel schneiden. Olivenöl in einem Topf erhitzen, die Zwiebelwürfel darin andünsten und mit Mehl bestäuben. Sahne und Wasser hinzugießen. Die Zutaten zum Kochen bringen, Safran und gefrorene Erbsen hinzugeben, aufkochen lassen. Den Topf von der Kochstelle nehmen. Erbsenmasse mit Salz und Cayennepfeffer würzen, erkalten lassen. Schinken in Streifen schneiden.

4. Den Backofen vorheizen.
Ober-/Unterhitze: etwa 180 °C
Heißluft: etwa 160 °C

5. Blätterteigplatten aufeinanderlegen und auf einer bemehlten Arbeitsfläche zu einem Rechteck (etwa 33 x 44 cm) ausrollen, etwa 5 Minuten ruhen lassen.

6. Anschließend aus dem Teigrechteck 12 Quadrate (etwa 11 x 11 cm) ausschneiden. Die Teigquadrate in eine Muffinform (für 12 Muffins, Boden jeweils gefettet) legen und leicht andrücken.

7. Ei verschlagen und unter die Erbsenmasse rühren, Blumenkohlröschen unterheben. Die Gemüsemasse auf dem Teig verteilen. Schinkenstreifen darauflegen und mit Mandeln bestreuen. Die Form auf dem Rost in den vorgeheizten Backofen schieben. Die Blumenkohltörtchen **25–30 Minuten backen.**

8. Die Form auf einen Kuchenrost stellen. Die Blumenkohltörtchen etwa 10 Minuten in der Form stehen lassen, dann aus der Form lösen und auf dem mit Backpapier belegten Kuchenrost erkalten lassen.

Tipp: Die Törtchen vor dem Backen – oder wenn sie frisch aus dem Ofen kommen – mit etwas geriebenem Manchego-Käse bestreuen.

Brandteigkrapfen

Pikant gefüllt – für Gäste
30 Stück

Pro Stück: E: 3 g, F: 8 g, Kh: 5 g,
kJ: 411, kcal: 98, BE: 0,5

Für den Brandteig:
250 ml Wasser
70 g Butter oder Margarine
150 g Weizenmehl
1 gestr. TL Salz
4 Eier (Größe M)

Zum Frittieren:
etwa 1 l Speiseöl

Für die Füllung:
250 g Schlagsahne (mind. 30 % Fett)
400 g Meerrettich- oder Kräuterquark

Zubereitungszeit: 40 Minuten, ohne Abkühlzeit
Ausbackzeit: etwa 5 Minuten je Portion

1. Für den Teig Wasser mit Butter oder Margarine am besten in einem Stieltopf zum Kochen bringen. Mehl mit dem Salz auf einmal in die von der Kochstelle genommene Flüssigkeit schütten, zu einem Kloß rühren und unter Rühren etwa 1 Minute erhitzen. Den heißen Kloß sofort in eine Schüssel geben.

2. Nach und nach die Eier mit einem Mixer (Knethaken) auf höchster Stufe unterarbeiten. Die Eiermenge hängt von der Beschaffenheit des Teiges ab. Er muss stark glänzen und so von einem Löffel abreißen, dass lange Spitzen hängen bleiben. Teig abkühlen lassen.

3. Zum Frittieren Speiseöl auf 170–180 °C in einem hohen Topf oder in der Fritteuse erhitzen. Mit 2 Esslöffeln mehrere walnussgroße Teighäufchen abstechen und sofort in das siedende Speiseöl geben. (Das Volumen der Krapfen vergrößert sich beim Backen etwa um ein Drittel.)

4. Die Krapfen etwa 5 Minuten unter mehrmaligem Wenden backen. Krapfen mit einer Schaumkelle herausnehmen und auf einem mit Küchenpapier belegten Kuchenrost abtropfen und erkalten lassen.

5. Für die Füllung Sahne steif schlagen. Quark durchrühren und unter die Sahne heben. Die Krapfen tief einschneiden und mit etwas Quarksahne füllen.

Brot mit Blauschimmelkäse

Schnell

8 Scheiben

Pro Scheibe: E: 6 g, F: 8 g, Kh: 14 g, kJ: 637, kcal: 152, BE: 1,0

4–6 Blätter	*Römersalat oder ½ Mini-Roma-Salat*
3 Stängel	*glatte Petersilie*
1 EL	*flüssiger Honig*
1 TL	*Sherryessig*
2 EL	*Olivenöl*
	Salz
	gem. Pfeffer
8 Scheiben	*Stangenweißbrot oder Baguette (je etwa 20 g)*
150 g	*Blauschimmelkäse*
1	*reife Feige*

Zubereitungszeit: 20 Minuten

1. Salatblätter putzen, abspülen, trocken tupfen und in Streifen schneiden. Oder Roma-Salat putzen und den Strunk entfernen. Die Blätter abspülen, trocken tupfen oder trocken schleudern, in Streifen schneiden. Die Petersilie abspülen und trocken tupfen. Die Blättchen von den Stängeln zupfen (einige Blättchen zum Garnieren beiseitelegen). Blättchen klein schneiden.

2. Honig mit Essig in einer Schüssel verrühren. 1 Esslöffel Olivenöl unterschlagen, mit Salz und Pfeffer würzen. Salatblätter und Petersilie untermischen.

3. Die Brotscheiben dünn mit dem restlichen Olivenöl bestreichen und in einer Pfanne von einer Seite goldbraun rösten. Oder die Brotscheiben unter dem vorgeheizten Backofengrill rösten. Brotscheiben etwas abkühlen lassen. Den Käse in Scheiben schneiden.

4. Den marinierten Salat in einem Sieb abtropfen lassen, auf den Brotscheiben (geröstete Seite oben) verteilen und mit je 1 Scheibe Käse belegen.

5. Die Feige abspülen, trocken tupfen und den Stängelansatz entfernen. Feige halbieren und in Scheiben schneiden.

6. Die Brote mit den Feigenscheiben belegen und mit den beiseitegelegten Petersilienblättchen garnieren.

Tipp: Wenn Sie keine frischen Feigen bekommen, können Sie die Brote auch mit Birnenspalten oder kernlosen Weintrauben belegen.

Brot mit Krabbensalat und Champignons | Für die Party – schnell

8 Scheiben

Pro Scheibe: E: 5 g, F: 9 g, Kh: 13 g, kJ: 648, kcal: 156, BE: 1,0

150 g	*Champignons*
2 EL	*Olivenöl*
	Salz
	gem. Pfeffer
200 g	*Krabbensalat (aus dem Kühlregal)*
2 TL	*abgetropfte Kapern (aus dem Glas)*
1–2 TL	*Zitronensaft*
	Cayennepfeffer
8 Scheiben	*Stangenweißbrot oder Baguette (1 1/2–2 cm dick)*
einige Stängel	*Petersilie oder Basilikum*

Zubereitungszeit: 20 Minuten, ohne Abkühlzeit

1. Champignons putzen, evtl. kurz abspülen, trocken tupfen und halbieren.

2. Von dem Olivenöl 1 Esslöffel in einer Pfanne erhitzen. Champignonscheiben darin unter mehrmaligem Wenden anbraten, mit Salz und Pfeffer bestreuen, weitere etwa 2 Minuten braten. Erkalten lassen.

3. Krabbensalat in eine Schüssel geben. Die Hälfte der Champignonscheiben und 1 Teelöffel Kapern unterrühren. Dann den Salat mit Zitronensaft, Salz und Cayennepfeffer abschmecken.

4. Die Brotscheiben dünn mit dem restlichen Olivenöl bestreichen und in einer beschichteten Pfanne von einer Seite goldbraun rösten. Brotscheiben herausnehmen und etwas abkühlen lassen.

5. Petersilie oder Basilikum abspülen und trocken tupfen. Die Blättchen von den Stängeln zupfen und grob zerschneiden.

6. Den Krabbensalat auf den Brotscheiben (geröstete Seite oben) verteilen, mit den restlichen Champignonscheiben, den restlichen Kapern sowie Petersilie oder Basilikum garnieren.

Tipp: Der Krabbensalat kann durch Farmersalat oder Waldorfsalat ersetzt werden.

Brot mit Maissalat und Sardine I

Für Gäste

8 Scheiben

Pro Scheibe: E: 7 g, F: 10 g, Kh: 16 g, kJ: 776, kcal: 185, BE: 1,5

1	*kleine Zwiebel (etwa 40 g)*
1	*Knoblauchzehe*
2 EL	*Olivenöl*
100 g	*TK-Erbsen*
140 g	*abgetropfter Gemüsemais (aus der Dose)*
etwa 90 g	*Sardinenfilets (ohne Haut und Gräten, aus der Dose)*
50 g	*Delikatess-Mayonnaise (80 % Fett)*
	Salz
	gem. Pfeffer
	Paprikapulver rosenscharf
2	*Eier (Größe M)*
8 Scheiben	*Stangenweißbrot oder Baguette (1 1/2–2 cm dick)*

Zubereitungszeit: 40 Minuten, ohne Durchzieh- und Abkühlzeit

1. Zwiebel und Knoblauch abziehen, beides in kleine Würfel schneiden. 1 Esslöffel Olivenöl in einem Topf erhitzen. Zwiebel- und Knoblauchwürfel hinzugeben und zugedeckt etwa 10 Minuten bei schwacher Hitze dünsten. Die Erbsen hinzufügen und 3–5 Minuten mitdünsten lassen.

2. Mais in einem Sieb abspülen und abtropfen lassen. Sardinenfilets abspülen und mit Küchenpapier trocken tupfen. 8 kleine Sardinenfilets beiseitelegen. Restliche Sardinenfilets klein schneiden und in eine Schüssel geben, mit Mais, Erbsen und Mayonnaise mischen. Den Salat mit Salz, Pfeffer und Paprika würzen, etwa 10 Minuten durchziehen lassen.

3. Eier in kochendem Wasser etwa 10 Minuten hart kochen. Eier mit kaltem Wasser abschrecken und erkalten lassen.

4. Eier pellen und mit dem Eierschneider in Scheiben schneiden. 8 schöne Eierscheiben halbieren und beiseitelegen. Restliche Eierscheiben klein schneiden und unter den Salat heben.

5. Die Brotscheiben dünn mit dem restlichen Öl bestreichen und in einer Pfanne von einer Seite goldbraun rösten. Brotscheiben etwas abkühlen lassen.

6. Den Salat auf den Brotscheiben (geröstete Seite oben) verteilen. Die Brote mit den beiseitegelegten Eierscheiben und Sardinenfilets garnieren.

Bulgur-Küchlein mit Green Bull

Einfach

16 Stück

Pro Stück: E: 4 g, F: 5 g, Kh: 14 g, kJ: 501, kcal: 120, BE: 1,0

Für die Bulgur-Küchlein:

75 g Bulgur
200 ml Wasser
2 Frühlingszwiebeln
2 Stängel Minze
½ Bund glatte Petersilie
100 g Fetakäse
25 g Rosinen
1 TL gem. Kreuzkümmel (Cumin)
Salz
2 Eier (Größe M)
75 g Weizenmehl
125 ml Buttermilch
4 EL Speiseöl

Für Green Bull:

1 Salatgurke
4 Kiwis
8 Minzeblättchen
2 EL Limettensaft
1 EL Weizenkeimöl
4 EL flüssiger Honig
400 ml Mineralwasser ohne Kohlensäure
evtl. Eiswürfel

Zubereitungszeit: 45 Minuten

1. Für die Küchlein Bulgur in ein Sieb geben, mit kaltem Wasser abspülen und abtropfen lassen. Bulgur in einen Topf geben. Wasser hinzugießen und zum Kochen bringen. Die Kochstelle ausschalten. Bulgur zugedeckt etwa 7 Minuten ziehen lassen.

2. In der Zwischenzeit die Frühlingszwiebeln putzen, abspülen, abtropfen lassen und in sehr feine Scheiben schneiden. Minze und Petersilie abspülen, trocken tupfen. Die Blättchen jeweils von den Stängeln zupfen. Blättchen klein schneiden.

3. Fetakäse abtropfen lassen und fein zerbröseln.

4. Bulgur mit Frühlingszwiebelscheiben, Minze, Petersilie, Käsebröseln und Rosinen vermischen. Die Bulgur-Käse-Mischung mit Kreuzkümmel und Salz würzen. Eier, Mehl und Buttermilch in einer Rührschüssel verschlagen. Die Bulgur-Käse-Mischung hinzugeben und gut unterrühren.

5. Die Küchlein in 2 Portionen braten. Dafür jeweils die Hälfte des Speiseöls in einer großen Pfanne erhitzen. Für ein Küchlein jeweils 1 gehäuften Esslöffel des Teiges in die Pfanne geben. Die Küchlein darin von beiden Seiten bei mittlerer Hitze goldbraun braten.

6. Für Green Bull die Gurke abwaschen und abtrocknen. Gurke mit Schale und Kernen in grobe Würfel schneiden. Kiwis schälen und grob würfeln. Minzeblättchen abspülen und trocken tupfen. Die Gurken-, Kiwiwürfel und Minzeblättchen in einen Rührbecher geben. Limettensaft, Weizenkeimöl, Honig und Mineralwasser hinzugeben. Die Zutaten fein pürieren und in 4 Gläsern verteilen. Green Bull nach Belieben mit Eiswürfeln servieren. Bulgur-Küchlein dazureichen.

Bunte Vollkornschnitte

Fettarm

4 Portionen

Pro Portion: E: 9 g, F: 2 g, Kh: 21 g, kJ: 580, kcal: 138, BE: 2,0

4 Scheiben Vollkornbrot (je 50 g)
2 TL mittelscharfer Senf
4 Scheiben Rindfleischsülze oder Corned Beef (je 20 g)
2 Möhren (100 g)
200 g abgetropfte Gewürzgurken (aus dem Glas)

Zubereitungszeit: 10 Minuten

1. Die Brotscheiben dünn mit Senf bestreichen und mit Sülzescheiben oder Corned Beef belegen.

2. Möhren putzen, schälen, abspülen und abtropfen lassen. Möhren längs in dünne Streifen schneiden.

3. Gurken nach Belieben halbieren oder in Fächer schneiden und mit den Möhrenstreifen auf den Brotscheiben anrichten.

Tipp: Pressen Sie sich dazu einen frischen Orangensaft aus (pro Glas etwa 2 Orangen).

Calamari, gefüllte I

Mit Alkohol

6 Portionen

Pro Portion: E: 13 g, F: 27 g, Kh: 15 g, kJ: 1511, kcal: 361, BE: 1,0

400 g TK-Calamarituben oder 600 g küchenfertige kleine Calamarituben
3 Schalotten
2 Knoblauchzehen
1 Bund glatte Petersilie
1 Bio-Zitrone (unbehandelt, ungewachst)
100 ml Olivenöl
6 EL Semmelbrösel
Salz, gem. Pfeffer
2 EL Olivenöl
2 EL Butter
100 ml Fischfond oder Gemüsebrühe
50 ml Noilly Prat (Wermut) oder Ricard (Anisschnaps)

Spalten von
1 Bio-Zitrone (unbehandelt, ungewachst)
etwas vorbereitete glatte Petersilie

Außerdem:

Holzstäbchen

Zubereitungszeit: 60 Minuten, ohne Auftauzeit
Garzeit: TK-Calamari 10–12 Minuten, frische Calamari 6–8 Minuten

1. TK-Calamarituben nach Packungsanleitung auftauen lassen. Calamarituben unter fließendem kalten Wasser abspülen und trocken tupfen.

2. Die Schalotten und Knoblauchzehen abziehen, in kleine Würfel schneiden. Petersilie abspülen, trocken tupfen und die Blättchen von den Stängeln zupfen. Blättchen klein schneiden. Zitrone heiß abwaschen und abtrocknen. Die Schale mit einem Zestenreißer abschälen oder die Schale mit einer kleinen Reibe abreiben. Zitrone halbieren und den Saft auspressen.

3. Das Olivenöl in einer Pfanne erhitzen. Schalotten- und Knoblauchwürfel darin andünsten. Semmelbrösel hinzufügen und unter Rühren 2–3 Minuten mitdünsten lassen. Petersilie und Zitronenschale hinzufügen, mit Salz, Pfeffer und Zitronensaft abschmecken. Die Masse mit einem Teelöffel in die Calamarituben füllen und die Öffnung mit Holzstäbchen schließen.

4. Das Olivenöl mit Butter in einem Topf erhitzen. Die Calamarituben hineingeben und von allen Seiten anbraten. Fischfond oder Brühe und Noilly Prat oder Ricard hinzugießen, zum Kochen bringen. Frische Calamarituben zugedeckt in 6–8 Minuten (TK-Calamarituben in 10–12 Minuten) weich schmoren lassen. Calamarituben mit dem Sud auf einer Platte anrichten, mit Zitronenspalten und Petersilie garniert servieren.

California Rolls mit Salat und Gurke | Etwas Besonderes

24 Stück

Pro Stück: E: 2 g, F: 3 g, Kh: 11 g, kJ: 322, kcal: 77, BE: 1,0

300 g Sushireis
Salz
450 ml Wasser
4 EL Reisessig
1 gestr. TL Zucker
4 EL Wasabipaste
55 g Delikatess-Mayonnaise
175 g Salatgurke
70 g Römersalat
3 Stängel Koriander
3 Noriblätter
45 g Tobiko-Wasabi-Kaviar aus Fliegenfisch-Rogen

100 ml Sojasauce
100 g eingelegter Ingwer (aus dem Glas)

Zubereitungszeit: 65 Minuten, ohne Zieh- und Abkühlzeit
Garzeit: etwa 20 Minuten

1. Den Sushireis in ein Sieb geben und unter fließendem kalten Wasser so lange abspülen, bis das Wasser klar abläuft. Sushireis sehr gut abtropfen lassen. Anschließend mit etwas Salz und dem Wasser in einem Topf zum Kochen bringen. Den Reis zugedeckt etwa 20 Minuten bei schwacher Hitze garen.

2. Topf von der Kochstelle nehmen. Den Reis weitere 10 Minuten im geschlossenen Topf ziehen lassen.

3. Den Reisessig erwärmen. 1 gestrichenen Teelöffel Salz und den Zucker darin unter Rühren auflösen. Die Essiglösung möglichst ohne Rühren locker unter den heißen Reis mischen. Den Reis mit einem feuchten Tuch abdecken und fast vollständig erkalten lassen.

4. Von der Wasabipaste 2 Esslöffel abnehmen und mit der Mayonnaise verrühren. Die Gurke schälen, längs vierteln, entkernen und jedes Viertel nochmals der Länge nach halbieren.

5. Salat putzen, abspülen, gut abtropfen lassen oder trocken schleudern. Die Salatblätter der Länge nach in etwa 2 cm breite Streifen schneiden. Koriander abspülen, trocken tupfen und die Blättchen von den Stängeln zupfen.

6. Eine Sushimatte zunächst mit Frischhaltefolie, dann mit einem Noriblatt belegen. Darauf eine etwa ½ cm dicke Reisschicht so verteilen, dass an den Rändern jeweils etwa 1 cm frei bleibt. Reisschicht mit einem weiteren Stück Frischhaltefolie belegen. Mithilfe der Frischhaltefolie alles einmal wenden, sodass die Seite mit dem Noriblatt oben liegt.

7. Das Noriblatt dünn mit einem Drittel der Wasabi-Mayonnaise bestreichen. Dann jeweils ein Drittel der Gurken, Salatstreifen und Korianderblätter der Breite nach passend zurechtgeschnitten darauflegen. Mithilfe der Sushimatte alles zu einer Rolle aufrollen und dabei leicht andrücken. Die California Roll vorsichtig aus der Sushimatte lösen und im Wasabi-Kaviar wälzen. Auf diese Weise 2 weitere California Rolls herstellen.

8. Jede Rolle mit einem scharfen Messer – in kaltes Wasser getaucht – in 8 gleich große Scheiben schneiden. California Rolls mit Sojasauce, restlichem Wasabi und Ingwer servieren.

Carpaccio | Klassisch

4 Portionen

Pro Portion: E: 20 g, F: 38 g, Kh: 1 g, kJ: 1795, kcal: 428, BE: 0,0

300 g Rinderfilet
125 ml Olivenöl
4 EL Zitronensaft
50 g Parmesan, am Stück
Salz, gem. Pfeffer

Zum Garnieren:

1 Bio-Zitrone (unbehandelt, ungewachst)
etwas Rucola (Rauke)

Zubereitungszeit: 25 Minuten, ohne Durchziehzeit

1. Filet mit Küchenpapier trocken tupfen. Das Filet in Frischhaltefolie wickeln und im Gefrierschrank leicht anfrieren lassen.

2. Das angefrorene Filetstück mit einem scharfen Messer oder einem elektrischen Allesschneider in hauchdünne Scheiben schneiden.

3. Filetscheiben dachziegelartig auf einer mit etwas von dem Olivenöl bestrichenen Platte anrichten.

4. Zitronensaft und restliches Olivenöl auf die Filetscheiben träufeln und mindestens 2 Stunden durchziehen lassen.

5. Parmesan in sehr dünne Scheibchen hobeln. Die Filetscheiben damit belegen, mit Salz und Pfeffer bestreuen.

6. Zum Garnieren Zitrone heiß abwaschen, abtrocknen und in Spalten schneiden. Rucola putzen und die dicken Stiele herausschneiden. Rucola abspülen und trocken tupfen. Carpaccio mit Zitronenspalten und Rucola garniert servieren.

Beilage: Ciabatta.

Carpaccio von Manchego-Käse mit Paprika | Raffiniert

6 Portionen

Pro Portion: E: 14 g, F: 21 g, Kh: 4 g, kJ: 1081, kcal: 259, BE: 0,5

2	*rote Paprikaschoten*
40 g	*kleine Kapernäpfel oder Kapern*
1	*Bio-Zitrone (unbehandelt, ungewachst)*
3 Stängel	*glatte Petersilie*
1	*Knoblauchzehe*
4 EL	*Olivenöl*
1 Prise	*Zucker*
	Salz
	gem. Pfeffer
250–300 g	*Manchego-Käse, am Stück*

Zubereitungszeit: 30 Minuten, ohne Durchziehzeit
Backzeit: etwa 15 Minuten

1. Den Backofen vorheizen.
Ober-/Unterhitze: etwa 220 °C
Heißluft: etwa 200 °C

2. Paprikaschoten halbieren, entstielen, entkernen und die weißen Scheidewände entfernen. Schotenhälften abspülen, abtropfen lassen und mit der Hautseite nach oben auf ein Backblech (gefettet) legen.

3. Das Backblech in den vorgeheizten Backofen schieben. Die Paprikahälften **etwa 15 Minuten rösten** (die Haut der Paprika muss Blasen werfen und leicht schwarz werden).

4. Das Backblech auf einen Rost stellen. Die Paprikaschoten sofort mit einem feuchten Geschirrtuch belegen. Schotenhälften enthäuten und in Streifen schneiden.

5. Die Kapernäpfel oder Kapern in ein Sieb geben, abspülen und gut abtropfen lassen. Einige Kapernäpfel oder Kapern zum Garnieren beiseitelegen. Restliche Kapernäpfel oder Kapern fein hacken. Zitrone heiß abwaschen, abtrocknen und die Schale fein abreiben. Zitrone halbieren und den Saft auspressen.

6. Petersilie abspülen, trocken tupfen und die Blättchen von den Stängeln zupfen. Blättchen klein schneiden. Knoblauch abziehen und durch eine Knoblauchpresse drücken.

7. Zitronensaft mit -schale, Petersilie, Knoblauch und Kapernäpfeln oder Kapern verrühren. Olivenöl unterschlagen, mit Zucker, Salz und Pfeffer würzen. Die Marinade mit den Paprikastreifen in einer Schüssel vermischen und etwas durchziehen lassen.

8. Käse mit dem Käsehobel oder einer Aufschnittmaschine in hauchdünne Scheiben schneiden. Die Käsescheiben auf Tellern oder einer größeren Platte dachziegelartig anrichten.

9. Paprikastreifen etwas abtropfen lassen und gitterartig auf die Käsescheiben legen. Carpaccio mit abgetropfter Marinade beträufeln, mit Pfeffer bestreuen und mit den beiseitegelegten Kapernäpfeln oder Kapern garniert servieren.

Carpaccio von Zucchini mit Gorgonzola-Creme I

Vegetarisch

6 Portionen

Pro Portion: E: 9 g, F: 30 g, Kh: 6 g, kJ: 1381, kcal: 332, BE: 0,5

Für die Gorgonzola-Creme:

1	*Schalotte oder kleine Zwiebel*
½ Bund	*Suppengrün (Möhre, Porree, Sellerie, etwa 150 g)*
1	*Tomate*
6 Stängel	*frische Kräuter, z. B. Kerbel, Dill, Petersilie, Schnittlauch*
120 g	*Gorgonzola*
300 g	*Crème fraîche*
	gem. Pfeffer
2	*kleine Zucchini (je etwa 200 g)*
	Meersalz
2–3 EL	*Zitronensaft*
1–2 EL	*Olivenöl*
etwa 10	*blaue Weintrauben*
je 2 EL	*geröstete, gehackte Walnuss- und Pinienkerne*
evtl. einige	*vorbereitete Petersilienblättchen*

Zubereitungszeit: 45 Minuten

1. Für die Creme Schalotte oder Zwiebel abziehen und in kleine Würfel schneiden. Das Suppengrün putzen, evtl. schälen, abspülen, abtropfen lassen und ebenfalls in kleine Würfel schneiden. Tomate abspülen, abtrocknen, kreuzweise einschneiden und mit kochendem Wasser übergießen. Nach 1–2 Minuten herausnehmen und mit kaltem Wasser abschrecken. Tomate enthäuten, halbieren, entkernen und den Stängelansatz herausschneiden. Tomatenhälften in kleine Würfel schneiden und beiseitelegen.

2. Die Kräuter abspülen und trocken tupfen. Von dem Kerbel und der Petersilie die Blättchen von den Stängeln zupfen. Blättchen klein schneiden. Von dem Dill die Spitzen von den Stängeln zupfen. Die Spitzen klein schneiden. Das Schnittlauch in kleine Röllchen schneiden.

3. Gorgonzola in eine Schüssel geben und mit einer Gabel zerdrücken. Vorbereitete Kräuter, Schalotten- oder Zwiebelwürfel und Suppengrünwürfel untermengen. Crème fraîche unterrühren. Die Creme mit Pfeffer abschmecken.

4. Zucchini abspülen, abtrocknen und die Enden abschneiden. Zucchini längs in dünne Scheiben schneiden oder hobeln. Zucchinischeiben auf einer Platte zu einer großen Blüte legen. Meersalz mit Pfeffer, Zitronensaft und Olivenöl verrühren. Die Zucchinischeiben damit bestreichen.

5. In die Mitte der Blüte 2 Esslöffel der Käsecreme geben. Weintrauben abspülen, trocken tupfen und um die Creme legen. Mit einigen gehackten Pinien-, Walnusskernen und beiseitegelegten Tomatenwürfeln bestreuen. Nach Belieben mit Petersilienblättchen garnieren.

6. Restliche Creme mit restlichen Pinien-, Walnusskernen und Tomatenwürfeln bestreuen, mit Petersilienblättchen garnieren und zum Carpaccio reichen.

Ceviche von Lachs und Zander

Für Gäste

4 Portionen

Pro Portion: E: 20 g, F: 11 g, Kh: 3 g, kJ: 799, kcal: 191, BE: 0,0

200 g	*frisches Lachsfilet (ohne Haut und Gräten)*
200 g	*frisches Zanderfilet (ohne Haut und Gräten)*
2	*Bio-Limetten (unbehandelt, ungewachst)*
3	*Limetten*
½ TL	*Salz*
1	*große rote Chilischote*
2	*dünne Frühlingszwiebeln*
2 EL	*Olivenöl*
	Salz
	gem. Pfeffer
6 Stängel	*Koriander*

Zubereitungszeit: 30 Minuten, ohne Marinierzeit

1. Lachs- und Zanderfilet unter fließendem kalten Wasser abspülen, trocken tupfen und in gleich große Stücke (etwa 2 x 1 cm) schneiden. Die Fischstücke in eine flache Schale legen.

2. Die Bio-Limetten heiß abwaschen und abtrocknen. Die Schale mit einem Zestenreißer abziehen oder die Schale mit einer kleinen Reibe abreiben. Alle Limetten (5 Stück) halbieren und den Saft auspressen. Limettensaft mit Salz verrühren und auf den Fischstücken verteilen. Die Fischstücke mit Frischhaltefolie abdecken und etwa 4 Stunden im Kühlschrank marinieren.

3. Die marinierten Fischstücke in einem Sieb abtropfen lassen. Die angesammelte Flüssigkeit weggießen.

4. Chili abspülen, trocken tupfen, längs halbieren und entkernen. Die Chilihälften in sehr kleine Würfel schneiden. Frühlingszwiebeln putzen, abspülen, abtropfen lassen und in feine Scheiben schneiden.

5. Olivenöl mit Chiliwürfeln, Frühlingszwiebelscheiben und Limettenschale in einer Schüssel verrühren. Die Fischstücke hinzugeben, gut untermischen, mit Salz und Pfeffer abschmecken. Koriander abspülen und trocken tupfen. Die Blättchen von den Stängeln zupfen. Ceviche mit Korianderblättchen garniert sofort servieren.

Champignonköpfe, gefüllte

Vegetarisch

12 Stück

Pro Stück: E: 7 g, F: 18 g, Kh: 2 g, kJ: 797, kcal: 190, BE: 0,0

12 große weiße oder rosa Champignons (etwa 600 g)
1 Zwiebel
2 Knoblauchzehen
500 g Mangold
70 g Pinienkerne
2 Fleischtomaten (etwa 300 g)
100 ml Rapsöl
40 g Butter
Salz
gem. Pfeffer
ger. Muskatnuss
100 g ger. Parmesan

Zubereitungszeit: 60 Minuten
Garzeit: etwa 15 Minuten

1. Die Champignons putzen, evtl. kurz abspülen und trocken tupfen. Die Stiele herausdrehen und klein schneiden. Zwiebel und Knoblauch abziehen, in kleine Würfel schneiden.

2. Mangold putzen (evtl. dabei die großen Blattstiele entfernen). Mangold gründlich waschen, abtropfen lassen und klein schneiden. Die Pinienkerne in einer Pfanne ohne Fett unter Wenden hellbraun rösten, herausnehmen und beiseitestellen. Tomaten abspülen, abtrocknen, vierteln, entkernen und die Stängelansätze herausschneiden. Die Tomatenviertel in kleine Würfel schneiden.

3. Rapsöl in einer Pfanne erhitzen. Knoblauchwürfel darin andünsten. Champignons hinzugeben und unter Wenden anbraten. Champignons aus der Pfanne nehmen und beiseitestellen.

4. Den Backofen vorheizen.
Ober-/Unterhitze: etwa 200 °C
Heißluft: etwa 180 °C

5. Butter in einer großen Pfanne oder einem Topf zerlassen. Zwiebelwürfel darin glasig dünsten. Mangold und die klein geschnittenen Champignonstiele hinzugeben, unter gelegentlichem Rühren etwa 5 Minuten mitdünsten lassen. Das Gemüse mit Salz, Pfeffer und Muskat würzen. Das Knoblauchöl aus der Pfanne unterrühren.

6. Die beiseitegestellten Champignonköpfe mit Salz und Pfeffer würzen und mit der Gemüsemasse füllen. Champignonköpfe in eine flache Auflaufform (gefettet) setzen. Tomatenwürfel und Pinienkerne darauf verteilen, mit Käse bestreuen. Die Form auf dem Rost in den vorgeheizten Backofen schieben. Die Champignonköpfe **etwa 15 Minuten garen.**

Champignons mit Schinken, gefüllte | Preiswert

12 Stück

Pro Stück: E: 7 g, F: 14 g, Kh: 4 g, kJ: 664, kcal: 159, BE: 0,5

12 große weiße Champignons (etwa 800 g)

Für die Füllung:

1 Schalotte
120 g Parmaschinken
½ Bund glatte Petersilie
3 Scheiben Toastbrot
60 g Butter

4 EL Olivenöl
Salz
gem. Pfeffer
20 g Butter
1 Ei (Größe M)
2 EL Olivenöl
2 Tomaten

Zubereitungszeit: 45 Minuten
Garzeit: 15–20 Minuten

1. Champignons putzen, evtl. kurz abspülen und trocken tupfen. Die Stiele herausdrehen und die Köpfe etwas aushöhlen. Stiele und ausgehöhltes Champignonfleisch in kleine Würfel schneiden.

2. Für die Füllung Schalotte abziehen und in kleine Würfel schneiden. Schinken in etwa 2 cm lange, feine Streifen schneiden. Petersilie abspülen, trocken tupfen und die Blättchen von den Stängeln zupfen. Blättchen klein schneiden. Toastbrotscheiben entrinden und in kleine Würfel schneiden.

3. Butter in einer Pfanne zerlassen. Toastbrotwürfel darin von allen Seiten goldgelb rösten, herausnehmen und beiseitestellen.

4. Den Backofen vorheizen.
Ober-/Unterhitze: etwa 180 °C
Heißluft: etwa 160 °C

5. Olivenöl in einer Pfanne erhitzen. Champignonköpfe darin leicht anbraten, mit Salz und Pfeffer würzen. Champignonköpfe herausnehmen und in eine flache Auflaufform (gefettet) setzen.

6. Die Butter in einem Topf zerlassen. Champignon-, Schalottenwürfel und Schinkenstreifen darin unter Wenden andünsten. Petersilie, Toastbrotwürfel und Ei unterrühren, mit Salz und Pfeffer würzen. Die Masse in den ausgehöhlten Champignonköpfen verteilen und mit Olivenöl beträufeln. Die Form auf dem Rost in den vorgeheizten Backofen schieben. Die gefüllten Champignons **15–20 Minuten garen.**

7. Tomaten abspülen, abtrocknen, halbieren, entkernen und die Stängelansätze herausschneiden. Tomatenhälften in kleine Würfel schneiden. Die gefüllten Champignons mit Tomatenwürfeln garniert servieren.

Cheesecake im Glas I

Pikant

6 Portionen

Pro Portion: E: 13 g, F: 35 g, Kh: 36 g, kJ: 2135, kcal: 510, BE: 3,0

Für den Krümelboden:

3 Salbeiblätter
60 g Walnusskerne
60 g Grissini
3 EL Olivenöl

Für den Cheesecake-Belag:

5 kleine Basilikumblätter
300 g Doppelrahm-Frischkäse
125 g Gorgonzola
50 ml Milch
1 EL fein abgeriebene Bio-Zitronenschale (unbehandelt, ungewachst)

1 TL–1 EL grüner Pfeffer, in Lake (aus dem Glas)
6 EL Feigensenf
3 EL flüssiger Honig
1 Birne (Abate oder Williams, 175–200 g)

Außerdem:

6 kleine, weite Gläser

Zubereitungszeit: 35 Minuten

1. Für den Krümelboden die Salbeiblätter abspülen und trocken tupfen. Salbeiblätter mit Walnusskernen und grob zerbrochenen Grissini in einen Blitzhacker geben. Die Zutaten fein hacken, dann in eine Rührschüssel geben und mit dem Olivenöl vermischen.

2. Den Krümelteig in 6 gleich große Portionen teilen und als Boden in den Gläsern verteilen, mit einem Teelöffel leicht andrücken.

3. Für den Belag die Basilikumblätter abspülen und trocken tupfen. 3 Blättchen zum Garnieren beiseitelegen, die restlichen Blättchen fein schneiden.

4. Den Frischkäse mit zerbröseltem Gorgonzola sowie Milch, Basilikum und Zitronenschale in eine Rührschüssel geben. Die Zutaten glatt rühren.

5. Die Frischkäsemasse in 6 gleich große Portionen teilen, dann auf den Krümelböden verteilen.

6. Den grünen Pfeffer in ein Sieb geben, mit kaltem Wasser abspülen und gut abtropfen lassen. Feigensenf mit Honig und grünem Pfeffer verrühren.

7. Birnen abspülen, abtrocknen, halbieren und schälen. Das Fruchtfleisch in feine Würfel schneiden und unter die Feigen-Honig-Mischung rühren.

8. Feigensenf-Birnen-Mischung auf der Frischkäsemasse verteilen. Die restlichen Basilikumblättchen in feine Streifen schneiden und darüberstreuen. Den Cheesecake sofort servieren.

Tipp: Achten Sie darauf, dass die Birnen schön reif und saftig sind.

Rezeptvariante: Für einen **süßen Cheesecake** 150 g feine Butterkeksbrösel mit 120 g zerlassener Butter vermengen und in 6 Gläsern verteilen. 300 g Mascarpone (ital. Frischkäse) mit 40 g Zucker und 2 Esslöffeln Orangensaft glatt rühren. 100 g Schlagsahne mit 1 Päckchen Sahnesteif steif schlagen, unterheben und in den Gläsern verteilen. Zugedeckt in den Kühlschrank stellen.

Chorizo-Garnelen-Fritatta

Für Gäste

6 Portionen

Pro Portion: E: 14 g, F: 19 g, Kh: 4 g, kJ: 1004, kcal: 240, BE: 0,5

40 g Frühlingszwiebeln
125 g rote Paprikaschote
1 Bio-Zitrone (unbehandelt, ungewachst)
3 Stängel glatte Petersilie
2 Stängel Minze
20 g Chorizo-Wurst, in Scheiben
200 g rohe Garnelen (ohne Kopf und Schale)
6 Eier (Größe M)
Salz
6 EL Olivenöl
20 g geröstete Salzmandeln
1 TL getr. Chiliflocken

Außerdem:

6 kleine, runde Auflaufförmchen (Ø 9–10 cm)

Zubereitungszeit: 20 Minuten
Backzeit: 25–28 Minuten

1. Den Backofen vorheizen.
Ober-/Unterhitze: etwa 180 °C
Heißluft: etwa 160 °C

2. Die Frühlingszwiebeln putzen, abspülen, abtropfen lassen und in sehr feine Scheiben schneiden.

3. Die Paprikaschote halbieren, entstielen, entkernen und die weißen Scheidewände entfernen. Schoten abspülen, abtropfen lassen und in ½ cm große Würfel schneiden.

4. Die Zitrone heiß abwaschen, abtrocknen und die Schale fein abreiben.

5. Petersilie und Minze abspülen, abtropfen lassen und die Blättchen von den Stängeln zupfen. Die Blättchen fein hacken.

6. Chorizo in sehr dünne Scheiben schneiden. Die Garnelen entdarmen, dann mit kaltem Wasser abspülen und trocken tupfen. Die Garnelen in etwa ½ cm dicke Scheiben schneiden.

7. Frühlingszwiebelscheiben, Paprikawürfel, Zitronenschale, Petersilie, Minze, Chorizo und Garnelen vermischen. Die Eier verquirlen und salzen.

8. Die Auflaufförmchen mit 3 Esslöffeln von dem Olivenöl fetten. Die Förmchen auf ein Backblech stellen. Die Gemüse-Wurst-Füllung in den Förmchen verteilen. Das verquirlte Ei darübergießen.

9. Das Backblech in den vorgeheizten Backofen (unteres Drittel) schieben. Die Chorizo-Garnelen-Frittatas **25–28 Minuten backen.**

10. In der Zwischenzeit die Mandeln hacken.

11. Das Backblech auf einen Kuchenrost stellen. Die warmen Chorizo-Garnelen-Frittatas mit dem restlichen Olivenöl beträufeln sowie mit den Mandeln und den Chiliflocken bestreuen.

Tipps: Die Chorizo-Garnelen-Frittata schmeckt warm oder kalt. Für eine **vegetarische Frittata** ersetzen Sie Chorizo und Garnelen durch 2 Esslöffel abgetropften Gemüsemais (aus der Dose) und 125 g grüne Paprikawürfel.

Chorizo-Spießchen

Würziger Genuss

16 Stück

Pro Stück: E: 9 g, F: 15 g, Kh: 14 g, kJ: 963, kcal: 230, BE: 1,0

1 schmales Baguette (etwa 350 g)
1 kleiner Lollo bionda (etwa 200 g)
4 EL Olivenöl
480 g Chorizo-Wurst (16 Scheiben)
gem. Pfeffer
2 rote Zwiebeln (etwa 100 g)
16 große grüne Oliven, mit Paprika gefüllt
1 Bund Majoran

Außerdem:

16 kleine Holzstäbchen

Zubereitungszeit: 45 Minuten

1. Das Baguette in 16 Scheiben schneiden. Lollo bionda putzen und von schlechten Blättern befreien. Lollo bionda waschen, trocken tupfen oder trocken schleudern.

2. Olivenöl in einer großen Pfanne erhitzen. Baguette- und Wurstscheiben darin portionsweise von beiden Seiten leicht anbraten, herausnehmen und mit Pfeffer bestreuen. Die Zwiebeln abziehen, zuerst in Scheiben schneiden, dann in Ringe teilen.

3. Die Baguettescheiben zuerst mit je 1 Salatblatt, dann mit 1 Wurstscheibe, Zwiebelringen und zuletzt mit 1 Olive belegen. Jeweils alles mit einem Holzstäbchen feststecken.

4. Majoran abspülen, trocken tupfen und die Blättchen von den Stängeln zupfen. Die Spießchen auf einer Platte anrichten und mit Majoran garnieren.

Ciabatta-French-Toast I

Italien trifft Frankreich

12 Stück

Pro Stück: E: 5 g, F: 8 g, Kh: 16 g, kJ: 636, kcal: 152, BE: 1,0

300 g Ciabatta zum Aufbacken (Fertigprodukt)
1–2 Knoblauchzehen
etwa 8 Basilikumblättchen
2 Eier (Größe L)
6 EL Milch
Salz
375 g Zucchini
150 g Cocktailtomaten
25 g Rucola (Rauke)
35 g Parmesan, am Stück
5 EL Olivenöl
gem. schwarzer Pfeffer
2 EL Pesto alla Genovese

Zubereitungszeit: 45 Minuten

1. Das Ciabatta in 12 Scheiben (je etwa 1 cm dick und etwa 8 x 8 cm groß) schneiden. Knoblauch abziehen und fein hacken. Basilikumblättchen abspülen, trocken tupfen und in Streifen schneiden.

2. Die Eier mit Milch, Knoblauch, Basilikum und etwas Salz verquirlen.

3. Zucchini abspülen, abtrocknen und die Enden abschneiden. Die Zucchini in etwa 5 cm lange, dünne Streifen schneiden. Tomaten abspülen, abtrocknen, vierteln und evtl. die Stängelansätze herausschneiden. Rucola abspülen und gut abtropfen lassen. Parmesan in dünne Blättchen hobeln.

4. Den Backofen vorheizen.
Ober-/Unterhitze: etwa 100 °C
Heißluft: etwa 80 °C

5. Die Brotscheiben einzeln jeweils etwa ½ Minute in die Eiermilch tauchen. Anschließend jeweils etwas von dem Olivenöl in einer großen Pfanne erhitzen. Die Brotscheiben darin bei starker Hitze portionsweise jeweils in etwa 1 Minute goldbraun braten. Brotscheiben auf ein Backblech (mit Backpapier belegt) legen. Das Backblech in den vorgeheizten Backofen schieben. Die Brotscheiben darin warm halten.

6. Das restliche Olivenöl in einer großen Pfanne erhitzen. Die Zucchinistreifen darin bei starker Hitze unter Wenden in 2–3 Minuten garen, sodass sie noch knackig sind. Zucchinistreifen dabei mit Salz und Pfeffer würzen. Tomaten hinzugeben, untermischen und kurz mitgaren. Zuletzt das Pesto dazugeben und „unterschwenken".

7. Die Gemüsemischung auf den Brotscheiben verteilen, mit Rucola und Parmesan bestreuen und sofort servieren.

Club-Sandwich | Schnell

6 Stück

Pro Stück: E: 8 g, F: 18 g, Kh: 16 g, kJ: 1084, kcal: 260, BE: 1,0

150 g	*Eisbergsalat*
6 Scheiben	*Bacon (Frühstücksspeck)*
150 g	*Remoulade (aus der Tube)*
6 Scheiben	*Vollkorn-Sandwich-Toastbrot*
3	*kleine Tomaten*
6 Scheiben	*Putenbrustaufschnitt*

Außerdem:

evtl. Zahnstocher

Zubereitungszeit: 25 Minuten

1. Den Salat putzen, abspülen, gut abtropfen lassen und in feine Streifen schneiden.

2. Bacon in einer Pfanne ohne Fett langsam knusprig braun braten. Remoulade mit den Salatstreifen vermischen und auf die Toastbrotscheiben streichen.

3. Tomaten abspülen, abtrocknen und die Stängelansätze herausschneiden. Tomaten in Scheiben schneiden. Auf 3 Toastbrotscheiben zuerst die Tomatenscheiben, dann den Putenbrustaufschnitt und zuletzt die knusprigen Baconscheiben legen. Die anderen Toastbrotscheiben mit der bestrichenen Seite auf die belegten Toastbrotscheiben legen und gut andrücken.

4. Die Sandwiches diagonal durchschneiden, sodass 6 Dreiecke entstehen. Die Sandwiches nach Belieben mit Zahnstochern fixieren.

Beilage: Pommes frites.

Tipp: Statt Eisbergsalat schmeckt auch Rucola (Rauke).

Crostini mit Gemüse | Einfach

12 Stück

Pro Stück: E: 2 g, F: 7 g, Kh: 10 g, kJ: 448, kcal: 107, BE: 0,5

1 kleine Aubergine (etwa 200 g)
1 kleine Zucchini (etwa 200 g)
1 Zwiebel
2 Knoblauchzehen
4–5 EL Olivenöl
2 Roma-Tomaten
1 Stängel Rosmarin
einige Stängel Thymian
Salz, gem. Pfeffer
1 kleines Baguette
3 EL Olivenöl

Zubereitungszeit: 30 Minuten

1. Aubergine und Zucchini abspülen, abtrocknen und den Stängelansatz bzw. die Enden abschneiden. Aubergine und Zucchini in etwa 1 cm große Würfel schneiden.

2. Zwiebel und Knoblauch abziehen, beides in kleine Würfel schneiden. Das Olivenöl in einer Pfanne erhitzen. Die Zwiebel- und Knoblauchwürfel darin andünsten. Die Auberginen- und Zucchiniwürfel hinzufügen, kurz anbraten und unter gelegentlichem Rühren etwa 5 Minuten garen.

3. Die Tomaten kreuzweise einschneiden und mit kochendem Wasser übergießen. Nach 1–2 Minuten herausnehmen und mit kaltem Wasser abschrecken. Tomaten enthäuten, halbieren, entkernen und die Stängelansätze herausschneiden. Die Tomatenhälften klein würfeln und unter die Gemüsewürfel heben.

4. Rosmarin und Thymian abspülen und trocken tupfen. Die Nadeln bzw. Blättchen von den Stängeln zupfen. Nadeln und Blättchen klein schneiden und ebenfalls unter die Gemüsewürfel rühren. Das Gemüse mit Salz und Pfeffer würzen.

5. Das Baguette in 12 Scheiben schneiden. Olivenöl in einer großen Pfanne erhitzen. Die Baguettescheiben evtl. portionsweise darin von beiden Seiten knusprig braten.

6. Baguettescheiben herausnehmen. Das Gemüse auf den Brotscheiben verteilen und etwas andrücken.

Tipp: Die Gemüse-Crostini schmecken warm am besten, können aber auch kalt serviert werden.

Curry-Fisch-Bällchen I

Buffetgeeignet

24 Stück

Pro Stück: E: 6 g, F: 2 g, Kh: 8 g, kJ: 295, kcal: 71, BE: 0,5

Für die Fisch-Bällchen:

600 g TK-Kabeljau- oder Seelachsfilet
6 Scheiben Weizentoastbrot (etwa 150 g)
1 Bund Schnittlauch
2–3 TL Currypulver
Salz
3 Eiweiß (Größe M)

etwa 250 ml Sonnenblumenöl
260 g abgetropfte Ananasstücke (aus der Dose)
225 g Mango-Chutney (aus dem Glas)
4 EL Tomatenketchup (etwa 50 g)
evtl. einige vorbereitete Schnittlauchröllchen

Zubereitungszeit: 45 Minuten, ohne Antau- und Durchziehzeit

1. Für die Fischbällchen Kabeljau- oder Seelachsfilet nach Packungsanleitung etwas antauen lassen. Die Toastbrotscheiben entrinden und in sehr kleine Würfel schneiden. Schnittlauch abspülen, trocken tupfen und in Röllchen schneiden.

2. Fischfilet kurz unter fließendem kalten Wasser abspülen, trocken tupfen, in sehr kleine Würfel schneiden und in eine Schüssel geben. Die Toastbrotwürfel, Schnittlauchröllchen, Curry, Salz und Eiweiß hinzugeben. Die Zutaten gut vermischen und etwa 15 Minuten durchziehen lassen.

3. Sonnenblumenöl in einer tiefen Pfanne erhitzen. Dann aus dem Fischteig mit angefeuchteten Händen 24 gleich große Bällchen formen und evtl. portionsweise in dem erhitzten Sonnenblumenöl 6–8 Minuten goldbraun backen, dabei gelegentlich wenden. Die Fischbällchen mit einer Schaumkelle herausnehmen und auf Küchenpapier abtropfen lassen.

4. Ananasstücke in kleinere Stücke schneiden, mit Mango-Chutney und Ketchup verrühren.

5. Die Curry-Fisch-Bällchen auf Tellern anrichten und nach Belieben mit Schnittlauchröllchen garniert servieren. Die Sauce dazureichen.

Tipp: Die Zutaten für die Fischbällchen unbedingt in sehr kleine Würfel schneiden, damit sich die Masse gut zu Bällchen formen lässt und diese beim Ausbacken nicht auseinanderfallen.

Datteln mit Käse im Schinkenmantel | Raffiniert

24 Stück

Pro Stück: E: 4 g, F: 3 g, Kh: 10 g, kJ: 343, kcal: 82, BE: 1,0

24 frische Datteln
1 dicke Scheibe Manchego-Käse (100 g)
24 abgezogene ganze Mandeln
12 dünne Scheiben Serrano-Schinken

8 Blätter Kopfsalat

Zubereitungszeit: 20 Minuten, ohne Abkühlzeit
Backzeit: etwa 6 Minuten

1. Den Backofen vorheizen.
Ober-/Unterhitze: etwa 240 °C
Heißluft: etwa 220 °C

2. Datteln abspülen, abtropfen lassen und die harte Schale abziehen. Die Datteln an der „Naht" aufschlitzen und entkernen.

3. Die Käsescheibe in 24 Stifte schneiden, die der Länge der Dattelkerne entsprechen. Die Datteln jeweils mit 1 Käsestift und 1 Mandel füllen.

4. Die Schinkenscheiben längs halbieren. Die Datteln mit je 1 halbierten Schinkenscheibe umwickeln.

5. Die Datteln mit der Nahtseite nach unten auf ein Backblech (mit Alufolie belegt) legen und in den vorgeheizten Backofen schieben. Die Datteln in **etwa 6 Minuten knusprig braun backen.**

6. Die Datteln vom Backblech nehmen und abkühlen lassen.

7. Salatblätter abspülen und trocken tupfen. Eine Platte mit den Salatblättern auslegen. Die Datteln darauf anrichten.

Dim Sum mit Chinakohl-Pflaumen-Füllung I

(Zubereitung im Bambusdämpfer, Ø etwa 26 cm)
Asiatisch inspiriert
12 Stück

Pro Stück: E: 4 g, F: 3 g, Kh: 25 g, kJ: 585, kcal: 140, BE: 2,0

Für den Hefeteig:
250 g Weizenmehl
2 TL Dr. Oetker Trockenbackhefe
25 g Zucker
1 Prise Salz
175 ml lauwarmes Wasser

Für die Pflaumenpaste:
25 g Zwiebeln
1 Knoblauchzehe
10 g frischer Ingwer
35 g getrocknete Soft-Pflaumen
1 EL Fünf-Gewürze-Pulver
1 TL Paprikapulver rosenscharf
25 g Zucker
2 EL Sojasauce

300 g Chinakohl
3 EL Speiseöl, z. B. Maiskeimöl

1 gestr. TL Dr. Oetker Backin
2 EL Schnittlauchröllchen
6 EL süße Sojasauce

Außerdem:
Backpapier

Zubereitungszeit: 45 Minuten, ohne Teiggehzeit
Dämpfzeit: etwa 15 Minuten

1. Für den Teig das Mehl mit Trockenbackhefe in einer Rührschüssel sorgfältig vermischen. Zucker, Salz und Wasser hinzufügen. Die Zutaten mit einem Mixer (Knethaken) zunächst kurz auf niedrigster, dann auf höchster Stufe in etwa 5 Minuten zu einem glatten Teig verarbeiten. Den Hefeteig zugedeckt so lange an einem warmen Ort gehen lassen, bis er sich etwa verdoppelt hat (etwa 90 Minuten).

2. In der Zwischenzeit für die Pflaumenpaste Zwiebeln und Knoblauch abziehen. Ingwer schälen. Zwiebeln, Knoblauch, Ingwer und Soft-Pflaumen klein würfeln, zusammen mit dem Fünf-Gewürze-Pulver, Paprikapulver, Zucker und der Sojasauce fein pürieren.

3. Chinakohl putzen. Den Kohl vierteln, den Strunk herausschneiden. Kohl abspülen, abtropfen lassen und in feine, kurze Streifen schneiden. Speiseöl in einer Pfanne erhitzen. Kohlstreifen darin bei starker Hitze unter Wenden etwa 3 Minuten anbraten. Die Pflaumenpaste untermischen. Die Füllung aus der Pfanne nehmen und abkühlen lassen.

4. Aus dem Backpapier 12 quadratische Stücke (etwa 6 x 6 cm) schneiden. Den gegangenen Hefeteig aus der Schüssel nehmen und auf eine leicht bemehlte Arbeitsfläche legen. Den Teig mit dem Backpulver besieben und einmal kräftig durchkneten.

5. Teig zu einer Rolle formen und in 12 gleich große Stücke schneiden. Jedes Teigstück auf der leicht bemehlten Arbeitsfläche zu einem Kreis (Ø etwa 8 cm) ausrollen.

6. Die Kohlmischung auf der Mitte der Teigplatten verteilen. Jeweils die Teigränder so über der Füllung zusammennehmen und andrücken, dass die Füllung von dem Teig vollständig umschlossen ist und Klößchen entstehen.

7. Jeweils 6 Klößchen mit der Naht nach unten und mit ein wenig Abstand auf die Backpapierstücke in 2 Dämpfeinsätze legen. Die Klößchen zugedeckt nochmals etwa 30 Minuten gehen lassen.

8. In 2 großen, zu den Bambusdämpfern passenden, Töpfen oder Pfannen mit hohem Rand etwa 4 cm hoch Wasser zum Kochen bringen. Die Dämpfeinsätze hineinstellen und mit je einem Deckel verschließen. Die Klößchen über dem Wasserdampf etwa 15 Minuten dämpfen.

9. Dim-Sum-Klößchen aus den Dämpfern nehmen, das Backpapier entfernen. Dim Sum mit Schnittlauchröllchen bestreuen und mit süßer Sojasauce sofort servieren.

Edelstulle | Etwas Besonderes

4 Portionen

Pro Portion: E: 8 g, F: 8 g, Kh: 22 g, kJ: 791, kcal: 189, BE: 2,0

1 Bund	*Schnittlauch*
120 g	*saure Sahne (stichfest)*
	Salz
4 dünne Scheiben	*Graubrot (etwa 45 g)*
20 g	*Butter*
8	*Wachteleier*
8 TL	*deutscher Kaviar (Seehasenrogen)*

Zubereitungszeit: 20 Minuten

1. Schnittlauch abspülen, trocken tupfen und in feine Röllchen schneiden. Einige Schnittlauchröllchen beiseitelegen. Restliche Schnittlauchröllchen mit der sauren Sahne und etwas Salz verrühren.

2. Die Brotscheiben im Toaster rösten. Gleichzeitig Butter in einer Pfanne zerlassen. Die Eier vorsichtig aufschlagen und nebeneinander in das Fett gleiten lassen (evtl. in 2 Portionen). Die Eier etwa 5 Minuten bei mittlerer Hitze braten, bis das Eiweiß fest geworden ist. Eier mit Salz bestreuen und aus der Pfanne nehmen.

3. Die Brotscheiben halbieren und jede Hälfte mit den Wachteleiern, der sauren Sahne und dem Kaviar garnieren. Beiseitegelegte Schnittlauchröllchen daraufstreuen. Sofort servieren.

Eier, gefüllte | Preiswert

8 Stück

Pro Stück: E: 5 g, F: 6 g, Kh: 1 g, kJ: 328, kcal: 78, BE: 0,0

4	*hart gekochte Eier*
1 schwach geh. EL	*Mayonnaise*
1 schwach geh. TL	*Senf*
	Salz, gem. Pfeffer
1 Prise	*Zucker*
einige	*Salatblätter*
etwa 3	*Cornichons*
einige	*Cocktailtomaten*
8	*abgetropfte Sardellenfilets, in Öl*
	grob gehackter Dill

Zubereitungszeit: 25 Minuten

1. Die Eier pellen, längs halbieren, das Eigelb herauslösen und durch ein feines Sieb streichen. Das Eigelb mit der Mayonnaise und dem Senf zu einer geschmeidigen Masse verrühren. Die Eigelbmasse mit Salz, Pfeffer und Zucker würzen, in einen Spritzbeutel mit großer Sterntülle füllen und in die Eihälften spritzen.

2. Die Salatblätter abspülen und trocken tupfen oder schleudern. Die Cornichons in feine Streifen schneiden. Cocktailtomaten abspülen, abtrocknen und evtl. die Stängelansätze herausschneiden. Die Tomaten in Scheiben schneiden.

3. Die Eihälften auf den Salatblättern anrichten, mit Sardellenfilets, Cornichonstreifen und Tomatenscheiben garnieren. Die Eier mit Dill bestreut servieren.

Tipps: Die gefüllten Eier zu Salatplatten, auf einem Buffet oder als Vorspeise mit Toast oder Baguette servieren. Die Eihälften vor dem Füllen in Schnittlauchröllchen oder gehackten Erdnusskernen wälzen.

Rezeptvarianten: Für **Eier mit Kräuterquarkfüllung** je 1 Esslöffel Kräuter Crème fraîche und Kräuterquark unter das durchgestrichene Eigelb rühren, mit Salz und Zucker abschmecken. Die Masse in die Eihälften füllen und mit 100 g bunten Paprikastreifen garnieren. Für **Eier mit Tomatenquarkfüllung** (im Foto rechts) 2 Esslöffel Sahnequark, 1–2 Teelöffel Tomatenmark und 1 Teelöffel abgetropfte, fein gehackte Kapern unter das durch ein Sieb gestrichene Eigelb rühren, mit Salz, Pfeffer und Zucker würzen, in die Eihälften füllen. Mit 50 g Schinkenstreifen und Kapern garnieren.

Eier im Glas | Originell

4 Portionen

Pro Portion: E: 11 g, F: 16 g, Kh: 16 g, kJ: 1071, kcal: 256, BE: 1,0

1 Scheibe Bacon (Frühstücksspeck, 10 g)
12 Cocktailtomaten
12 weiße Champignons
1 EL Speiseöl
Meersalz, gem. Pfeffer
10 g Butter (zimmerwarm)
4 Eier (Größe M)
4 EL Milch (1,5 % Fett)
½ TL frische Thymianblättchen
4 Scheiben Vollkorntoastbrot
20 g Butter (zimmerwarm)

Außerdem:
4 Glasförmchen

Zubereitungszeit: 30 Minuten
Garzeit: 10–12 Minuten

1. Die Baconscheibe quer in etwa 1 cm breite Streifen schneiden. Tomaten abspülen, abtrocknen und die Stängelansätze herausschneiden. Tomaten halbieren. Die Champignons putzen, evtl. kurz abspülen, trocken tupfen und vierteln.

2. Den Backofen vorheizen.
Ober-/Unterhitze: etwa 180 °C
Heißluft: etwa 160 °C

3. Eine beschichtete Pfanne erhitzen. Die Baconstreifen darin bei mittlerer Hitze knusprig ausbraten und herausnehmen.

4. Zunächst die Champignonviertel in dem verbliebenen Baconfett unter Wenden goldbraun braten. Dann die Tomatenhälften hinzugeben, mit Meersalz und Pfeffer würzen. Tomatenhälften kurz mit andünsten. Die Baconstreifen untermischen.

5. Eine Auflaufform etwa 3 cm hoch mit heißem Wasser füllen. 4 kleine, feuerfeste Gläser mit Butter ausstreichen.

6. Zuerst die Champignon-Tomaten-Mischung darin verteilen. Dann die Eier vorsichtig aufschlagen und jeweils 1 Ei in die Gläser geben. Das Eiweiß mit je 1 Esslöffel Milch beträufeln. Die Eier mit grob gemahlenem Pfeffer und einigen abgespülten und trocken getupften Thymianblättchen bestreuen. Die Gläser in das Wasserbad stellen. Die Auflaufform auf dem Rost in den vorgeheizten Backofen schieben. Die Eier im Glas **10–12 Minuten garen.**

7. Die Brotscheiben toasten, mit kleinen Butterwürfeln und Meersalz zu den Eiern servieren.

Elsässer Schnecken | Für Gäste

4 Portionen

Pro Portion: E: 6 g, F: 27 g, Kh: 1 g, kJ: 1113, kcal: 266, BE: 0,0

24 Schnecken (aus der Dose, mit Schneckenhäusern)
1 Knoblauchzehe
2 Schalotten oder 1 Zwiebel
1 Bund Petersilie
125 g Butter (zimmerwarm)
Salz
gem. Pfeffer

Außerdem:

4 Schneckenpfännchen

Zubereitungszeit: 30 Minuten
Backzeit: 5–6 Minuten

1. Den Backofen vorheizen.
Ober-/Unterhitze: etwa 200 °C
Heißluft: etwa 180 °C

2. Schnecken aus der Dose mit dem Schneckensud in die Schneckenhäuser füllen und in 4 Schneckenpfännchen verteilen.

3. Knoblauch und Schalotten oder Zwiebel abziehen. Den Knoblauch durch eine Knoblauchpresse drücken. Schalotten oder Zwiebel in sehr kleine Würfel schneiden. Petersilie abspülen, trocken tupfen, Blättchen von den Stängeln zupfen. Blättchen klein schneiden.

4. Butter in eine kleine Schüssel geben. Knoblauch, Schalotten- oder Zwiebelwürfel und Petersilie untermischen, mit Salz und Pfeffer würzen.

5. Die Schneckenhäuser bis zum Rand mit der Kräuterbutter füllen. Die Schneckenpfännchen auf einem Backofenrost verteilen. Die Pfännchen auf dem Rost in den vorgeheizten Backofen schieben. Die Schnecken **5–6 Minuten überbacken.**

6. Die Elsässer Schnecken in den Schneckenpfännchen servieren.

Beilage: Stangenweißbrot.

Empanada-Tarte mit Schweinefilet I

Etwas Besonderes – für Gäste

8 Portionen

Pro Portion: E: 10 g, F: 16 g, Kh: 24 g, kJ: 1179, kcal: 282, BE: 2,0

Für die Füllung:

2 Strauchtomaten (etwa 70 g)
2 Zwiebeln
1–2 Knoblauchzehen
1 gelbe Paprikaschote
150 g Schweinefilet
1 Scheibe Kochschinken (etwa 50 g)
2 EL Olivenöl
Salz
gem. Pfeffer
3 EL Tomatenmark
2 TL abgetropfte Kapern (aus dem Glas)
Paprikapulver rosenscharf

Für den Knetteig:

200 g Weizenmehl
1 EL flüssiger Honig
1 Ei (Größe M)
1 EL kaltes Wasser
4 EL Olivenöl
50 g Butter

Zum Bestreichen:

1 Eigelb
1 EL Wasser

Zubereitungszeit: 45 Minuten
Backzeit: 25–30 Minuten

1. Für die Füllung Tomaten abspülen, abtrocknen, vierteln, entkernen und die Stängelansätze herausschneiden. Tomatenviertel in kleine Stücke schneiden. Zwiebeln und Knoblauch abziehen, klein würfeln. Die Paprikaschote halbieren, entstielen, entkernen und die weißen Scheidewände entfernen. Schotenhälften abspülen, gut abtropfen lassen und in kleine Würfel schneiden.

2. Schweinefilet mit Küchenpapier trocken tupfen und in Streifen schneiden. Kochschinken klein würfeln.

3. Von dem Olivenöl 1 Esslöffel in einer Pfanne erhitzen. Die Fleischstreifen darin von allen Seiten anbraten, mit Salz und Pfeffer würzen. Fleischstreifen aus der Pfanne nehmen.

4. Das restliche Olivenöl in der Pfanne erhitzen. Die Zwiebel-, Knoblauch- und Paprikawürfel hinzugeben und etwa 5 Minuten bei mittlerer Hitze unter Rühren dünsten. Tomatenmark, Kapern, Schinkenwürfel und Tomatenstücke hinzufügen, unter Rühren zum Kochen bringen, mit Salz, Pfeffer und Paprika würzen. Den Topf von der Kochstelle nehmen. Die Masse abkühlen lassen.

5. Für den Teig Mehl in eine Rührschüssel geben und in die Mitte eine Vertiefung drücken. Salz, Honig, Ei, Wasser und Olivenöl verschlagen, in die Vertiefung geben. Butterflöckchen auf den Mehlrand geben. Die Zutaten zunächst mit einem Mixer (Knethaken), dann mit den Händen zu einem glatten Teig verkneten.

6. Den Backofen vorheizen.
Ober-/Unterhitze: etwa 200 °C
Heißluft: etwa 180 °C

7. Zwei Drittel des Teiges auf einer leicht bemehlten Arbeitsfläche zu einer runden Platte (etwa Ø 26 cm) ausrollen und in eine Tarteform (Ø 20–22 cm, Boden gefettet) legen. Teigboden mehrmals mit einer Gabel einstechen. Die Gemüse-Schinken-Masse auf den Teig geben, Schweinefiletstreifen darauf verteilen. Den überstehenden Teigrand über die Füllung schlagen und dünn mit Wasser bestreichen.

8. Restlichen Teig auf der bemehlten Arbeitsfläche zu einer runden Platte in Größe der Tarteform ausrollen und auf die Füllung legen. Den Rand andrücken, überstehenden Teig abschneiden. Die Teigoberfläche mit einem scharfen Messer mehrmals einschneiden.

9. Zum Bestreichen Eigelb mit Wasser verschlagen. Die Teigoberfläche damit bestreichen. Die Form auf dem Rost in den vorgeheizten Backofen schieben. Die Empanada-Tarte **25–30 Minuten backen.**

10. Die Form auf einen Kuchenrost stellen. Empanada-Tarte etwas abkühlen lassen, dann aus der Form lösen und auf eine Platte setzen. Empanada in Stücke schneiden und sofort servieren.

Tipps: Schweinefilet kann durch Schweineschnitzel, Hähnchenbrust- oder Putenbrustfilet ersetzt werden. Würziger schmeckt es, wenn Sie statt des Kochschinkens Cabanossi verwenden.

Empanadillas | (Spanische Teigtäschchen)

Mediterran inspiriert

35 Stück

Pro Stück: E: 3 g, F: 6 g, Kh: 7 g, kJ: 389, kcal: 93, BE: 0,5

Für den Teig:

200 g Weizen-Vollkornmehl
100 g Maismehl
150 g kalte Butter
1 Ei (Größe M)
5–6 EL Wasser
Salz

Für die Füllung:

1 Zwiebel
2 Knoblauchzehen
2 Fleischtomaten (etwa 400 g)
10 abgetropfte schwarze Oliven
100 g Parmesan oder Pecorino, am Stück
1 Chilischote
2 EL Olivenöl
250 g rote Bohnen- oder Alfalfakeimlinge
2 EL Tomatenmark
2 EL gehackte Petersilie
gem. schwarzer Pfeffer

Zubereitungszeit: 80 Minuten, ohne Ruhezeit
Backzeit: 15–20 Minuten je Backblech

1. Für den Teig das Mehl mit Maismehl in einer Rührschüssel mischen. Restliche Zutaten hinzufügen und mit einem Mixer (Knethaken) zunächst kurz auf niedrigster, dann auf höchster Stufe zu einem festen Teig verkneten. Den Teig zugedeckt bei Zimmertemperatur etwa 30 Minuten ruhen lassen.

2. Für die Füllung Zwiebel und Knoblauch abziehen und in feine Würfel schneiden. Die Fleischtomaten kreuzweise einschneiden und mit kochendem Wasser übergießen. Nach 1–2 Minuten herausnehmen und mit kaltem Wasser abschrecken. Die Tomaten häuten, halbieren und die Stängelansätze herausschneiden. Die Tomatenhälften in feine Würfel schneiden.

3. Die Oliven halbieren, entsteinen und fein hacken. Parmesan oder Pecorino fein reiben.

4. Die Chilischote abspülen, abtrocknen, entkernen und fein würfeln.

5. Den Backofen vorheizen.
Ober-/Unterhitze: etwa 200 °C
Heißluft: etwa 180 °C

6. Das Olivenöl in einer Pfanne erhitzen. Die Zwiebelwürfel darin andünsten. Knoblauch, Tomatenwürfel, Oliven, Keimlinge und Tomatenmark dazugeben und verrühren.

7. Die Zutaten unter Rühren in etwa 10 Minuten zu einer sämigen Masse garen. Anschließend den geriebenen Käse, Chilischotenwürfel und Petersilie unterrühren. Die Tomaten-Käse-Masse mit Salz und Pfeffer würzen.

8. Den Teig auf einer leicht bemehlten Arbeitsfläche etwa ½ cm dick ausrollen. Mit einer runden Ausstechform (Ø etwa 8 cm) Kreise ausstechen. Die Teigreste wieder zusammenkneten, erneut ausrollen und weitere Kreise ausstechen – so lange, bis der Teig aufgebraucht ist.

9. Jeweils etwas von der Füllung in die Mitte eines Teigkreises geben. Die Ränder mit etwas Wasser bestreichen und die Teigkreise zu Halbkreisen zusammenklappen. Die Teigränder gut andrücken.

10. Die Teigtäschchen mit Wasser bestreichen und auf Backbleche (mit Backpapier belegt) legen. Dabei etwas Abstand zwischen den Teigtäschchen lassen.

11. Das Backblech in den vorgeheizten Backofen schieben. Die Empanadillas **15–20 Minuten je Backblech backen.**

12. Die Empanadillas mit dem Backpapier von dem Backblech auf einen Kuchenrost ziehen und erkalten lassen.

Erbsen-Pancakes mit Garnelen-Salat | Originell – einfach

6 Portionen (18 Pancakes)

Pro Portion: E: 19 g, F: 35 g, Kh: 21 g, kJ: 2011, kcal: 481, BE: 1,5

2 Bio-Zitronen (unbehandelt, ungewachst)
4 EL süßer Senf
Salz
gem. schwarzer Pfeffer
7 EL Sonnenblumenöl
75 g Romana-Salat
5–6 Stängel Dill
10 Schnittlauchhalme
200 g TK-Erbsen
6 Minzeblättchen
3 Eigelb (Größe L)
200 g Schmand (Sauerrahm)
100 g Weizenmehl
1 EL Dr. Oetker Backin
3 Eiweiß (Größe L)
50 g Butter
300 g Eismeergarnelen, entdarmt
75 g Crème fraîche

Zubereitungszeit: 60 Minuten

1. Die Zitronen heiß abwaschen und gut abtrocknen. Von 1 Zitrone die Schale fein abreiben. Anschließend beide Zitronen halbieren, den Saft auspressen und 6 Esslöffel davon abmessen. Zitronensaft mit Senf, Salz, Pfeffer und Sonnenblumenöl glatt rühren.

2. Den Romana-Salat abspülen, gut abtropfen lassen oder trocken schleudern und in mundgerechte Stücke schneiden.

3. Dill und Schnittlauchhalme abspülen und trocken tupfen. Von 4 Dillstängeln die Spitzen abzupfen. Die Dillspitzen und Schnittlauchhalme fein schneiden und untermischen.

4. Die Erbsen gefroren in kochendes Salzwasser geben und etwa 4 Minuten kochen. Erbsen in ein Sieb abgießen, mit kaltem Wasser abschrecken und gut abtropfen lassen. Minzeblättchen abspülen, trocken tupfen und fein schneiden.

5. Den Backofen vorheizen.
Ober-/Unterhitze: etwa 80 °C
Heißluft: etwa 60 °C

6. Eigelb mit Zitronenschale, Minze, Schmand und Salz in eine Schüssel geben und glatt rühren. Mehl mit Backpulver mischen und unterheben. Eiweiß steif schlagen und zuletzt mit einem Schneebesen ebenfalls unterheben.

7. Etwas von der Butter in einer beschichteten Pfanne zerlassen. Die Pancakes portionsweise darin backen. Dazu pro Pancake 1 großen Esslöffel Teig in die Pfanne geben und evtl. etwas glatt streichen. Pancakes zwischen schwacher und mittlerer Hitze 2–3 Minuten backen, bis der Teig etwas fest geworden ist.

8. Dann jeweils etwas von den Erbsen daraufstreuen. Pancakes am besten mit einer Palette wenden. Etwas Butter dazugeben, weitere 2–3 Minuten backen. Die gebackenen Pancakes auf dem Rost in den vorgeheizten Backofen schieben und warm halten. Auf diese Weise insgesamt 18 Pancakes zubereiten.

9. Die Garnelen mit der Kräutervinaigrette und dem Romana-Salat mischen. Garnelen-Salat mit den Pancakes und einem Klecks Crème fraîche anrichten. Pancakes mit dem restlichen Dill garnieren.

Falafel

Asiatisch inspiriert

4–6 Portionen (30 Stück)

Pro Portion: E: 10 g, F: 11 g, Kh: 27 g, kJ: 1033, kcal: 245, BE: 2,0

Zum Vorbereiten:

175 g gelbe Linsen

Für die Falafel:

50 g Frühlingszwiebeln
2 Knoblauchzehen
1 getrocknetes Kaffirlimettenblatt
1 Bio-Limette (unbehandelt, ungewachst)
12 Stängel Koriander
4 EL Wasser
2 EL mildes Currypulver
1 EL Sambal Oelek
Salz

Für den Mango-Dip:

75 g Mangofruchtfleisch (vorbereitet gewogen)
20 g frischer Ingwer
150 g Cocktailtomaten
1 EL Sesamöl
4 Basilikumblätter

Zum Frittieren:

1 l Speiseöl, z. B. Sonnenblumenöl

Zubereitungszeit: 40 Minuten, ohne Einweichzeit

1. Die Linsen über Nacht in reichlich kaltem Wasser einweichen.

2. Am nächsten Tag die Linsen in ein Sieb geben und abtropfen lassen.

3. Frühlingszwiebeln putzen, abspülen, abtropfen lassen und in feine Scheiben schneiden. Knoblauch abziehen und grob hacken. Das Kaffirlimettenblatt fein zerbröseln.

4. Die Limette mit heißem Wasser abwaschen, abtrocknen und die Schale fein abreiben. Die Limette beiseitelegen. Koriander abspülen, abtropfen lassen und die Blättchen von den Stängeln zupfen. Blättchen grob zerschneiden.

5. Linsen, Frühlingszwiebelscheiben, Knoblauch, Kaffirlimettenblatt, Limettenschale und Koriander in einen hohen Rührbecher geben. Wasser, Currypulver, Sambal Oelek und Salz hinzufügen. Die Zutaten mit einem Pürierstab zu einer groben Paste pürieren.

6. Für den Dip das Mangofruchtfleisch in feine Würfel schneiden. Ingwer schälen und sehr fein würfeln. Die Limette halbieren und den Saft auspressen. 3 Esslöffel davon abmessen. Tomaten abspülen, abtrocknen, halbieren und evtl. den Stängelansatz herausschneiden. Tomatenhälften klein schneiden. Die Mangowürfel mit Ingwer, abgemessenem Limettensaft und Tomaten in eine Schüssel geben. Das Sesamöl unterrühren.

7. Das Basilikum abspülen, trocken tupfen und fein schneiden. Basilikum unter den Mango-Dip rühren.

8. Aus der Linsenmasse mit einem Teelöffel insgesamt 30 kleine, längliche Klösschen formen und leicht andrücken. Das Speiseöl auf etwa 180 °C erhitzen. Die Klösschen darin portionsweise jeweils etwa 5 Minuten goldbraun ausbacken. Die fertigen Falafel auf Küchenpapier abtropfen lassen. Die Falafel warm mit dem Mango-Dip servieren.

Feigen mit Ziegenfrischkäsefüllung, gebackene I

Fruchtig-pfefferig

12 Stück

Pro Stück: E: 3 g, F: 8 g, Kh: 17 g, kJ: 623, kcal: 150, BE: 1,5

50 g Pistazienkerne
500 ml roter Traubensaft
8 TL flüssiger Akazienhonig
5 Stängel Thymian
250 g Ziegenfrischkäse
gem. Pfeffer
6 große frische Feigen

Zubereitungszeit: 45 Minuten
Grillzeit: etwa 6 Minuten

1. Die Pistazienkerne in einer Pfanne ohne Fett unter Wenden goldbraun rösten und auf einen Teller geben.

2. Traubensaft mit 5 Teelöffeln des Honigs in einem Topf verrühren und bei mittlerer Hitze sirupartig einkochen (etwa 15 Minuten).

3. Den Backofengrill vorheizen. Pistazienkerne klein hacken.

4. Den Thymian abspülen und trocken tupfen. Von 3 Stängeln die Blättchen abzupfen. Blättchen klein schneiden.

5. Den Frischkäse mit einer Gabel zerdrücken. Den restlichen Honig, gehackten Thymian und etwa die Hälfte der Pistazienkerne untermengen, mit Pfeffer abschmecken.

6. Die Feigen vorsichtig abspülen, trocken tupfen und halbieren. Mit einem Teelöffel kleine Vertiefungen in das Fruchtfleisch drücken. Die Frischkäsemasse in Häufchen hineinsetzen. Die Feigen auf ein Backblech (gefettet) setzen.

7. Das Backblech unter den vorgeheizten Backofengrill schieben. Feigen **etwa 6 Minuten grillen,** bis der Käse leicht gebräunt ist.

8. Die beiseitegelegten Thymianstängel etwas kleiner zupfen. Die heißen Feigen mit Traubensirup anrichten, mit Thymian und restlichen Pistazienkernen garnieren.

Feigenröllchen, frittierte

Süßer Snack

4 Portionen

Pro Portion: E: 10 g, F: 15 g, Kh: 66 g, kJ: 1884, kcal: 450, BE: 5,5

Für die Füllung:

250 g getrocknete Feigen
200 ml Wasser
1–2 EL Zitronensaft
1–2 EL Orangenblütenwasser (erhältlich in der Apotheke)

12 dreieckige Filo- oder Yufkateigblätter
heißes Wasser
1 l Speiseöl, z. B. Sonnenblumenöl
300 g Joghurt (3,5 % Fett)
25 g gehackte Pistazienkerne

Zubereitungszeit: 30 Minuten, ohne Abkühlzeit

1. Für die Füllung die Feigen entstielen und in Streifen schneiden. Feigenstreifen mit Wasser und Zitronensaft in einem kleinen Topf zum Kochen bringen. Feigenstreifen bei schwacher Hitze so lange kochen lassen, bis die Flüssigkeit verdampft ist, mit Orangenblütenwasser abschmecken. Die Feigenmasse abkühlen lassen und in 12 Portionen teilen.

2. Ein Teigblatt mit der kurzen Seite nach unten auf eine Arbeitsfläche legen. 1 Portion der Feigenmasse an die untere Teigkante legen. Den restlichen Teig um die Füllung herum dünn mit heißem Wasser bestreichen. Die Seiten nach innen klappen und ebenfalls bestreichen. Feigenmasse einrollen. Die restlichen Teigblätter auf die gleiche Weise zubereiten.

3. Das Speiseöl in einem großen Topf oder in einer Fritteuse auf etwa 180 °C erhitzen und die Feigenröllchen darin portionsweise unter Wenden goldbraun frittieren.

4. Die Feigenröllchen jeweils mit einer Schaumkelle herausnehmen, auf einen mit Küchenpapier belegten Kuchenrost legen und abtropfen lassen.

5. Feigenröllchen warm mit Joghurt und Pistazienkernen servieren.

Tipp: Die gefüllten Röllchen vor dem Frittieren mit verschlagenem Eiweiß bestreichen und in geschältem Sesamsamen wälzen.

Fenchelgemüse, buntes I

Etwas Besonderes

4 Portionen

Pro Portion: E: 3 g, F: 7 g, Kh: 7 g, kJ: 458, kcal: 109, BE: 0,5

2 Fenchelknollen (etwa 600 g)
1 Bio-Zitrone (unbehandelt, ungewachst)
150 ml Gemüsebrühe
Salz
3 Schalotten
2 Knoblauchzehen
1 grüne Chilischote
2 Tomaten (etwa 100 g)
2 EL Olivenöl
8 abgetropfte schwarze Oliven, ohne Stein (aus dem Glas)
gem. Pfeffer

Zubereitungszeit: 40 Minuten

1. Von den Fenchelknollen die Stiele dicht oberhalb der Knollen abschneiden. Das Fenchelgrün beiseitelegen. Die Wurzelenden gerade schneiden. Die Knollen putzen, abspülen, abtropfen lassen, von oben nach unten durchschneiden und evtl. jeweils den Strunk entfernen. Fenchelhälften längs in Spalten schneiden.

2. Zitrone heiß abwaschen und abtrocknen. Brühe in einem Topf zum Kochen bringen und Fenchelspalten hineinlegen. Von der Zitrone etwa ein Drittel der Schale abreiben, hinzugeben, zum Kochen bringen und zugedeckt etwa 10 Minuten bei schwacher Hitze dünsten, mit Salz würzen. Fenchelspalten in einem Sieb abtropfen lassen, den Sud auffangen.

3. Schalotten und Knoblauch abziehen und in dünne Scheiben schneiden. Chili abspülen, trocken tupfen, der Länge nach halbieren und entkernen. Chilihälften in schmale Streifen schneiden.

4. Die Tomaten kreuzweise einschneiden und mit kochendem Wasser übergießen. Nach 1–2 Minuten herausnehmen und mit kaltem Wasser abschrecken. Tomaten enthäuten, halbieren und entkernen. Die Stängelansätze herausschneiden. Tomatenhälften in grobe Würfel schneiden.

5. Olivenöl in einem Topf erhitzen. Schalotten-, Knoblauchwürfel und Chilistreifen hinzufügen, zugedeckt etwa 10 Minuten bei mittlerer Hitze dünsten.

6. Oliven in Ringe schneiden. Zitrone quer halbieren. Eine Zitronenhälfte in dünne Scheiben schneiden. Von der zweiten Zitronenhälfte den Saft auspressen. Fenchelspalten auf einer Platte oder einem Teller anrichten. Zitronenscheiben an den Rand legen.

7. Den aufgefangenen Fenchelsud und die Tomatenwürfel zu der Zwiebel-Knoblauch-Chili-Masse geben und aufkochen lassen, mit Salz, Pfeffer und dem Zitronensaft abschmecken.

8. Die Masse auf den Fenchelspalten verteilen. Das beiseitegelegte Fenchelgrün abspülen, trocken tupfen und etwas kleiner schneiden. Das Fenchelgemüse mit dem Fenchelgrün und den Olivenringen bestreuen. Fenchelgemüse heiß oder kalt servieren.

Fenchelviertel, mit Kräutern mariniert I

Vegetarisch

8 Portionen

Pro Portion: E: 2 g, F: 7 g, Kh: 6 g, kJ: 413, kcal: 98, BE: 0,5

4 Fenchelknollen (je etwa 300 g)
Salz
4 EL Olivenöl

Für die Marinade:

1 Orange (etwa 200 g)
4–5 Stängel Oregano
1 kleines Bund glatte Petersilie
2 EL Balsamico-Essig
gem. Pfeffer
4 EL Olivenöl

Zubereitungszeit: 35 Minuten, ohne Durchziehzeit

1. Von den Fenchelknollen die Stiele dicht oberhalb der Knollen abschneiden. Braune Stellen und Blätter entfernen. Die Wurzelenden gerade schneiden. Die Knollen putzen, abspülen, abtropfen lassen und vierteln. Fenchelviertel in kochendem Salzwasser etwa 5 Minuten blanchieren. Anschließend in ein Sieb geben (die Flüssigkeit dabei auffangen), mit kaltem Wasser übergießen und abtropfen lassen.

2. Olivenöl in einer großen Pfanne erhitzen. Fenchelviertel darin leicht anbraten, bis sie etwas Farbe angenommen haben. Fenchelviertel in eine flache Schale legen.

3. Für die Marinade die Orange so schälen, dass die weiße Haut mitentfernt wird. Orange vierteln und in Scheiben schneiden. Oregano und Petersilie abspülen und trocken tupfen. Die Blättchen jeweils von den Stängeln zupfen. Blättchen grob zerschneiden.

4. Den Essig mit der aufgefangenen Fenchelflüssigkeit verrühren, mit Salz und Pfeffer würzen. Das Olivenöl unterschlagen. Danach Orangenscheiben, Oregano und Petersilie unterrühren. Die Fenchelviertel mit der Marinade übergießen, 1–2 Stunden kalt stellen und durchziehen lassen, dabei ab und zu umrühren.

Tipp: Wer es etwas säuerlicher mag, kann die Orange durch eine Grapefruit ersetzen.

Filetbrot | Für Gäste

8 Stück

Pro Stück: E: 9 g, F: 6 g, Kh: 14 g,
kJ: 621, kcal: 148, BE: 1,0

1 mittelgroße Bio-Orange (unbehandelt, ungewachst)
1 Frühlingszwiebel
250 g Schweinefilet
2 EL Olivenöl
Salz, gem. Pfeffer
1–2 Knoblauchzehen
40 g Salatmayonnaise (50 % Fett)
8 Scheiben Stangenweißbrot oder Baguette (1 ½–2 cm dick)
4 kleine grüne Salatblätter

Zubereitungszeit: 40 Minuten, ohne Abkühlzeit
Garzeit: etwa 8 Minuten

1. Die Orange heiß abwaschen, abtrocknen und mit einem Zestenreißer einige Orangenschalenstreifen abziehen. Die Orange so schälen, dass die weiße Haut mitentfernt wird. Fruchtfilets herauslösen und dabei den Saft auffangen. Die Frühlingszwiebel putzen, waschen, abtropfen lassen, in feine Scheiben schneiden.

2. Schweinefilet mit Küchenpapier trocken tupfen. 1 Esslöffel Olivenöl in einer Pfanne erhitzen. Schweinefilet darin von allen Seiten anbraten, mit Salz und Pfeffer würzen. Das Filet zugedeckt etwa 8 Minuten bei schwacher Hitze garen, herausnehmen, in Alufolie wickeln und abkühlen lassen.

3. Die Frühlingszwiebelscheiben und den aufgefangenen Orangensaft in die Pfanne geben, unter mehrmaligem Wenden dünsten. Den Saft bis auf etwa 1 Esslöffel verdampfen und abkühlen lassen.

4. Den Knoblauch abziehen, durch eine Knoblauchpresse drücken und mit der Mayonnaise verrühren. Das Schweinefilet aus der Alufolie wickeln. 1 Esslöffel des ausgetretenen Fleischsaftes unter die Mayonnaise rühren. Das Schweinefilet schräg in dünne Scheiben schneiden.

5. Die Brotscheiben dünn mit dem restlichen Olivenöl bestreichen und in einer Pfanne von einer Seite goldbraun rösten. Oder die Brotscheiben unter dem vorgeheizten Backofengrill rösten. Brotscheiben etwas abkühlen lassen.

6. Salatblätter abspülen, trocken tupfen und halbieren. Die Brotscheiben (geröstete Seite oben) zuerst mit der Mayonnaise bestreichen. Zur Hälfte mit je 1 Salatblatt belegen. Schweinefiletscheiben, Orangenfilets und Frühlingszwiebelscheiben dekorativ darauf verteilen. Jeweils einen Klecks Mayonnaise daraufgeben, mit den Orangenschalenstreifen garnieren.

Fleischklößchen auf syrische Art

Originell

50 Stück

Pro Stück: E: 1 g, F: 1 g, Kh: 0 g, kJ: 75, kcal: 18, BE: 0,5

Für die Sauce:

150 g Crème fraîche
150 g Joghurt (3,5 % Fett)
Salz
gem. Pfeffer
Currypulver
4–5 Zweige Zitronenmelisse

Für die Fleischklößchen:

750 g Lammfleisch
250 g gekochte Möhren
1–2 Knoblauchzehen
150 g gegarter Reis (50 g Rohgewicht)
2 Eier (Größe M)
10 EL Sesamsamen

125 ml Speiseöl

Zubereitungszeit: 50 Minuten

1. Für die Sauce Crème fraîche mit Joghurt in einer Schüssel gut verrühren, mit Salz, Pfeffer und Curry würzen.

2. Zitronenmelisse abspülen, trocken tupfen und die Blättchen von den Stängeln zupfen. Einige Blättchen zum Garnieren beiseitelegen. Die restlichen Blättchen klein schneiden und unter die Sauce rühren.

3. Lammfleisch mit Küchenpapier trocken tupfen, von Fett und Haut befreien. Lammfleisch in große Würfel schneiden, zusammen mit den Möhren durch einen Fleischwolf (feine Scheibe) drehen. Lammhack in eine Schüssel geben.

4. Knoblauch abziehen und durch eine Knoblauchpresse zur Lammhackmasse in die Schüssel drücken. Reis und Eier dazugeben. Die Zutaten gut vermengen, mit Salz, Pfeffer und Curry würzen.

5. Aus der Lammhackmasse mit angefeuchteten Händen etwa 50 walnussgroße Klößchen formen. Sesam in einen Teller geben und die Fleischklößchen darin wälzen.

6. Das Speiseöl in einer großen Pfanne erhitzen. Die Fleischklößchen darin portionsweise etwa 5 Minuten unter mehrmaligem Wenden braten. Die Fleischklößchen herausnehmen, auf Küchenpapier legen und abtropfen lassen.

7. Die heißen Klößchen mit den beiseitegelegten Melisseblättchen garnieren und sofort servieren. Die Sauce dazureichen.

Tipp: Zu den Fleischklößchen Fladenbrot, Mixed Pickles und Aprikosensauce mit Curry reichen.

Fleischtomaten | Beliebt
8 Stück

Pro Stück: E: 11 g, F: 13 g, Kh: 10 g, kJ: 850, kcal: 202, BE: 0,5

8 große Fleischtomaten (etwa 1,2 kg)

Für die Füllung:
500 g Austernpilze
120 g Kochschinken
2 EL Speiseöl
Salz
gem. Pfeffer
120 g ger. Gouda, mittelalt
50 g Semmelbrösel
40 g zerlassene Butter

Zubereitungszeit: 45 Minuten
Backzeit: etwa 20 Minuten

1. Tomaten abspülen und abtrocknen. Von den Tomaten jeweils einen Deckel abschneiden. Das Fruchtfleisch mit einem Teelöffel herauslösen. Die Kerne entfernen. Fruchtfleisch und den Deckel in Würfel schneiden.

2. Den Backofen vorheizen.
Ober-/Unterhitze: etwa 180 °C
Heißluft: etwa 160 °C

3. Für die Füllung Austernpilze putzen, mit Küchenpapier abreiben und klein schneiden (nicht abspülen). Schinken in Würfel schneiden.

4. Speiseöl in einer Pfanne erhitzen. Austernpilzstücke darin unter Rühren andünsten. Tomaten- und Schinkenwürfel unterrühren. Die Schinken-Pilz-Masse mit Salz und Pfeffer würzen. Die ausgehöhlten Tomaten damit füllen und in eine flache Auflaufform (gefettet) setzen.

5. Den Käse mit den Semmelbröseln mischen und auf die Schinken-Pilz-Masse streuen, mit Butter beträufeln. Die Form auf dem Rost in den vorgeheizten Backofen schieben. Die Tomaten **etwa 20 Minuten überbacken.**

Forellencreme-Häppchen |

Für Gäste – gut vorzubereiten

10–12 Stück

Pro Stück: E: 7 g, F: 9 g, Kh: 13 g, kJ: 667, kcal: 159, BE: 1,0

Für die Forellencreme:

4 geräucherte Forellenfilets (ohne Haut, etwa 250 g)
1 große Zwiebel
100 g Butter (zimmerwarm)
2 EL klein gehackte Petersilie
Salz, gem. Pfeffer

10–12 Scheiben Ciabatta oder Baguette

Zubereitungszeit: 20 Minuten

1. Die Forellenfilets evtl. entgraten, grob zupfen und in eine Schüssel geben. Zwiebel abziehen, halbieren und in kleine Würfel schneiden. Butter, Petersilie und Zwiebelwürfel zu den Forellenfilets geben. Die Zutaten gut vermengen und mit Salz und Pfeffer würzen.

2. Die Forellencreme in ein verschließbares Gefäß füllen und in den Kühlschrank stellen.

3. Zum Anrichten die Forellencreme auf die Ciabatta- oder Baguettescheiben streichen.

Tipps: Jedes Forellencreme-Häppchen in ein Papierbackförmchen legen und mit glatter Petersilie garnieren. Die Creme ist im Kühlschrank 1–2 Tage haltbar.

French Toast | Süßer Snack

4 Portionen

Pro Portion: E: 6 g, F: 24 g, Kh: 56 g, kJ: 1942, kcal: 163, BE: 4,5

4 Äpfel, z. B. Gala
2 EL Zitronensaft
2 TL gem. Zimt
2 Pck. Dr. Oetker Bourbon-Vanille-Zucker
2 Eier (Größe M)
100 ml Milch (3,5 % Fett)
1 Prise Salz
4 Scheiben Rosinenbrot (Rosinenstuten)
80 g Butter
4 EL flüssiger Honig

Zum Bestäuben:
etwas Puderzucker

Zubereitungszeit: 30 Minuten

1. Die Äpfel abspülen, abtrocknen, schälen, vierteln, entkernen und in Spalten schneiden. Apfelspalten mit Zitronensaft, Zimt und Vanille-Zucker vermischen.

2. Die Eier mit der Milch in einem weiten Gefäß verschlagen, mit Salz würzen. Die Brotscheiben darin von jeder Seite gründlich eintauchen.

3. Von der Butter etwa 40 g in einer großen Pfanne zerlassen. Die Apfelspalten darin evtl. portionsweise bei starker Hitze rundherum goldbraun braten. Die restliche Butter in einer zweiten Pfanne bei mittlerer Hitze zerlassen. Die Brotscheiben darin in 2 Portionen von jeder Seite etwa 2 Minuten goldbraun braten und herausnehmen.

4. French Toast mit den Apfelspalten belegen, mit Honig beträufeln und dick mit Puderzucker bestäuben.

Rezeptvariante: Für **Arme Ritter** 100 ml Milch mit 2 Eiern (Größe M) und 2 Esslöffeln Zucker verschlagen. 8 Scheiben Kastenweißbrot (je etwa 1 1/2 cm dick, 2–5 Tage alt) in eine Schale legen, mit der Eiermilch übergießen und einweichen lassen (dabei 1–2-mal vorsichtig wenden), bis die Milch aufgesogen ist (die Scheiben dürfen aber nicht zu weich werden). 2 Esslöffel Speiseöl in einer Pfanne erhitzen. Die Brotscheiben darin portionsweise bei mittlerer Hitze von beiden Seiten etwa 8 Minuten knusprig braun braten. Die Armen Ritter heiß servieren.

Frischkäse-Oliven-Canapés | Einfach

24 Stück

Pro Stück: E: 2 g, F: 6 g, Kh: 3 g, kJ: 334, kcal: 80, BE: 0,5

300 g Doppelrahm-Frischkäse
4 EL Schlagsahne
30 g Butter (zimmerwarm)
1 TL Paprikapulver edelsüß
Salz
gem. Pfeffer
12 Kräcker
12 Pumpernickeltaler
je 6 Oliven, mit Mandeln und Paprika gefüllt
1 EL Schnittlauchröllchen
etwas Kresse

Zubereitungszeit: 30 Minuten

1. Den Frischkäse mit Sahne und Butter zu einer cremigen Masse verrühren. Die Frischkäsemasse mit Paprika, Salz und Pfeffer würzen.

2. Die Käsecreme in einen Spritzbeutel mit Sterntülle füllen. Aus der Käsecreme Rosetten auf die Kräcker und Pumpernickeltaler spritzen.

3. Die Oliven abtropfen lassen und halbieren. Die Canapés damit garnieren und auf Platten anrichten. Anschließend mit Schnittlauchröllchen und Kresse bestreuen.

Tipp: Nach Belieben die Frischkäse-Oliven-Canapés zusätzlich mit abgespülten und trocken getupften Schnittlauchhalmen garnieren.

Frühlingsbrötchen | Für Gäste
8 Stück

Pro Stück: E: 15 g, F: 2 g, Kh: 33 g,
kJ: 906, kcal: 216, BE: 2,5

Für den Hefeteig:
375 g Weizenmehl (Type 550)
1 Pck. Dr. Oetker Trockenbackhefe
1–2 gestr. TL Salz
1 TL Zucker
150 g Joghurt
125 ml lauwarme Milch

Zum Bestreichen:
etwas Kondensmilch

Für den Frühlingsquark:
1 Zwiebel
500 g Magerquark
125 ml Milch (3,5 % Fett)
2 EL fein gehackte Kräuter, z. B. Petersilie, Schnittlauch
Salz
gem. Pfeffer
Paprikapulver edelsüß

Zum Bestreuen:
evtl. einige rote und gelbe Paprikawürfel

Zubereitungszeit: 45 Minuten, ohne Teiggeh- und Abkühlzeit
Backzeit: etwa 20 Minuten

1. Für den Teig das Mehl in eine Rührschüssel geben und mit Trockenbackhefe sorgfältig vermischen. Salz, Zucker, Joghurt und Milch hinzufügen. Die Zutaten mit einem Mixer (Knethaken) zunächst kurz auf niedrigster, dann auf höchster Stufe in etwa 5 Minuten zu einem glatten Teig verarbeiten. Den Teig zugedeckt so lange an einem warmen Ort gehen lassen, bis er sich sichtbar vergrößert hat (etwa 20 Minuten).

2. Den gegangenen Teig auf einer leicht bemehlten Arbeitsfläche nochmals kurz durchkneten. Aus dem Teig 4 längliche, flache Brötchen formen und auf ein Backblech (mit Backpapier belegt) legen. Die Teigoberfläche längs etwa 1 cm tief einschneiden.

3. Die Teigbrötchen nochmals zugedeckt so lange an einem warmen Ort gehen lassen, bis sie sich sichtbar vergrößert haben (etwa 30 Minuten).

4. In der Zwischenzeit den Backofen vorheizen.
Ober-/Unterhitze: etwa 200 °C
Heißluft: etwa 180 °C

5. Die Teigbrötchen mit Kondensmilch bestreichen. Das Backblech in den vorgeheizten Backofen schieben. Die Brötchen **etwa 20 Minuten backen.**

6. Die Brötchen vom Backpapier nehmen und auf einem Kuchenrost erkalten lassen. Brötchen durchschneiden und etwas aushöhlen.

7. Für den Frühlingsquark Zwiebel abziehen und in kleine Würfel schneiden. Quark mit Milch, Zwiebelwürfeln und Kräutern verrühren. Anschließend mit Salz, Pfeffer und Paprika würzen.

8. Die Brötchenhälften mit dem Frühlingsquark füllen und auf einer Platte anrichten.

9. Die Frühlingsbrötchen nach Belieben mit den Paprikawürfeln bestreuen.

Tipp: Schneller geht es, wenn Sie frische Baguettebrötchen kaufen.

Garnelen am Spieß | Einfach

5 Spieße

Pro Spieß: E: 16 g, F: 44 g, Kh: 8 g, kJ: 2040, kcal: 488, BE: 0,5

25 TK-Garnelen (ohne Schale)
5 kleine Schalotten
10 Frühlingszwiebeln
15 Scheiben Bacon (Frühstücksspeck)
grob gem. Pfeffer
6 EL Olivenöl

Für den Dip:

200 g Delikatess-Mayonnaise
1 EL mittelscharfer Senf
Salz, gem. Pfeffer
3 Knoblauchzehen

Außerdem:

5 Holz- oder Metallspieße

Zubereitungszeit: 30 Minuten, ohne Auftauzeit
Grillzeit: 8–10 Minuten

1. Garnelen nach Packungsanleitung auftauen lassen, evtl. den Darm entfernen. Garnelen unter fließendem kalten Wasser abspülen und trocken tupfen.

2. Den Backofengrill vorheizen (etwa 240 °C).

3. Die Schalotten abziehen und längs halbieren. Die Frühlingszwiebeln putzen, abspülen, abtropfen lassen. Etwas von dem Frühlingszwiebelgrün in feine Scheiben schneiden und beiseitelegen. Die restlichen Frühlingszwiebeln in etwa 3 cm lange Stücke schneiden.

4. Bacon zu Röllchen aufrollen. Abwechselnd Garnelen, Schalottenhälften, Frühlingszwiebelstücke und Baconröllchen auf Holz- oder Metallspieße stecken (je Spieß 5 Garnelen, 2 Schalottenhälften, 3 Frühlingszwiebelstücke, 3 Baconröllchen).

5. Die Spieße in eine Schale legen, mit Pfeffer würzen und mit Olivenöl beträufeln.

6. Für den Dip Mayonnaise mit Senf verrühren, mit Salz und Pfeffer würzen. Knoblauch abziehen und sehr klein schneiden. Knoblauch und beiseitegelegte Frühlingszwiebelscheiben unterrühren.

7. Die Garnelenspieße auf ein Backblech (gefettet) legen. Das Backblech unter den vorgeheizten Backofengrill schieben. Die Spieße **8–10 Minuten grillen,** dabei einmal wenden.

8. Die Garnelenspieße mit dem Dip servieren.

Gebratenes „Club-Sandwich" mit Geflügelhack | Originell – für Gäste

4 Portionen

Pro Portion: E: 37 g, F: 29 g, Kh: 42 g, kJ: 2417, kcal: 577, BE: 3,5

400 g Hähnchenbrustfilet
½ Bund Dill
Salz
gem. schwarzer Pfeffer
3 EL Meerrettich (aus Glas oder Tube)
3 EL mittelscharfer Senf
8 Sandwichbrotscheiben (etwa 320 g)
6 EL Sonnenblumenöl
8 Scheiben Bacon (Frühstücksspeck, etwa 150 g)
250 g Tomaten
50 g schöne Römersalatblätter

Außerdem:
evtl. 4 Holzspieße

Zubereitungszeit: 45 Minuten

1. Hähnchenbrustfilet kurz unter fließendem kalten Wasser abspülen, trocken tupfen und in etwa 2 cm große Würfel schneiden. Hähnchenfleischwürfel im Blitzhacker fein zerkleinern.

2. Dill abspülen und trocken tupfen. Die Spitzen von den Stängeln zupfen. Spitzen klein schneiden.

3. Dill mit Salz, Pfeffer, Meerrettich und Senf zum Geflügelhack geben und untermischen.

4. Den Backofen vorheizen.
Ober-/Unterhitze: etwa 180 °C
Heißluft: etwa 160 °C

5. Die Geflügelhackmasse auf die Hälfte der Sandwichbrotscheiben streichen und mit den restlichen Scheiben belegen, leicht andrücken.

6. Fünf Esslöffel des Sonnenblumenöls in einer großen Pfanne erhitzen. Die Sandwiches von jeder Seite

bei starker Hitze goldbraun anbraten, herausnehmen und auf ein Backblech (mit Backpapier belegt) legen.

7. Das Backblech in den vorgeheizten Backofen schieben und die Sandwiches **etwa 10 Minuten backen.**

8. In der Zwischenzeit restliches Sonnenblumenöl in einer Pfanne erhitzen. Die Baconscheiben darin von jeder Seite goldbraun und knusprig braten.

9. Tomaten abspülen, abtrocknen und die Stängelansätze herausschneiden. Die Tomaten in Scheiben schneiden.

10. Römersalatblätter abspülen, trocken tupfen und klein schneiden.

11. Die Sandwiches vom Backblech nehmen und einmal diagonal durchschneiden.

12. Die Sandwiches übereinandergelegt anrichten, mit Salat, Tomaten- und Baconscheiben belegen. Die Sandwiches nach Belieben mit einem Holzspieß feststecken.

Geflügelröllchen mit Käse

Schnell

24 Stück

Pro Stück: E: 18 g, F: 12 g, Kh: 1 g, kJ: 793, kcal: 190, BE: 0,0

1 Bund	*glatte Petersilie*
24 Scheiben	*geräucherte Putenbrust (je etwa 30 g, größere Scheiben evtl. halbieren)*
etwa 1 kg	*Maasdamer, am Stück*

Für die Sauce:

750 g	*stückige Tomaten mit Zwiebeln (aus der Dose)*
2–3 TL	*Sambal Oelek*
2 EL	*Schnittlauchröllchen*
	Salz
	gem. Pfeffer

Zubereitungszeit: 20 Minuten

1. Petersilie abspülen, trocken tupfen und die Blättchen von den Stängeln zupfen. Putenbrustscheiben mit den Petersilienblättchen belegen.

2. Den Käse in 24 Stücke (Balken) schneiden und in die Putenbrustscheiben einwickeln.

3. Für die Sauce Tomaten mit Sambal Oelek und Schnittlauchröllchen verrühren, mit Salz und Pfeffer würzen. Die Sauce zu den Geflügelröllchen reichen.

Tipp: Servieren Sie ofenfrisches Baguette dazu.

Rezeptvariante: Für **Schinken-Käse-Röllchen** 12 große Scheiben Kochschinken halbieren und dünn mit Tomatenketchup bestreichen. Schinkenscheiben mit Kerbelblättchen belegen. Gouda-Käse-Balken (von 1 kg) darauflegen und einwickeln.

Gefüllte Baguettebrötchen I

Zum Mitnehmen

4 Stück

Pro Stück: E: 23 g, F: 22 g, Kh: 42 g, kJ: 1928, kcal: 461, BE: 3,5

2 Tomaten
150 g Salatgurke
100 g Kochschinken, in Scheiben
200 g Camembert
einige Salatblätter
einige Kräuterblättchen, z. B. Basilikum, Petersilie
4 Baguettebrötchen (je etwa 80 g)
40 g Butter

Zubereitungszeit: 15 Minuten

1. Tomaten abspülen, abtrocknen, halbieren und die Stängelansätze herausschneiden. Gurke abspülen, abtrocknen und die Enden abschneiden. Tomaten und Gurke in dünne Scheiben schneiden.

2. Kochschinken in Streifen, Camembert in Scheiben schneiden. Die Salatblätter und Kräuterblättchen abspülen und trocken tupfen.

3. Die Baguettebrötchen waagerecht halbieren und mit Butter bestreichen.

4. Die unteren Hälften nacheinander mit Salatblättern, Tomaten-, Gurken-, Camembertscheiben, Schinkenstreifen und Kräuterblättchen belegen und mit den oberen Brötchenhälften belegen.

Rezeptvariante: Für 4 **Snackbrötchen mit Putenbrust und Sprossen** ½ gelbe Paprikaschote evtl. entstielen, entkernen, abspülen, abtropfen lassen und in dünne Streifen schneiden. 100 g Sprossen (z. B. Radieschensprossen oder Sojabohnensprossen) verlesen, gründlich abspülen und gut abtropfen lassen. 4 Sonnenblumenkernbrötchen (je etwa 60 g) waagerecht halbieren und mit 40 g Butter bestreichen. Die unteren Hälften mit 200 g Putenbrustaufschnitt belegen und mit Pfeffer bestreuen. Die Paprikastreifen und Sprossen darauf verteilen und mit den oberen Brötchenhälften belegen.

Gefüllte Dim-Sum-Pilze

(Zubereitung im Bambusdämpfer, Ø etwa 26 cm)

Asiatisch inspiriert

6 Stück

Pro Stück: E: 14 g, F: 4 g, Kh: 19 g, kJ: 716, kcal: 171, BE: 1,5

Für den Dip:

3 Knoblauchzehen
½ vorbereitete rote Chilischote
½ vorbereitete rote Peperoni
40 g frischer Ingwer
200 ml Grapefruitsaft
75 g Zucker
5 EL Reisessig
Salz

Für die Füllung:

2 Knoblauchzehen
20 g frischer Ingwer
75 g Frühlingszwiebeln
8 Stängel Koriander
300 g rohe Garnelen (ohne Kopf und Schale)
2 EL Sesamöl

6 sehr große weiße Champignons (je etwa 100 g)

Zubereitungszeit: 60 Minuten

1. Für den Dip Knoblauchzehen abziehen. Von der Chili und Peperoni den Stiel abschneiden, beides mit dem Knoblauch fein hacken. Ingwer schälen und fein würfeln. Knoblauch, Chili, Peperoni und Ingwer zusammen mit Grapefruitsaft, Zucker, Essig und etwas Salz in einen Topf geben. Die Zutaten in etwa 5 Minuten leicht dicklich einkochen, dann erkalten lassen.

2. Für die Füllung den Knoblauch abziehen, Ingwer schälen. Den Knoblauch und Ingwer fein hacken. Frühlingszwiebeln putzen, abspülen und abtropfen lassen. 1 Frühlingszwiebel mit viel Grün beiseitelegen. Restliche Frühlingszwiebeln in sehr feine Stücke schneiden.

3. Den Koriander abspülen, abtropfen lassen und die Blättchen von den Stängeln zupfen. 1 Esslöffel der Blättchen zum Garnieren beiseitelegen. Die restlichen Blättchen fein schneiden.

4. Die Garnelen entdarmen, dann mit kaltem Wasser abspülen, abtropfen lassen und fein hacken (evtl. im Blitzhacker).

5. Knoblauch, Ingwer, Frühlingszwiebelstücke, Koriander und Garnelen mit etwas Salz und dem Sesamöl in einer Schüssel vermischen.

6. Die Pilze putzen, evtl. kurz abspülen und trocken tupfen. Den Stiel vorsichtig herausdrehen. Die Stielmulde leicht salzen. Die Garnelenfüllung kuppelförmig darin verteilen und leicht andrücken.

7. Die Pilze in einen großen Bambusdämpfer legen. In einem passenden Topf etwa 4 cm hoch Wasser zum Kochen bringen. Den Bambusdämpfer mit dem Deckel verschließen und in den Topf mit Wasser setzen. Die Pilze über dem Wasserdampf etwa 20 Minuten dämpfen.

8. Das Frühlingszwiebelgrün der beiseitegelegten Frühlingszwiebel in sehr feine Scheiben schneiden. Die Pilze mit dem restlichen Koriandergrün und den Frühlingszwiebelscheiben bestreuen und heiß mit dem Dip servieren.

Gefüllte Putenröllchen | Raffiniert

8 Stück

Pro Stück: E: 29 g, F: 12 g, Kh: 4 g, kJ: 1017, kcal: 243, BE: 0,5

1 Knoblauchzehe
100 g geröstete, gesalzene Erdnusskerne
50 g Erdnussbutter mit Erdnussstückchen (Erdnusscreme, crunchy)
1 TL Sambal Oelek
2 TL brauner Zucker
1–2 TL Sojasauce
3 EL Wasser
Salz
3 Frühlingszwiebeln (etwa 100 g)
8 sehr dünne Putenschnitzel (je etwa 100 g)
1–2 EL Speiseöl, z. B. Rapsöl

Außerdem:

8 kleine Holzstäbchen

Zubereitungszeit: 20 Minuten
Bratzeit: etwa 15 Minuten

1. Den Knoblauch abziehen, mit den Erdnusskernen grob hacken und in einen hohen Rührbecher geben. Erdnussbutter, ½ Teelöffel Sambal Oelek, braunen Zucker, Sojasauce und Wasser hinzugeben. Die Zutaten pürieren. Die Erdnusspaste mit Salz und restlichem Sambal Oelek abschmecken.

2. Die Frühlingszwiebeln putzen, abspülen, abtropfen lassen und in sehr dünne Scheiben schneiden.

3. Die Putenschnitzel unter fließendem kalten Wasser abspülen und trocken tupfen. Putenschnitzel mit etwas Salz bestreuen und mit der Erdnusspaste bestreichen. Die Frühlingszwiebelscheiben daraufstreuen. Die Putenschnitzel aufrollen und mit Holzstäbchen feststecken.

4. Das Speiseöl in einer Grillpfanne erhitzen. Putenröllchen darin zunächst von allen Seiten scharf anbraten, dann bei mittlerer Hitze etwa 15 Minuten braten. Dabei die Röllchen immer wieder wenden.

Tipps: Die Putenröllchen mit Sojasauce servieren. Die Röllchen lassen sich auch mit dünnen Schweineschnitzeln zubereiten. Noch bunter werden die Röllchen, wenn man zusätzlich 1 kleine, in dünne Streifen geschnittene, gelbe Paprikaschote mit einrollt.

Gefüllte Tomaten | Vegan

2 Portionen (je 3 Stück)

Pro Portion: E: 6 g, F: 8 g, Kh: 31 g, kJ: 935, kcal: 221, BE: 2,0

6 möglichst gleich große Tomaten (je etwa 100 g)

Für die Reisfüllung:

1 Knoblauchzehe
½ EL Speiseöl, z. B. Olivenöl
40 g Vollkorn- oder Naturreis
Salz
gem. Pfeffer

Für die Olivenfüllung:

50 g abgetropfte schwarze Oliven, ohne Stein
4–5 Stängel Petersilie

Für die provenzalische Füllung:

1–2 Frühlingszwiebeln (etwa 60 g)
1 EL Vollkorn-Semmelbrösel, z. B. mit Dinkel (aus Reformhaus oder Naturkostladen)
1 TL getrocknete Kräuter der Provence

125 ml Gemüsebrühe

Zubereitungszeit: 40 Minuten
Garzeit: etwa 20 Minuten

1. Tomaten abspülen, abtrocknen und jeweils einen Deckel abschneiden. Tomaten vorsichtig mit einem Teelöffel aushöhlen. Das Tomatenfleisch beiseitelegen.

2. Für die Reisfüllung den Knoblauch abziehen und fein hacken. Öl in einem kleinen Topf erhitzen, Knoblauch und Reis darin andünsten. Ein Drittel des beiseitegelegten Tomatenfleischs (etwa 70 g) mit Wasser auf 125 ml ergänzen und zum Reis gießen. Alles einmal aufkochen lassen und den Reis zugedeckt bei schwacher Hitze etwa 30 Minuten nach Packungsanleitung zugedeckt köcheln lassen, bis die Flüssigkeit aufgesogen und der Reis gar ist. Den Reis mit Salz und Pfeffer abschmecken.

3. In der Zwischenzeit für die Olivenfüllung die Oliven fein hacken. Petersilie abspülen, trocken tupfen und die Blättchen von den Stängeln zupfen. Blättchen fein hacken und unterrühren, mit Salz und Pfeffer kräftig abschmecken.

4. Den Backofen vorheizen.
Ober-/Unterhitze: etwa 200 °C
Umluft: etwa 180 °C

5. Für die provenzalische Füllung die Frühlingszwiebeln putzen, abspülen, abtropfen lassen und in feine Scheiben schneiden. Die Frühlingszwiebeln mit Semmelbröseln, Kräutern der Provence, 2 Esslöffeln von dem restlichen Tomatenfleisch sowie Salz und Pfeffer abschmecken.

6. Jede Füllung in 2 Tomaten geben. Die Tomaten in eine Auflaufform (gefettet) setzen, dabei die Tomatendeckel auflegen und leicht andrücken. Die Brühe angießen. Die Form auf dem Rost in den vorgeheizten Backofen (Mitte) schieben. Die Tomaten **etwa 20 Minuten garen.**

Beilage: Vollkornbrot, -baguette oder Toastbrot.

Gefüllte Zucchiniröllchen

Für Gäste

12 Stück

Pro Stück: E: 5 g, F: 9 g, Kh: 6 g, kJ: 543, kcal: 130, BE: 0,5

Für die Füllung:

120 ml Gemüsebrühe
1 Msp. Safranpulver
70 g Instant-Couscous
2 Schalotten
40 g Butter
2 Bio-Limetten (unbehandelt, ungewachst)
100 g Ricotta (ital. Frischkäse)
1 Prise Zucker
Salz
1/4 TL Cayennepfeffer

2 große Zucchini (etwa 25 cm lang)
6 EL Olivenöl
gem. Pfeffer
12 rohe Garnelen (ohne Kopf, mit Schale, dürfen nicht zu groß sein)
2–3 EL Olivenöl

Zubereitungszeit: 45 Minuten, ohne Abkühlzeit
Garzeit: etwa 10 Minuten

1. Für die Füllung die Brühe mit Safran in einem Topf zum Kochen bringen. Couscous mit der Safranbrühe übergießen, umrühren und 5–6 Minuten quellen lassen, bis die Flüssigkeit von dem Couscous aufgesogen ist, dabei gelegentlich umrühren.

2. Schalotten abziehen und in kleine Würfel schneiden. Die Butter in einer Pfanne zerlassen. Schalottenwürfel darin kurz andünsten, dann mit einer Gabel unter den Couscous mengen. Den Couscous abkühlen lassen.

3. Limetten heiß abwaschen, abtrocknen und halbieren. Von einer Limette 4 dünne Scheiben abschneiden und beiseitelegen. Von den restlichen Limetten den Saft auspressen. Etwa die Hälfte des Limettensaftes mit Ricotta verrühren und unter den Couscous rühren. Anschließend mit Zucker, Salz und Cayennepfeffer abschmecken.

4. Den Backofen vorheizen.
Ober-/Unterhitze: etwa 220 °C
Heißluft: etwa 200 °C

5. Die Zucchini abspülen, abtrocknen und die Enden abschneiden. Zucchini mit einem Messer oder einer Aufschnittmaschine längs in 12 etwa 1/2 cm dicke Scheiben schneiden. Die Scheiben aus der Mitte der Zucchini schneiden, damit der Rand der Zucchiniröllchen hoch genug ist.

6. Jeweils etwas Olivenöl in einer Pfanne erhitzen. Die Zucchinischeiben darin portionsweise von beiden Seiten anbraten, mit Salz und Pfeffer würzen. Zucchinischeiben auf Küchenpapier legen und abtropfen lassen.

7. Zucchinischeiben jeweils zylinderförmig (Ø 4–5 cm) aufrollen und in eine Auflaufform (gefettet) setzen. Die Zucchiniröllchen vorsichtig mit der Couscousmasse füllen.

8. Die Form auf dem Rost in den vorgeheizten Backofen schieben. Die Zucchiniröllchen **etwa 10 Minuten garen.**

9. Garnelen schälen und jeweils den Darm entfernen. Garnelen unter fließendem kalten Wasser abspülen und trocken tupfen.

10. Olivenöl in einer Pfanne erhitzen. Die Garnelen darin von beiden Seiten anbraten, mit Salz und Pfeffer würzen. Den restlichen Limettensaft unterrühren.

11. Die Zucchiniröllchen vorsichtig aus der Form nehmen und mit den beiseitegelegten Limettenscheiben auf einer Platte anrichten. Die Zucchiniröllchen mit je 1 Garnele garnieren.

Tipp: Halten die Zucchiniröllchen nicht zusammen, kann man sie mit Holzstäbchen fixieren und diese vor dem Servieren wieder entfernen.

Gefüllte Zwiebeln | Raffiniert

12 Stück

Pro Stück: E: 6 g, F: 6 g, Kh: 4 g,
kJ: 381, kcal: 91, BE: 0,0

4 mittelgroße Zwiebeln
4 mittelgroße rote Zwiebeln
4 mittelgroße weiße Zwiebeln
Salz

Für die Füllung:

100 g kleine weiße Champignons
100 g kleine Pfifferlinge
100 g Austernpilze
100 g Kochschinken
2 EL Rapsöl
2 EL Balsamico-Essig
200 ml Gemüsebrühe
gem. Pfeffer
Knoblauchpulver
1 Bund Thymian

120 g ger. Emmentaler

Zubereitungszeit: 50 Minuten
Garzeit: 15–20 Minuten

1. Die Zwiebeln abziehen. Salzwasser in einem großen Topf zum Kochen bringen. Die Zwiebeln hinzugeben und evtl. in 2 Portionen etwa 5 Minuten kochen lassen. Die Zwiebeln in ein Sieb geben, mit kaltem Wasser abschrecken und abtropfen lassen.

2. Für die Füllung die Champignons, Pfifferlinge und Austernpilze putzen, evtl. kurz abspülen und abtropfen lassen. Pilze in kleine Stücke schneiden. Schinken in Würfel schneiden.

3. Von den Zwiebeln mit einem scharfen Messer waagerecht einen Deckel abschneiden. Zwiebeln bis auf 2 Schichten aushöhlen. Das Zwiebelinnere und die Deckel in kleine Würfel schneiden.

4. Den Backofen vorheizen.
Ober-/Unterhitze: etwa 200 °C
Heißluft: etwa 180 °C

5. Rapsöl in einer großen Pfanne erhitzen. Zwiebelwürfel darin unter Rühren andünsten. Pilzstücke und Schinkenwürfeln hinzugeben, mit andünsten. Essig und Brühe hinzugießen, unterrühren und etwas einkochen lassen. Die Pilzmasse mit Salz, Pfeffer und Knoblauch würzen. Thymian abspülen und trocken tupfen. Einige Stängel zum Garnieren beiseitelegen. Die Blättchen von den restlichen Stängeln zupfen und unter das Pilzragout rühren.

6. Die ausgehöhlten Zwiebeln mit dem Pilzragout füllen und in eine flache Auflaufform (gefettet) setzen. Zwiebeln mit Käse bestreuen. Die Form auf dem Rost in den vorgeheizten Backofen schieben. Die gefüllten Zwiebeln **15–20 Minuten garen.**

7. Die gefüllten Zwiebeln mit den beiseitegelegten Thymianstängeln garniert servieren.

Gemüse-Carpaccio | Vegetarisch
8 Portionen

Pro Portion: E: 3 g, F: 13 g, Kh: 12 g, kJ: 733, kcal: 175, BE: 0,5

Für das Gemüse:
- *150 g Möhren*
- *750 g grüner Spargel*
- *½ Bund Frühlingszwiebeln*
- *200 g Zuckerschoten*
- *Salz*
- *250 g mittelgroße Tomaten*
- *½ Topf Kerbel*
- *½ Bund glatte Petersilie*

Für das Dressing:
- *2 Schalotten*
- *50 ml weißer Balsamico-Essig*
- *3 EL Orangensaft*
- *1–2 EL flüssiger Honig*
- *gem. Pfeffer*
- *100 ml Traubenkern- oder Nussöl*

Zubereitungszeit: 40 Minuten

1. Für das Gemüse Möhren putzen, schälen, abspülen und abtropfen lassen. Von dem grünen Spargel nur das untere Drittel schälen und die Enden abschneiden. Spargel abspülen und abtropfen lassen. Möhren längs in dünne Scheiben schneiden, Spargel längs halbieren.

2. Die Frühlingszwiebeln putzen, abspülen, abtropfen lassen und in sehr dünne Scheiben schneiden.

3. Von den Zuckerschoten die Enden abschneiden, evtl. abfädeln. Zuckerschoten abspülen, abtropfen lassen und in kochendem Salzwasser 2–3 Minuten garen. Die Zuckerschoten in ein Sieb geben, mit eiskaltem Wasser abschrecken und abtropfen lassen. Die Zuckerschoten schräg halbieren.

4. Die Tomaten kreuzweise einschneiden und mit kochendem Wasser übergießen. Nach 1–2 Minuten herausnehmen und mit kaltem Wasser abschrecken. Tomaten enthäuten, halbieren, entkernen und die Stängelansätze herausschneiden. Tomatenhälften in Spalten schneiden.

5. Kerbel und Petersilie abspülen, trocken tupfen und die Blättchen von den Stängeln zupfen. Etwa die Hälfte der Blättchen klein schneiden. Restliche Blättchen zum Garnieren beiseitelegen.

6. Für das Dressing Schalotten abziehen und in kleine Würfel schneiden. Essig mit Orangensaft und Honig verrühren, mit Salz und Pfeffer würzen. Das Öl unterschlagen. Schalotten und klein geschnittene Kräuter unterrühren.

7. Spargel, Möhrenscheiben, Zuckerschoten und Frühlingszwiebelscheiben auf einer großen Platte anrichten.

8. Das Gemüse mit etwa zwei Dritteln des Dressings beträufeln. Die Tomatenspalten darauf verteilen.

9. Das Gemüse-Carpaccio mit den beiseitegelegten Kerbel- und Petersilienblättchen garnieren. Restliches Dressing dazureichen.

Gemüse-Crumble

Mediterran inspiriert

4 Portionen

Pro Portion: E: 12 g, F: 24 g, Kh: 19 g, kJ: 1422, kcal: 340, BE: 1,0

150 g grüne Bohnen
Salz
1 Knoblauchzehe
1 kleine Zwiebel
1 kleine rote Paprikaschote (150 g)
200 g Zucchini
150 g Cocktailtomaten
6 große Basilikumblätter
125 g abgetropfter Mozzarella (vorzugsweise Büffelmozzarella)
75 g Baguette oder Ciabatta
3 EL Olivenöl
1 TL Fenchelsamen
150 ml Tomatensaft, ungewürzt
gem. schwarzer Pfeffer
1 TL fein abgeriebene Bio-Zitronenschale (unbehandelt, ungewachst)
3 EL Olivenöl
20 g fein ger. Parmesan

Zubereitungszeit: 45 Minuten
Backzeit: etwa 5 Minuten

1. Von den Bohnen die Enden abschneiden. Die Bohnen evtl. abfädeln, abspülen, abtropfen lassen und halbieren. Die Bohnen in kochendes Salzwasser geben und darin in etwa 5 Minuten noch leicht bissfest kochen. Die Bohnen in ein Sieb geben, mit kaltem Wasser abschrecken und gut abtropfen lassen.

2. Knoblauch und Zwiebel abziehen und fein würfeln. Paprikaschote halbieren, entstielen, entkernen und die weißen Scheidewände entfernen. Schotenhälften abspülen, abtropfen lassen und in etwa 2 cm große Stücke schneiden. Zucchini abspülen, abtrocknen und die Enden abschneiden. Die Zucchini in etwa 1 ½ cm große Würfel schneiden. Tomaten abspülen, abtrocknen und halbieren, evtl. die Stängelansätze herausschneiden.

3. Den Backofengrill auf höchster Stufe vorheizen.

4. Das Basilikum abspülen, trocken tupfen und grob schneiden. Mozzarella leicht ausdrücken. Baguette oder Ciabatta in kleine Stücke zupfen oder schneiden.

5. Olivenöl in einem weiten Topf erhitzen. Zwiebeln, Knoblauch, Paprika, Zucchini und Fenchel unter Rühren darin etwa 3 Minuten kräftig andünsten.

6. Tomaten, Bohnen und Tomatensaft dazugeben. Die Gemüsemischung mit Salz und Pfeffer würzen, dann noch etwa 3 Minuten köcheln lassen. Zuletzt das Basilikum untermischen.

7. Das Gemüse mit dem Sud in 6 kleinen Auflaufförmchen (gefettet) verteilen. Mozzarella in Stücke zupfen, mit Zitronenschale, Brotstücken und Olivenöl mischen, auf dem Gemüse verteilen und mit Parmesan bestreuen.

8. Die Auflaufförmchen auf ein Backblech stellen. Das Backblech in den vorgeheizten Backofen (Mitte) schieben.

9. Die Gemüse-Crumbles bei gleicher Grilltemperatur in **etwa 5 Minuten goldbraun überbacken.** Die Gemüse-Crumbles sofort servieren.

Tipp: Die kleinen Gemüseaufläufe sind auch eine leckere Beilage zu gegrilltem Fleisch.

Gemüseecken mit Käsesauce

Vegetarisch

24 Stücke

Pro Stück: E: 4 g, F: 8 g, Kh: 11 g, kJ: 540, kcal: 129, BE: 1,0

Für den Hefeteig:

250 g Weizenmehl
21 g frische Hefe
1 TL Zucker
3 EL lauwarmes Wasser
1 gestr. TL Salz
gem. Pfeffer
4 EL Speiseöl, z. B. Olivenöl
5 EL lauwarmes Wasser

Für die Käsesauce:

3 Eier (Größe M)
knapp 1 gestr. TL Salz
2 Knoblauchzehen
1 Bund glatte Petersilie
100 g ger. Emmentaler
150 g Crème fraîche
125 g Schlagsahne

Für den Belag:

1 Stange Porree (Lauch)
1 rote Paprikaschote
285 g abgetropfter Gemüsemais (aus der Dose)

Zubereitungszeit: 50 Minuten, ohne Teiggehzeit
Backzeit: etwa 30 Minuten

1. Für den Teig Mehl in eine Rührschüssel geben und in die Mitte eine Vertiefung eindrücken. Hefe hineinbröckeln, Zucker und etwas Wasser hinzufügen. Mit einem kleinen Teil des Mehls mit einer Gabel vorsichtig verrühren und etwa 15 Minuten stehen lassen.

2. Anschließend restliche Zutaten hinzufügen und mit einem Mixer (Knethaken) zunächst kurz auf niedrigster, dann auf höchster Stufe in etwa 5 Minuten zu einem glatten Teig verarbeiten. Den Teig zugedeckt so lange an einem warmen Ort gehen lassen, bis er sich sichtbar vergrößert hat (etwa 30 Minuten).

3. Den gegangenen Teig auf einer leicht bemehlten Arbeitsfläche nochmals gut durchkneten, dann auf einem Backblech (30 x 40 cm, gefettet) ausrollen. Vor den Teig einen mehrfach geknickten Streifen Alufolie legen.

4. Den Backofen vorheizen.
Ober-/Unterhitze: etwa 200 °C
Heißluft: etwa 180 °C

5. Für die Käsesauce Eier in einer Rührschüssel verschlagen, mit Salz und Pfeffer würzen. Knoblauch abziehen und in sehr kleine Würfel schneiden. Petersilie abspülen und trocken tupfen. Die Blättchen von den Stängeln zupfen (einige Blättchen zum Garnieren beiseitelegen). Die restlichen Blättchen klein schneiden. Knoblauch, Käse, Crème fraîche, Sahne und Petersilie unter die verschlagenen Eier rühren.

6. Für den Belag den Porree putzen, die Stange längs halbieren, gründlich waschen, abtropfen lassen und in dünne Streifen schneiden.

7. Die Paprikaschote halbieren, entstielen, entkernen und die weißen Scheidewände entfernen. Die Schotenhälften abspülen, abtropfen lassen und in feine Streifen schneiden.

8. Porreestreifen, Paprikastreifen und Mais mischen. Das Gemüse auf dem Teig verteilen. Die Käsesauce daraufgeben. Backblech in den vorgeheizten Backofen schieben. Den Gemüsekuchen **etwa 30 Minuten backen.**

9. Das Backblech auf einen Kuchenrost stellen. Dann den Gemüsekuchen 2-mal längs und 3-mal quer durchschneiden. Die 12 Gemüsekuchenstücke nochmals diagonal halbieren, sodass Dreiecke entstehen. Die Gemüseecken warm oder kalt mit den beiseitegelegten Petersilienblättchen garniert servieren.

Tipp: Je nach Geschmack und Jahreszeit können die Gemüseecken z. B. auch mit Brokkoli, Zucchini, Champignons und Cocktailtomaten belegt werden.

Gemüse-Eier-Sülze im Glas

Gut vorzubereiten – mit Alkohol

4 Portionen

Pro Portion: E: 12 g, F: 6 g, Kh: 10 g, kJ: 760, kcal: 182, BE: 1,0

4 hart gekochte Eier
3–4 Stängel Kerbel
10 Blatt weiße Gelatine
900 ml Gemüsebrühe
250 g fein gewürfelte Möhren
125 ml trockener Sherry
4–5 EL Weißweinessig
Salz
gem. Pfeffer
140 g abgetropfter Gemüsemais (aus der Dose)

Zubereitungszeit: 60 Minuten, ohne Kühlzeit

1. Die Eier pellen und in Scheiben schneiden. Die Eierscheiben evtl. nochmals halbieren. Den Kerbel abspülen, trocken tupfen und die Blättchen abzupfen. Gelatine in kaltem Wasser nach Packungsanleitung einweichen.

2. Brühe in einem Topf zum Kochen bringen. Möhrenwürfel darin etwa 10 Minuten garen. Die Möhrenwürfel in ein Sieb geben, die Brühe auffangen und 750 ml davon abmessen.

3. Eingeweichte Gelatine leicht ausdrücken und unter Rühren in der heißen, abgemessenen Brühe auflösen. Sherry und Essig unterrühren. Die Flüssigkeit mit Salz und Pfeffer abschmecken.

4. Jeweils 1–2 Esslöffel von der Sülzeflüssigkeit in 4 Gläser (je mindestens 0,3 l Inhalt) geben, sodass der Boden der Gläser mit einem Flüssigkeitsspiegel bedeckt ist. Die Gläser in den Kühlschrank stellen, bis die Flüssigkeit erstarrt ist.

5. Anschließend in jedes Glas eine Schicht Möhrenwürfel einschichten und mit der Sülzeflüssigkeit bedecken. Die Gläser etwa 5 Minuten in den Kühlschrank stellen.

6. Eine Schicht Mais in die Gläser geben, mit der Sülzeflüssigkeit bedecken und etwa 5 Minuten in den Kühlschrank stellen. 1–2 Eierscheiben und einige kleine Kerbelblättchen in die Gläser legen, mit Sülzeflüssigkeit bedecken, wieder in den Kühlschrank stellen. Die restlichen Zutaten auf die gleiche Weise verarbeiten. Die Gläser zugedeckt mindestens 2 Stunden in den Kühlschrank stellen.

Tipp: Nach Belieben die Gemüse-Eier-Sülze mit einer Meerrettichsahne verfeinern. Dazu 100 g Schlagsahne (mind. 30 % Fett) fast steif schlagen. 1 Esslöffel geriebenen Meerrettich und anschließend etwas geriebene Zitronenschale unterrühren.

Extra-Tipp: Für ein Hauptgericht servieren Sie dazu **Bratkartoffeln.** Dafür am besten am Vortag 1 kg festkochende Kartoffeln in Salzwasser etwa 20 Minuten gar kochen. Dann abgießen, mit kaltem Wasser abschrecken, abtropfen lassen und noch warm pellen. 2 große Zwiebeln abziehen, in kleine Würfel schneiden. Kartoffeln in ½ cm dicke Scheiben schneiden. 6 Esslöffel Speiseöl oder Butterschmalz in einer großen, beschichteten Pfanne erhitzen bzw. zerlassen. 100 g Speckwürfel (durchwachsen) darin anbraten. Die Kartoffelscheiben hinzugeben und mit Salz und Pfeffer würzen. Kartoffeln in etwa 10 Minuten bei mittlerer Hitze unter gelegentlichem Wenden goldbraun braten. Die Zwiebelwürfel hinzufügen und die Bratkartoffeln weitere 5–10 Minuten braten.

Gemüse-Flatbread | Vegetarisch

6–8 Portionen

Pro Portion: E: 9 g, F: 8 g, Kh: 34 g, kJ: 1034, kcal: 247, BE: 3,0

1 EL vorbereitete Rosmarinnadeln

Für den Teig:

300 g Weizenmehl (Type 550)
1 TL Dr. Oetker Trockenbackhefe
1 TL Salz
225 ml lauwarmes Wasser
2 EL Olivenöl

Für den Belag:

75 g Fenchel
½ rote Paprikaschote (100 g)
75 g Cocktailtomaten
10 Basilikumblätter
100 g Ricotta (ital. Frischkäse)
10 g abgetropfte Kapern
Salz
gem. schwarzer Pfeffer
50 g abgetropfter Mozzarella (möglichst Büffelmozzarella)
25 g ger. Parmesan

Zubereitungszeit: 45 Minuten, ohne Teiggehzeit
Backzeit: 20–25 Minuten

1. Die Rosmarinnadeln fein hacken.

2. Für den Teig Mehl in eine Rührschüssel geben und mit Trockenbackhefe sorgfältig vermischen. Salz und fein gehackten Rosmarin hinzufügen und untermischen. Wasser und Olivenöl hinzugeben. Die Zutaten mit einem Mixer (Knethaken) zunächst kurz auf niedrigster, dann auf höchster Stufe in etwa 5 Minuten zu einem glatten Teig verarbeiten. Den Teig zugedeckt an einem warmen Ort etwa 90 Minuten gehen lassen.

3. Für den Belag den Fenchel putzen, abspülen und abtropfen lassen. Paprika entstielen, entkernen und die weißen Scheidewände entfernen. Schotenhälfte abspülen und abtropfen lassen. Fenchel und Paprika in hauchdünne Scheiben hobeln.

4. Die Tomaten abspülen, abtrocknen und jeweils in 3 Scheiben schneiden.

5. Die Basilikumblätter abspülen, trocken tupfen und grob zerschneiden.

6. Den Backofen vorheizen.
Ober-/Unterhitze: etwa 250 °C

7. Den Teig in etwas Mehl wenden, nicht mehr durchkneten und sofort auf einem Backblech (gefettet, mit Backpapier belegt) zu einem etwa 1 cm dicken, rechteckigen Fladen formen.

8. Den Teigfladen gleichmäßig mit Ricotta bestreichen, danach mit Basilikum und Kapern bestreuen. Fenchel, Paprika und Tomaten gleichmäßig darauf verteilen.

9. Das Flatbread mit Salz und Pfeffer bestreuen. Den Mozzarella in kleine Stücke zupfen, mit Parmesan auf dem Flatbread verteilen.

10. Das Backblech in den vorheizten Backofen (unterste Schiene) schieben und das Gemüse-Flatbread **20–25 Minuten backen.**

11. Das Backblech auf einen Kuchenrost stellen. Das Gemüse-Flatbread in 6 gleich große Stücke schneiden und heiß servieren.

Gemüsekaviar auf Knoblauchcrostini | Vegetarisch

4 Portionen

Pro Portion: E: 8 g, F: 37 g, Kh: 29 g, kJ: 2024, kcal: 485, BE: 2,5

je 1 rote, grüne und gelbe Paprikaschote
½ Aubergine
1 Zucchini
50 g Champignons
1 Schalotte oder kleine Zwiebel
2 Knoblauchzehen
4 EL Olivenöl
10 abgetropfte schwarze Oliven, mit Stein
3 Stängel frisches Basilikum
1 kleines Bund Petersilie
10 abgetropfte Kapern (aus dem Glas)
10 rote Pfefferbeeren
Salz
gem. Pfeffer

Für die Schnittlauchcreme:

1 kleines Bund Schnittlauch
150 g Crème fraîche
Saft von ½ Zitrone

50 g Butter
4 Scheiben Vollkorn- oder Graubrot
1 abgezogene Knoblauchzehe
evtl. einige Basilikumblättchen

Zubereitungszeit: 50 Minuten, ohne Abkühlzeit
Garzeit: etwa 15 Minuten

1. Den Backofen vorheizen.
Ober-/Unterhitze: etwa 200 °C
Heißluft: etwa 180 °C

2. Paprikaschoten halbieren, entstielen, entkernen und die weißen Scheidewände entfernen. Schoten abspülen, trocken tupfen und vierteln. Paprikaviertel mit der Hautseite nach oben auf ein Backblech (mit Olivenöl bestrichen) legen. Das Backblech in den vorgeheizten Backofen schieben. Die Paprikaschoten **etwa 15 Minuten garen,** bis die Haut Blasen wirft.

3. Das Backblech auf einen Kuchenrost stellen. Die Paprikaviertel mit einem feuchten Tuch bedecken und etwas abkühlen lassen. Dann vom Backblech nehmen, die Haut abziehen und die Paprikaviertel erkalten lassen. Paprika in kleine Würfel schneiden.

4. Aubergine abspülen, abtrocknen und den Stängelansatz abschneiden. Zucchini abspülen, abtrocknen und die Enden abschneiden. Champignons putzen, evtl. kurz abspülen und trocken tupfen. Schalotte oder Zwiebel und Knoblauch abziehen. Die vorbereiteten Gemüsezutaten in kleine Würfel schneiden.

5. Etwas von dem Olivenöl in einer Pfanne erhitzen. Die Gemüsewürfel (außer den Paprikawürfeln) darin gar dünsten.

6. Die Oliven halbieren, entsteinen, in kleine Stücke hacken. Basilikum und Petersilie abspülen, trocken tupfen und die Blättchen von den Stängeln zupfen. Blättchen klein schneiden.

7. Olivenstücke, Basilikum, Petersilie, Kapern, Pfefferbeeren und Paprikawürfel zu den Gemüsewürfeln geben und untermischen. Die Gemüsemischung mit Salz und Pfeffer abschmecken, mit dem restlichen Olivenöl beträufeln.

8. Für die Schnittlauchcreme Schnittlauch abspülen, trocken tupfen und in sehr kleine Röllchen schneiden. Crème fraîche mit Zitronensaft und Schnittlauch glatt rühren. Die Schnittlauchcreme mit Salz und Pfeffer abschmecken.

9. Butter in einer Pfanne erhitzen. Die Brotscheiben darin von beiden Seiten goldbraun anrösten, herausnehmen und mit Knoblauch einreiben.

10. Gemüsekaviar auf den gerösteten Brotscheiben anrichten und mit Schnittlauchsauce umgießen. Nach Belieben mit Basilikumblättchen garniert servieren.

Gemüse-Piccata mit Tomatensauce | Vegetarisch

8 Portionen

Pro Portion: E: 7 g, F: 13 g, Kh: 9 g, kJ: 749, kcal: 179, BE: 0,5

Für die Gemüse-Piccata:

1 Knollensellerie (etwa 300 g)
1 Kohlrabi (etwa 250 g)
1 Rote Bete (etwa 250 g)
Salz
3 Eier (Größe M)
100 g ger. Parmesan
60 g Weizenmehl
gem. Pfeffer
4 EL Speiseöl

Für die Tomatensauce:

3 Fleischtomaten
1 kleine Zwiebel
1 Knoblauchzehe
3 EL Olivenöl
1 TL grüne Pfefferkörner
etwas gerebelter Thymian

Zubereitungszeit: 50 Minuten
Garzeit: etwa 10 Minuten

1. Für die Gemüse-Piccata Sellerie und Kohlrabi putzen, schälen, abspülen, abtropfen lassen und in etwa ½ cm dicke Scheiben schneiden. Rote Bete gründlich waschen, schälen, abspülen, abtropfen lassen und ebenfalls in dünne Scheiben schneiden.

2. Die vorbereiteten Gemüsescheiben getrennt in kochendem Salzwasser 5–10 Minuten (je nach Gemüsesorte) blanchieren, in ein Sieb geben, mit kaltem Wasser abschrecken und abtropfen lassen.

3. Eier in einer Schüssel verschlagen, Parmesan unterrühren. Mehl in einen tiefen Teller geben. Die Gemüsescheiben mit Salz und Pfeffer bestreuen. Gemüsescheiben zuerst in Mehl wenden, dann durch die Eier-Käse-Masse ziehen und am Schüsselrand abstreifen.

4. Das Speiseöl in einer großen Pfanne erhitzen. Gemüsescheiben darin etwa 10 Minuten bei schwacher Hitze von beiden Seiten goldbraun braten, herausnehmen und warm stellen.

5. In der Zwischenzeit für die Sauce die Tomaten kreuzweise einschneiden und mit kochendem Wasser übergießen. Nach 1–2 Minuten herausnehmen und mit kaltem Wasser abschrecken. Tomaten enthäuten, halbieren, entkernen und die Stängelansätze herausschneiden. Tomatenhälften in kleine Würfel schneiden. Zwiebel und Knoblauch abziehen, klein würfeln.

6. Olivenöl in einem Topf erhitzen. Die Zwiebel- und Knoblauchwürfel darin andünsten, die Tomatenwürfel unterheben, mit Salz, Pfeffer, Pfefferkörnern und Thymian würzen. Die Sauce unter Rühren aufkochen lassen. Die Gemüse-Piccata mit der Sauce servieren.

Tipp: Nach Belieben mit Thymianzweigen garnieren.

Gemüse-Wrap-Scheiben I

Schnell

32 Stück

Pro Stück: E: 2 g, F: 2 g, Kh: 6 g, kJ: 223, kcal: 53, BE: 0,5

- ½ *Eisbergsalat*
- ½ *Salatgurke*
- 1 *Möhre*
- 1 *rote Paprikaschote*
- 8 *Weizen-Tortilla-Fladen (Wraps)*
- 200 g *Doppelrahm-Frischkäse*
- *Salz*
- *gem. Pfeffer*

Zubereitungszeit: 20 Minuten

1. Eisbergsalat putzen, vierteln, abspülen und trocken schleudern. Salat in feine Streifen schneiden.

2. Die Gurke waschen, abtrocknen und das Ende abschneiden. Gurke längs halbieren, entkernen und in kleine, feine Streifen schneiden. Möhre putzen, schälen, abspülen, abtropfen lassen und in feine Scheiben hobeln.

3. Paprikaschote halbieren, entstielen, entkernen und die weißen Scheidewände entfernen. Schotenhälften abspülen, abtropfen lassen und in feine Streifen schneiden.

4. Tortillas nach Packungsanleitung im Backofen oder nacheinander in einer Pfanne ohne Fett von beiden Seiten kurz erwärmen.

5. Tortillas mit Frischkäse bestreichen, mit Salz und Pfeffer bestreuen. Tortillas mit Salat-, Gurkenstreifen, Möhrenscheiben und Paprikastreifen belegen, dabei beidseitig einen Rand frei lassen. Die Ränder über das Gemüse legen. Tortillas fest aufrollen. Jeden Wrap in 4 Scheiben schneiden.

Gepfefferte Aprikosen | Einfach

24 Stück

Pro Stück: E: 2 g, F: 3 g, Kh: 3 g, kJ: 187, kcal: 45, BE: 0,5

24	*abgetropfte Aprikosenhälften (aus der Dose)*
3 EL	*Olivenöl*
	Salz
1 gestr. TL	*zerstoßener schwarzer Pfeffer*
1 Bund	*Schnittlauch*
250 g	*Ricotta (ital. Frischkäse)*
	gem. Pfeffer
50 g	*Parmaschinken*

Zubereitungszeit: 30 Minuten, ohne Abkühlzeit

1. Die Aprikosenhälften trocken tupfen. 2 Esslöffel von dem Olivenöl in einer Pfanne erhitzen. Aprikosenhälften darin scharf anbraten, mit Salz und der Hälfte des Pfeffers würzen. Die Aprikosenhälften aus der Pfanne nehmen und erkalten lassen.

2. Den Schnittlauch abspülen, trocken tupfen und in feine Röllchen schneiden. Ricotta mit dem restlichen Olivenöl und den Schnittlauchröllchen verrühren. Den Ricotta mit Salz und Pfeffer würzen. Schinken in feine Streifen schneiden.

3. Die Aprikosenhälften mit der Rundung nach unten auf einer Platte anrichten. Die Ricotta-Creme in die Aprikosenhälften füllen.

4. Die Aprikosen mit Schinkenstreifen garnieren und mit dem restlichen zerstoßenen Pfeffer bestreuen.

Tipp: Evtl. an den Rundungen der Aprikosenhälften eine kleine Scheibe abschneiden, damit sie besser stehen bleiben.

Gestreifter Gurken-Mango-Salat

Fruchtig – erfrischend

4 Portionen

Pro Portion: E: 7 g, F: 11 g, Kh: 30 g, kJ: 1036, kcal: 248, BE: 2,5

Für die Sauce:

½ rote Chilischote
2 Knoblauchzehen
6 EL Limettensaft
3 EL brauner Zucker
1 EL Ketjap Manis (indonesische Sojasauce)
2 EL Fischsauce

1–2 Mangos (etwa 500 g, möglichst festes Fruchtfleisch)
450 g Salatgurke
2 Sternfrüchte (Karambole)
75 g geröstete, gesalzene Erdnüsse
8 Stängel Koriander

Zubereitungszeit: 30 Minuten

1. Chilischotenhälfte evtl. entstielen und evtl. entkernen, abspülen, abtropfen lassen und in feine Ringe schneiden. Knoblauch abziehen und fein hacken. Den Limettensaft mit Zucker, Ketjap Manis und Fischsauce verrühren, Chili und Knoblauch unterrühren.

2. Die Mangos halbieren. Das Fruchtfleisch vom Stein schneiden und schälen. Gurke schälen und die Enden abschneiden. Gurke längs halbieren und die Kerne herausschaben. Sternfrüchte abspülen und trocken tupfen. Dann Gurke, Mango und Sternfrüchte in feine Streifen schneiden

3. Die Erdnüsse grob hacken. Koriander abspülen, trocken tupfen und die Blättchen von den Stängeln zupfen. Die Blättchen grob hacken.

4. Die Gurken-, Mango- und Sternfrüchtestreifen mit der Sauce mischen. Den Salat mit den Erdnusskernen und dem Koriander bestreut servieren.

Tipp: Wenn Sie keine Sternfrüchte bekommen, können Sie stattdessen auch 1–2 Äpfel (z.B. Granny Smith) nehmen.

Grüne Muscheln am Spieß

Einfach – für Gäste

4 Portionen

Pro Portion: E: 26 g, F: 40 g, Kh: 7 g, kJ: 2028, kcal: 490, BE: 0,5

560 g grüne TK-Muscheln (Muschelfleisch von Grünschalmuscheln, 12 Muscheln pro Portion)
24 dünne Scheiben Bacon (Frühstücksspeck, etwa 300 g)
100 g Knoblauch-Kräuterbutter
gem. Pfeffer

Außerdem:

4 Holz- oder Metallspieße
Alufolie

Zubereitungszeit: 25 Minuten, ohne Auftauzeit
Garzeit: etwa 20 Minuten

1. Die Muscheln nach Packungsanleitung oder über Nacht im Kühlschrank auftauen lassen.

2. Den Backofen vorheizen.
Ober-/Unterhitze: etwa 200 °C
Heißluft: etwa 180 °C

3. Die Speckscheiben quer halbieren. Die einzelnen Muscheln mit je 1 halbierten Speckscheibe umwickeln und auf Spieße stecken (je Spieß 6 Muscheln).

4. Die Butter zerlassen. Die Muschelspieße auf ein Backblech (mit Alufolie belegt) legen. Die Spieße mit der zerlassenen Butter bestreichen und mit Pfeffer bestreuen. Spieße mit Alufolie abdecken. Das Backblech in den vorgeheizten Backofen schieben. Die Muschelspieße **etwa 20 Minuten garen.**

5. Die Muschelspieße anrichten. Die auf der Alufolie gesammelte Butter über die Spieße träufeln.

Tipp: Zusätzlich Bio-Limetten- oder Bio-Zitronenhälften (unbehandelt, ungewachst) mitbacken lassen.

Gurkenschiffchen | Für Kinder

8 Portionen

Pro Portion: E: 4 g, F: 2 g, Kh: 24 g, kJ: 567, kcal: 135, BE: 2,0

150 g Langkornreis, z. B. Patna
Salz
1 Scheibe Kochschinken (etwa 50 g)
je 125 g grüne und blaue Weintrauben
1 Banane
2 EL abgetropfte Mandarinen (aus der Dose)

Für die Salatsauce:

1 EL Salatmayonnaise
2 EL Joghurt
1 EL Mandarinensaft (aus der Dose)
gem. Pfeffer
etwas Zitronensaft

1 Salatgurke (etwa 500 g)

Außerdem:

1 Stück Alufolie
Salzstangen

Zubereitungszeit: 30 Minuten

1. Den Reis nach Packungsanleitung in Salzwasser garen. Den garen Reis in ein Sieb geben, mit kaltem Wasser abspülen und abtropfen lassen.

2. Schinkenscheibe in sehr kleine Würfel schneiden. Weintrauben abspülen, abtropfen lassen, halbieren, entkernen und in kleine Stücke schneiden. Banane schälen und in Scheiben schneiden. Von den Mandarinen den Saft auffangen und 1 Esslöffel davon abmessen. Die Mandarinen halbieren.

3. Reis, Schinkenwürfel, Weintrauben- und Mandarinenstücke in einer Schüssel vorsichtig vermengen.

4. Für die Sauce Mayonnaise mit Joghurt und Mandarinensaft verrühren, mit Salz, Pfeffer und Zitronensaft würzen. Die Sauce vorsichtig unter die Salatzutaten heben.

5. Gurke waschen, abtrocknen und längs halbieren. Gurkenhälften in je 4 Stücke schneiden und diese so aushöhlen, dass an beiden Seiten ein etwa ½ cm hoher Rand stehen bleibt. Die ausgehöhlten Gurkenstücke mit dem vorbereiteten Salat füllen.

6. Zum Garnieren aus Alufolie kleine Segel schneiden, diese um Salzstangen wickeln und kurz vor dem Servieren in die Füllung stecken.

Gyros im Pita-Brot | Beliebt

6 Stück

Pro Stück: E: 29 g, F: 8 g, Kh: 43 g, kJ: 1508, kcal: 360, BE: 3,5

400 g dünne magere Schweineschnitzel
2–4 EL Olivenöl
2 EL Gyros-Gewürzmischung
2 Zwiebeln
4 kleine Tomaten (etwa 250 g)
250 g Weißkohl

Für die Knoblauchsauce:

250 g Magerquark
250 g Joghurt (1,5 % Fett)
2–4 Knoblauchzehen
Salz, gem. Pfeffer

6 Pita-Brottaschen

Zubereitungszeit: 25 Minuten, ohne Marinierzeit

1. Die Schweineschnitzel mit Küchenpapier trocken tupfen. Das Fleisch in dünne Streifen schneiden.

2. Das Olivenöl mit der Gyros-Gewürzmischung verrühren. Die Fleischstreifen darin etwa 20 Minuten marinieren lassen, dabei die Fleischstreifen zwischendurch 2–3-mal wenden.

3. In der Zwischenzeit die Zwiebeln abziehen, zuerst in dünne Scheiben schneiden, dann in Ringe teilen. Tomaten abspülen, abtrocknen und in dünne Scheiben schneiden.

4. Vom Weißkohl die äußeren Blätter entfernen. Den Kohl vierteln, in feine Streifen schneiden. Die Kohlstreifen waschen, gut abtropfen lassen oder trocken schleudern. Kohlstreifen mit Zwiebelringen und Tomatenscheiben mischen.

5. Eine große Pfanne erhitzen. Das marinierte Gyrosfleisch mit dem Würzöl in die Pfanne geben und darin unter gelegentlichem Wenden bei mittlerer bis starker Hitze in 8–10 Minuten braun anbraten.

6. Für die Sauce in der Zwischenzeit den Quark mit Joghurt in einer Schüssel glatt rühren. Knoblauchzehen abziehen und durch eine Knoblauchpresse drücken oder sehr fein hacken. Den Knoblauch unter den Joghurtquark rühren. Die Knoblauchsauce mit Salz und Pfeffer abschmecken.

7. Die Pita-Brottaschen im Toaster nach Packungsanleitung toasten und dann die Brottaschen mit dem Gyros, dem vorbereiteten Gemüse und der Knoblauchsauce füllen.

Tipps: Statt Weißkohl schmeckt auch Eisbergsalat. Für manche Menschen ist roher Weißkohl nicht so bekömmlich. Dann einfach die Kohlstreifen mit gut ¼ Teelöffel Salz gut verkneten und etwa 1 Stunde durchziehen lassen. Anschließend die entstandene Flüssigkeit abgießen und den Kohl weiterverarbeiten.

Rezeptvariante: Für **vegetarische Pita-Brottaschen** (6 Stück, im Foto hinten) das Fleisch komplett weglassen. Dafür zusätzlich je 1 grüne und 1 gelbe Paprikaschote entstielen, entkernen und die weißen Scheidewände entfernen. Schotenhälften abspülen, abtropfen lassen und in dünne Streifen schneiden. In einer großen Pfanne 2 Esslöffel Olivenöl erhitzen. Die Paprikastreifen und die Hälfte der Zwiebelringe mit etwa ½ Esslöffel Gyros-Gewürzmischung darin unter gelegentlichem Rühren bei mittlerer bis großer Hitze in 3–4 Minuten bissfest garen. Die Zutaten kurz abkühlen lassen und mit dem vorbereiteten Gemüse (restliche Zwiebelringe, Tomatenscheiben und Weißkohlstreifen) vermischen. Die getoasteten Pita-Brottaschen mit dem Gemüse und der Sauce füllen.

Hackfleischröllchen | Klassisch

8 Stück

Pro Stück: E: 8 g, F: 8 g, Kh: 3 g, kJ: 490, kcal: 117, BE: 0,0

3 Stängel	*Minze*
1	*Schalotte*
1	*Knoblauchzehe*
300 g	*Gehacktes (halb Rind-, halb Schweinefleisch)*
4 gestr. EL	*Semmelbrösel*
1	*Ei (Größe M)*
	Salz
	gem. Pfeffer
	Paprikapulver rosenscharf
4 EL	*Olivenöl*

Zubereitungszeit: 30 Minuten
Bratzeit: etwa 10 Minuten

1. Minze abspülen, trocken tupfen und die Blättchen von den Stängeln zupfen. Einige Blättchen zum Garnieren beiseitelegen. Die restlichen Blättchen klein schneiden.

2. Schalotte und Knoblauch abziehen. Die Schalotte grob hacken. Knoblauch durch eine Knoblauchpresse drücken oder sehr fein hacken. Gehacktes in eine Schüssel geben. Schalottenwürfel, Knoblauch, 2 Esslöffel Semmelbrösel, Ei und Minze hinzufügen. Die Gehacktesmasse mit Salz, Pfeffer und Paprika würzen. Die Zutaten zu einem Teig verkneten und mit den Gewürzen abschmecken.

3. Den Fleischteig in 8 gleich große Portionen teilen. Jede Fleischteigportion mit angefeuchteten Händen zu einer etwa 10 cm langen Rolle mit spitzen Enden formen. Restliche Semmelbrösel in einen tiefen Teller geben. Fleischröllchen darin wenden. Semmelbrösel andrücken.

4. Olivenöl in einer großen Pfanne erhitzen. Die Hackfleischröllchen darin etwa 10 Minuten bei mittlerer Hitze unter mehrmaligem Wenden braten. Die Hackfleischröllchen herausnehmen und auf Küchenpapier abtropfen lassen.

5. Die Hackfleischröllchen auf einer Platte anrichten und mit den beiseitegelegten Minzeblättchen garnieren. Hackfleischröllchen heiß oder kalt servieren.

Beilage: Dazu eine **Knoblauchmayonnaise** servieren: 1–2 Knoblauchzehen abziehen und mit etwas grobem Meersalz im Mörser oder mit dem Messerrücken fein zerreiben. 1 sehr frisches Eigelb (Größe M, Eigelb darf nicht älter als 5 Tage sein, Legedatum beachten!), einige Spritzer Zitronensaft und den Knoblauch in einen hohen Rührbecher geben und mit einem Mixer (Rührstäbe) verrühren. 125 ml Olivenöl zuerst tropfenweise, danach in einem sehr dünnen Strahl unter Rühren hinzugeben. Die Mayonnaise mit Salz und Zitronensaft abschmecken. Mayonnaise bis zum Verzehr zugedeckt in den Kühlschrank stellen.

Hähnchen-Saltimbocca mit Salbei | Schnell

2 Portionen

Pro Portion: E: 56 g, F: 8 g, Kh: 4 g, kJ: 1341, kcal: 321, BE: 0,5

2 Hähnchenbrustfilets (ohne Haut, je etwa 175 g)
8 Scheiben Coppa (ital. roher Schinken)
8 schöne Salbeiblättchen
Salz, gem. Pfeffer
1 TL Fenchelsamen
2 EL Olivenöl
1 EL Bio-Orangenschalenzesten (-streifen, unbehandelt, ungewachst)
1 EL Balsamico-Essig

Außerdem:

8 Holzstäbchen

Zubereitungszeit: 20 Minuten
Garzeit: 4–6 Minuten

1. Hähnchenbrustfilets kurz unter fließendem kalten Wasser abspülen, trocken tupfen und der Länge nach in je 4 dünne Scheiben schneiden.

2. Die Schinkenscheiben und die abgespülten und trocken getupften Salbeiblättchen auf die Hähnchenschnitzel legen, mit je 1 Holzstäbchen feststecken.

3. Die Hähnchen-Saltimbocca mit Salz, Pfeffer und Fenchelsamen bestreuen.

4. Olivenöl in einer großen Pfanne erhitzen. Die Hähnchen-Saltimbocca mit der belegten Seite hineinlegen und 3–4 Minuten bei mittlerer Hitze braten. Schnitzel wenden und weitere 1–2 Minuten braten.

5. Zuletzt Orangenschalenzesten hinzugeben, mit Balsamico-Essig beträufeln, einmal durchschwenken.

Hähnchen-Sandwich Vietnam-Style | Asiatisch inspiriert

6 Portionen

Pro Portion: E: 32 g, F: 36 g, Kh: 63 g, kJ: 2969, kcal: 709, BE: 5,0

175 g Rettich
125 g Möhren
1 EL Zucker
2 EL Reisessig
Salz
1 gebratenes, abgekühltes Hähnchen (vom Grill oder Imbiss, etwa 800 g)
6 EL Delikatess-Mayonnaise
3 EL Sambal Oelek
75 g rote Zwiebeln
100 g schöne Römersalatblätter
18 Stängel Koriander
3 EL Olivenöl
1 TL Fischsauce (erhältlich im Asialaden)
1 EL Sojasauce
600 g rustikales Baguette

Zubereitungszeit: 40 Minuten

1. Rettich und Möhren putzen, schälen, abspülen und abtropfen lassen. Rettich und Möhren grob raspeln.

2. Die Gemüseraspel mit Zucker, Reisessig und Salz mische, etwa 15 Minuten durchziehen lassen.

3. In der Zwischenzeit das Hähnchenfleisch vom Knochen lösen und in kleine Stücke zupfen. Mayonnaise mit Sambal Oelek verrühren.

4. Die Zwiebeln abziehen, zunächst in Scheiben schneiden, dann in Ringe teilen.

5. Den Backofengrill vorheizen.

6. Salat abspülen, gut abtropfen lassen und in feine Streifen schneiden. Den Koriander abspülen, trocken tupfen und die Blättchen von den Stängeln zupfen. Olivenöl mit Fisch- und Sojasauce verrühren.

7. Das Baguette in 6 gleich große Stücke schneiden. Jedes Stück einmal waagerecht durchschneiden.

8. Die Baguettehälften nebeneinander auf ein Backblech legen. Das Backblech unter den vorgeheizten Backofengrill schieben. Die Baguettehälften goldbraun rösten.

9. Das Backblech auf einen Kuchenrost stellen. Die heißen Brotinnenseiten mit der Sojamischung bepinseln. Die unteren Baguettehälften mit der Möhren-Rettich-Mischung, dem Hähnchen, Salat, Koriander und den Zwiebeln belegen. Jeweils etwas von der Sambal-Oelek-Mayonnaise daraufgeben und mit den oberen Baguettehälften belegen. Die Sandwiches am besten warm servieren.

Heiße Partyscheiben | Für die Party
24 Stück

Pro Stück: E: 5 g, F: 4 g, Kh: 8 g, kJ: 373, kcal: 89, BE: 0,5

12 Scheiben Vollkorntoastbrot
50 g Butter
4 abgetropfte Ananasscheiben (aus der Dose)
4 Scheiben Käse, z. B. Gouda (mittelalt)
4 Scheiben Kochschinken
4 abgetropfte Pfirsichhälften (aus der Dose)
150 g abgetropfter Tunfisch naturell (aus der Dose)
1 rote Zwiebel

Zubereitungszeit: 25 Minuten
Backzeit: etwa 10 Minuten

1. Den Backofen vorheizen.
Ober-/Unterhitze: etwa 200 °C
Heißluft: etwa 180 °C

2. Die Brotscheiben im Toaster toasten und dünn mit Butter bestreichen.

3. Vier Toastbrotscheiben zuerst mit je 1 Ananasscheibe und dann mit je 1 Käsescheibe belegen. Die Toastbrotscheiben auf ein Backblech (mit Backpapier belegt) legen. Das Backblech in den vorgeheizten Backofen schieben und die Toastbrotscheiben **etwa 10 Minuten überbacken.**

4. Vier weitere Toastbrotscheiben mit je 1 Scheibe Kochschinken und je 1 Pfirsichhälfte belegen.

5. Tunfisch auf den restlichen 4 Toastbrotscheiben verteilen. Die Zwiebel abziehen, zuerst in Scheiben schneiden, dann in Ringe teilen. Zwiebelscheiben auf dem Tunfisch verteilen.

6. Die belegten Toastbrotscheiben einmal diagonal durchschneiden und auf einer Platte anrichten.

Tipp: Auch die Toasts mit Schinken und Tunfisch können Sie nach Belieben bei der oben angegebenen Backofentemperatur überbacken.

Herzhafte Reisberge | Für die Party

40 Stück

Pro Stück: E: 1 g, F: 1 g, Kh: 4 g, kJ: 117, kcal: 28, BE: 0,5

600 ml Gemüsebrühe
250 g Langkornreis

Für die gelben Reisberge:

1 gelbe Paprikaschote (etwa 160 g)
1 gestr. TL Kurkuma (Gelbwurz)
½ TL gem. Kreuzkümmel (Cumin)
1 TL flüssiger Honig
Salz
gem. Pfeffer
2 Eier (Größe M)

Für die grünen Reisberge:

1 grüne Paprikaschote (etwa 160 g)
2 EL gehackte TK-Kräuter der Provence
2 Eier (Größe M)

Nach Belieben zum Garnieren:

etwa 20 Oliven
etwa 20 Ananasstückchen (aus der Dose)
etwa 40 Holzstäbchen
etwa 40 Gurkenscheiben

Zubereitungszeit: 60 Minuten, ohne Abkühlzeit
Garzeit: etwa 15 Minuten

1. Gemüsebrühe in einem Topf zum Kochen bringen. Reis einstreuen und zugedeckt etwa 20 Minuten bei schwacher Hitze garen. Reis in einem Sieb abtropfen (aber nicht abschrecken) und etwas abkühlen lassen.

2. Für die gelben Reisberge Paprikaschote halbieren, entstielen, entkernen und die weißen Scheidewände entfernen. Schote abspülen, abtropfen lassen und in kleine Würfel schneiden.

3. Reis in zwei Schüsseln verteilen. Die gelben Paprikawürfel in eine Schüssel geben. Kurkuma, Cumin, Honig, Salz, Pfeffer und Eier hinzufügen, mit dem Reis vermischen.

4. Den Backofen vorheizen.
Ober-/Unterhitze: etwa 220 °C
Heißluft: etwa 200 °C

5. Für die grünen Reisberge die Paprikaschote wie unter Punkt 2 beschrieben putzen, abspülen, abtropfen lassen und ebenfalls in kleine Würfel schneiden. Die Paprikawürfel in die zweite Schüssel geben. Kräuter der Provence, Salz, Pfeffer und Eier hinzugeben, mit dem Reis vermischen.

6. Mit 2 Esslöffeln kleine runde Reisberge dicht auf ein Backblech (gefettet) setzen. Das Backblech in den vorgeheizten Backofen schieben. Die Reisberge **etwa 15 Minuten garen.**

7. Die Reisberge vom Backblech lösen und auf einem mit Backpapier belegten Kuchenrost erkalten lassen. Nach Belieben Oliven und Ananasstückchen auf Holzstäbchen spießen, in die Reisberge stecken und auf Gurkenscheiben anrichten.

Hüttenkäse mit Tripmadam | Schnell

2–4 Portionen

Pro Portion: E: 11 g, F: 7 g, Kh: 27 g, kJ: 930, kcal: 222, BE: 2,5

200 g Hüttenkäse
2 Äpfel, z. B. Cox Orange, Delicius
100 g getrocknete Aprikosen
1 TL körniger Pommery-Senf oder körniger Senf
1 EL Olivenöl
Salz, gem. Pfeffer
1 kleine Handvoll Tripmadam (Felsen-Fetthenne, Würzkraut)

Zubereitungszeit: 15 Minuten

1. Hüttenkäse in eine Rührschüssel geben. Die Äpfel abspülen, abtrocknen, schälen, halbieren, entkernen und auf einer Haushaltsreibe raspeln. Die Aprikosen in kleine Würfel schneiden.

2. Apfelraspel, Aprikosenwürfel, Senf und Olivenöl zu dem Hüttenkäse in die Rührschüssel geben und gut vermischen, mit Salz und Pfeffer würzen.

3. Tripmadam abspülen und gut trocken tupfen. Die Nadeln von den Stängeln zupfen. Die Nadeln sehr fein schneiden und unter die Hüttenkäse-Mischung rühren.

Beilage: Sonnenblumen- oder Kürbiskernbrot.

Tipp: Hüttenkäse kann auch durch Magerquark ersetzt werden.

Indischer Möhren-Joghurt mit Papadams | Einfach

6 Portionen

Pro Portion: E: 15 g, F: 20 g, Kh: 36 g, kJ: 1604, kcal: 383, BE: 3,0

Zum Vorbereiten:

24 Papadams (indische Fladen aus Linsenmehl, Ø etwa 15 cm)

Für den Möhren-Joghurt:

200 g Möhren
100 g Pistazien, geröstet und gesalzen (mit Schale)
8 grüne Kardamomkapseln
50 g getrocknete Aprikosen
3 Stängel Minze
700 g Sahnejoghurt
1 EL gem. Kreuzkümmel (Cumin)
1 EL fein abgeriebene Bio-Orangenschale (unbehandelt, ungewachst)
Salz

Zubereitungszeit: 35 Minuten
Röstzeit: 2–3 Minuten

1. Den Backofen vorheizen.
Ober-/Unterhitze: etwa 200 °C
Heißluft: etwa 180 °C

2. Die Papadams auf das Backofenrost legen. Das Backofenrost in den vorgeheizten Backofen (Mitte) schieben. Die Papadams in **2–3 Minuten goldbraun rösten,** bis sich auf den Papadams kleine Blasen bilden.

3. Die Papadams auf einem Kuchenrost abkühlen lassen.

4. In der Zwischenzeit die Möhren putzen, schälen, abspülen, abtropfen lassen und fein raspeln. Pistazienkerne aus der Schale lösen und grob hacken.

5. Den Kardamomsamen aus den Kapseln lösen und im Mörser fein zerstoßen. Aprikosen fein würfeln.

6. Die Minzestängel abspülen, abtropfen lassen und die Blättchen von den Stängeln zupfen. Die Minzeblättchen fein schneiden.

7. Den Joghurt mit Möhren, Pistazien (einige Pistazien zum Garnieren beiseitelegen), der Minze (etwas Minze zum Garnieren beiseitelegen), Aprikosen, Kardamom, Kreuzkümmel und Orangenschale verrühren. Den Möhren-Joghurt mit Salz würzen.

8. Möhren-Joghurt in ein Schälchen füllen und mit den beiseitegelegten Pistazien und der restlichen Minze bestreuen. Möhren-Joghurt mit Papadams servieren.

Tipps: Papadams immer erst kurz vor dem Verzehr zubereiten, da sie schnell wieder weich werden. Den Möhren-Joghurt können Sie nach der Zubereitung entweder sofort verzehren oder ihn für Gäste am Vortag vorbereiten und im Kühlschrank aufbewahren. Zum Aufbewahren eignen sich verschließbare, lebensmittelechte, gesäuberte Gefäße wie beispielsweise Twist-off-Gläser®, Gläser mit Bügelverschluss oder Kunststoffschüsseln bzw. -dosen mit Deckeln. Den Möhren-Joghurt sollten Sie einige Minuten vor dem Servieren aus dem Kühlschrank nehmen und kurz vor dem Servieren noch einmal gründlich durchrühren. Damit der Möhren-Joghurt auch optisch gut zur Geltung kommt, die beiseitegelegten Pistazien und die restliche Minze erst dann daraufstreuen.

Italienische Champignons, gefüllte **I** Mit Alkohol

8 Stück

Pro Stück: E: 8 g, F: 8 g, Kh: 2 g, kJ: 515, kcal: 123, BE: 0,0

8 Riesenchampignons (je etwa 100 g)

Für die Füllung:

1 Zwiebel
4 Scheiben Schinkenspeck
1 EL Butter
1 EL Speiseöl
4 kleine Tomaten
Salz
gem. Pfeffer
1 TL italienische Kräutermischung
60 g ger. Gouda
200 ml Weißwein

Zubereitungszeit: 35 Minuten
Garzeit: etwa 20 Minuten

1. Riesenchampignons putzen, evtl. kurz abspülen und trocken tupfen. Champignons entstielen und aus den Hüten die Lamellen vorsichtig herausschaben. Die Hüte und Stiele unter fließendem kalten Wasser abspülen und trocken tupfen. Die Stiele in kleine Würfel schneiden.

2. Den Backofen vorheizen.
Ober-/Unterhitze: etwa 200 °C
Heißluft: etwa 180 °C

3. Für die Füllung Zwiebel abziehen. Schinkenspeck und Zwiebel in kleine Würfel schneiden. Die Butter in einer Pfanne zerlassen. Speiseöl darin mit erhitzen. Die Zwiebel- und Speckwürfel darin andünsten, Champignonwürfel hinzugeben und mit andünsten.

4. Tomaten abspülen, abtrocknen, halbieren und die Stängelansätze herausschneiden. Die Tomaten in Würfel schneiden, zu der Speck-Zwiebel-Masse geben, mit Salz, Pfeffer und der Kräutermischung würzen. Die Zutaten 1–2 Minuten dünsten.

5. Die Riesenchampignons mit der Speck-Zwiebel-Champignon-Masse füllen, in eine flache Auflaufform (gefettet) setzen und mit Käse bestreuen. Den Weißwein hinzugießen. Die Form auf dem Rost in den vorgeheizten Backofen schieben. Die Champignons **etwa 20 Minuten garen.**

Jakobsmuscheln mit Zuckerschotensalat

Asiatisch inspiriert

2 Portionen

Pro Portion: E: 12 g, F: 12 g, Kh: 15 g, kJ: 912, kcal: 218, BE: 1,5

6 TK-Jakobsmuscheln (ausgelöstes Muschelfleisch)
120 g Zuckerschoten
Salz
1 große rote Chilischote
2 EL Sesamöl
2 EL Fischsauce (erhältlich im Asialaden)
2 EL Ketjap Manis (indonesische Sojasauce)
gem. Pfeffer
2 EL Speiseöl
1 Topf Koriander

Zubereitungszeit: 30 Minuten, ohne Auftauzeit
Garzeit: 4–6 Minuten

1. Jakobsmuscheln nach Packungsanleitung auftauen lassen.

2. Von den Zuckerschoten die Enden abschneiden, evtl. abfädeln. Zuckerschoten abspülen, abtropfen lassen und in kochendem Salzwasser etwa 2 Minuten blanchieren. Die Zuckerschoten in eiskaltem Wasser abschrecken, abtropfen lassen und in lange, dünne Streifen schneiden. Die Chilischote abspülen, trocken tupfen, längs halbieren und entkernen. Die Chilischotenhälften ebenfalls in Streifen schneiden.

3. Zuckerschoten- und Chilistreifen in einer Schüssel mischen. Sesamöl mit Fischsauce und Ketjap Manis verrühren, mit Salz und Pfeffer würzen.

4. Die Marinade zu der Zuckerschoten-Chilistreifen-Mischung geben und untermengen.

5. Die Jakobsmuscheln evtl. kurz unter fließendem kalten Wasser abspülen und trocken tupfen. Speiseöl in einer Pfanne erhitzen. Die Muscheln von jeder Seite 2–3 Minuten anbraten und herausnehmen. Jakobsmuscheln mit Salz und Pfeffer würzen.

6. Koriander abspülen, trocken tupfen und die Blättchen von den Stängeln zupfen. Den Zuckerschotensalat auf einem großen Teller anrichten. Muscheln daraufsetzen und großzügig mit den Korianderblättchen garniert servieren.

Jamaika-Patties mit Mango-Dip

Vegetarisch – exotisch

6 Portionen

Pro Portion: E: 8 g, F: 15 g, Kh: 29 g, kJ: 1216, kcal: 291, BE: 2,5

Für den Gemüsebelag:

1 kleine rote Zwiebel (25 g)
1/4 grüne Paprikaschote (50 g)
50 g Süßkartoffel
2 Stängel Minze
1/4–1/2 rote Chilischote
50 g abgetropfter Gemüsemais (aus der Dose)
1/2 TL gem. Piment (Nelkenpfeffer)
1/2 TL gem. Kreuzkümmel (Cumin)
90 g grob geraspelter Gouda
Salz

Für den Teig:

100 g Weizenmehl
40 g Maismehl
1 gestr. TL Dr. Oetker Backin
1 EL gem. Kurkuma (Gelbwurz)
1/2 TL gem. Kreuzkümmel (Cumin)
1/2 gem. Koriander
65 g Butter (zimmerwarm)
1 Ei (Größe S)
2 EL Buttermilch

Für den Mango-Dip:

1 Bio-Limette (unbehandelt, ungewachst)
100 g Mangofruchtfleisch (vorbereitet gewogen)
75 g Mango-Chutney (aus dem Glas)

Zubereitungszeit: 40 Minuten
Backzeit: etwa 20 Minuten

1. Für den Belag Zwiebel abziehen, halbieren und in sehr feine Würfel schneiden. Paprika entstielen, entkernen und die weißen Scheidewände entfernen. Schotenviertel abspülen, abtropfen lassen und sehr fein würfeln. Süßkartoffel schälen, abspülen, abtropfen lassen und ebenfalls in sehr feine Würfel schneiden.

2. Minze abspülen und trocken tupfen. Von 1 Minzestängel die Blättchen abzupfen und fein schneiden. Chili abspülen, trocken tupfen und ohne Stiel, aber mit Kernen fein hacken.

3. Die Zwiebel-, Paprika-, Süßkartoffelwürfel, fein geschnittene Minze und fein gehackte Chilischote mit Mais, Piment, Kreuzkümmel und 25 g von dem Gouda mischen, mit Salz würzen.

4. Den Backofen vorheizen.
Ober-/Unterhitze: etwa 200 °C
Heißluft: etwa 180 °C

5. Für den Teig Mehl mit Maismehl, Backpulver, Kurkuma, Kreuzkümmel, Koriander und 1 Teelöffel Salz in einer Rührschüssel mischen. Butter in kleine Würfel schneiden und mit dem restlichen Gouda dazugeben. Die Zutaten mit einem Mixer (Knethaken) zunächst kurz auf niedrigster, dann auf höchster Stufe zu einer leicht krümeligen Masse verarbeiten.

6. Ei und Buttermilch dazugeben und mit dem Mixer (Knethaken) nicht zu lange unterkneten, sodass eine Teigkugel entsteht. Den Teig auf einer leicht bemehlten Arbeitsfläche etwa 1/2 cm dick ausrollen. Aus dem Teig 6 Kreise (Ø etwa 10 cm) ausstechen.

7. Die Teigkreise auf ein Backblech (mit Backpapier belegt) legen. Den Gemüsebelag darauf verteilen und leicht festdrücken. Das Backblech in den vorgeheizten Backofen (Mitte) schieben. Die Jamaika-Patties **etwa 20 Minuten backen.**

8. In der Zwischenzeit für den Dip von dem restlichen Minzestängel die Blättchen abzupfen. Blättchen fein schneiden. Die Limette heiß abwaschen und abtrocknen. Limettenschale fein abreiben. Limette halbieren, den Saft auspressen und 1 Esslöffel davon abmessen.

9. Das Mangofruchtfleisch in feine Würfel schneiden. Minze, Limettenschale und -saft, Mangofruchtfleisch und -Chutney in einer Schüssel verrühren.

10. Jamaika-Patties mit dem Backpapier von dem Backblech auf einen Kuchenrost ziehen. Die Patties warm oder kalt mit dem Mango-Dip servieren.

Kartoffelaufstrich mit Petersilie und Schnittlauch | Einfach

4–6 Portionen

Pro Portion: E: 2 g, F: 13 g, Kh: 9 g, kJ: 680, kcal: 164, BE: 1,0

300 g	*mehligkochende Kartoffeln*
1 gestr. TL	*Salz*
1	*Zwiebel*
2 EL	*Leinöl*
150 g	*Crème fraîche*
1 Bund	*Petersilie*
1 Bund	*Schnittlauch*
	gem. Pfeffer

Zubereitungszeit: 30 Minuten, ohne Abkühlzeit
Haltbarkeit: im Kühlschrank etwa 5 Tage

1. Kartoffeln schälen, abspülen und abtropfen lassen. Kartoffeln knapp mit Wasser bedeckt, zugedeckt zum Kochen bringen. Salz hinzufügen. Die Kartoffeln in etwa 20 Minuten gar kochen. Kartoffeln abgießen, grob zerstampfen und erkalten lassen.

2. Die Zwiebel abziehen, halbieren und fein würfeln. Leinöl mit Crème fraîche verrühren, mit den Zwiebelwürfeln unter die Kartoffelmasse geben.

3. Petersilie und Schnittlauch abspülen und trocken tupfen. Die Blättchen von den Petersilienstängeln zupfen. Blättchen klein schneiden. Schnittlauch in feine Röllchen schneiden. Petersilie und Schnittlauchröllchen unter den Kartoffelaufstrich rühren, mit Salz und Pfeffer abschmecken.

4. Den Kartoffelaufstrich in ein vorbereitetes, verschließbares Gefäß füllen und in den Kühlschrank stellen.

Beilage: Roggenmischbrot, Kasseler Brot oder Doppelbackbrot.

Kartoffelrösti, überbacken

Schnell – einfach

24 Stück

Pro Stück: E: 7 g, F: 11 g, Kh: 15 g, kJ: 799, kcal: 191, BE: 1,5

24 TK-Kartoffelrösti (für den Backofen)
500 g Käse mit Knoblauch, in Scheiben
16 Cocktailtomaten
3 Möhren
Salz
einige Stängel Basilikum
etwas Schnittlauch
grob gem. Pfeffer

Zubereitungszeit: 30 Minuten
Backzeit: 16–18 Minuten

1. Den Backofen vorheizen.
Ober-/Unterhitze: etwa 220 °C
Heißluft: etwa 200 °C

2. Kartoffelrösti aus der Packung nehmen und auf ein Backblech (mit Backpapier belegt) legen. Das Backblech in den vorgeheizten Backofen schieben. Kartoffelrösti **etwa 8 Minuten backen.**

3. In der Zwischenzeit Käsescheiben diagonal halbieren. Tomaten abspülen, abtrocknen, halbieren und die Stängelansätze herausschneiden. Möhren putzen, schälen, abspülen und abtropfen lassen. Die Möhren in dünne Scheiben schneiden. Salzwasser in einem Topf zum Kochen bringen. Möhrenscheiben darin etwa 3 Minuten garen, herausnehmen und in einem Sieb abtropfen lassen.

4. Die Kartoffelrösti wenden und mit den Tomatenhälften, Möhrenscheiben und Käsescheiben belegen. Das Backblech wieder in den heißen Backofen schieben. Die Rösti **bei gleicher Backofentemperatur weitere 8–10 Minuten backen,** bis der Käse zerlaufen ist.

5. Basilikum und Schnittlauch abspülen und trocken tupfen. Von den Basilikumstängeln die Blättchen abzupfen. Schnittlauch in feine Röllchen schneiden. Die Rösti nach Belieben mit Pfeffer bestreuen und mit den Kräutern garnieren.

Rezeptvariante: Für **überbackene Mozzarella-Puffer** Kartoffelösti mit Salami-, Tomaten- und Mozzarella-Scheiben belegen, mit buntem Pfeffer bestreuen und wie oben beschrieben überbacken.

Kartoffel-Schinken-Tortilla I

Für Kinder

10–12 Portionen

Pro Portion: E: 14 g, F: 16 g, Kh: 11 g, kJ: 1014, kcal: 242, BE: 1,0

750 g festkochende Kartoffeln
200 g Kochschinken
200 g roher Schinken
8 Eier (Größe M)
125 g Schlagsahne
Salz
gem. Pfeffer
1–2 Knoblauchzehen
1 Bund glatte Petersilie
70 g Butterschmalz

Zubereitungszeit: 60 Minuten, ohne Abkühlzeit
Garzeit: etwa 25 Minuten

1. Die Kartoffeln unter fließendem Wasser abbürsten, knapp mit Wasser bedeckt, zugedeckt zum Kochen bringen und in etwa 20 Minuten gar kochen. Kartoffeln abgießen, mit kaltem Wasser abschrecken und abtropfen lassen. Kartoffeln noch warm pellen. Kartoffeln erkalten lassen und in Scheiben schneiden.

2. Anschließend Kochschinken und rohen Schinken in Würfel schneiden. Die Eier mit Sahne verschlagen, mit Salz und Pfeffer würzen. Knoblauch abziehen, in sehr kleine Würfel schneiden und unter die Eiersahne rühren. Die Petersilie abspülen, trocken tupfen und die Blättchen von den Stängeln zupfen. Blättchen grob zerschneiden.

3. Den Backofen vorheizen.
Ober-/Unterhitze: etwa 180 °C
Heißluft: etwa 160 °C

4. Jeweils etwas Butterschmalz in einer großen Pfanne erhitzen. Die Kartoffelscheiben darin portionsweise unter mehrmaligem Wenden anbraten, mit Salz und Pfeffer würzen. Die Hälfte der Petersilie unter die Kartoffelscheiben rühren.

5. Die Kartoffelscheiben in eine große Auflaufform oder Fettpfanne (jeweils gefettet) geben. Die Eiersahne darauf verteilen, mit Schinkenwürfeln bestreuen. Die Form auf dem Rost oder die Fettpfanne in den vorgeheizten Backofen schieben. Die Masse **etwa 25 Minuten stocken lassen.**

6. Die Tortilla in Stücke schneiden, auf Tellern anrichten, mit der restlichen Petersilie bestreut servieren.

Kartoffelwaffeln | Pikanter Snack
10 Stück

Pro Stück: E: 7 g, F: 24 g, Kh: 15 g, kJ: 1270, kcal: 305, BE: 1,0

Für den All-in-Teig:

125 g Butter oder Margarine
100 g Weizenmehl
1 gestr. TL Dr. Oetker Backin
1–2 gestr. TL Salz
400 ml Milch (3,5 % Fett)
4 Eier (Größe M)
1 Beutel Kartoffelpüreepulver (für 500 ml Flüssigkeit)
gem. Pfeffer
ger. Muskatnuss

etwas Speiseöl, z. B. Sonnenblumenöl
250 g Fleischsalat (Fertigprodukt)

Zubereitungszeit: 45 Minuten

1. Für den Teig Butter oder Margarine zerlassen und etwas abkühlen lassen. Das Waffeleisen auf höchster Stufe vorheizen. (Dabei die Gebrauchsanleitung des Herstellers beachten).

2. Den Backofen vorheizen.
Ober-/Unterhitze: etwa 80 °C

3. Mehl mit Backpulver in einer Rührschüssel mischen. Salz, Milch, Eier und die etwas abgekühlte Butter oder Margarine hinzufügen. Die Zutaten mit einem Mixer (Rührstäbe) erst kurz auf niedrigster, dann auf höchster Stufe in etwa 2 Minuten zu einem glatten Teig verarbeiten. Kartoffelpüreepulver kurz unterrühren. Den Teig mit Pfeffer und Muskat würzen.

4. Das Waffeleisen auf mittlere Temperatur zurückschalten und fetten.

5. Für jede Waffel etwa 2 gehäufte Esslöffel Teig auf das Waffeleisen geben, evtl. etwas verstreichen und die Waffeln goldbraun backen.

6. Die fertigen Waffeln auf einem Backblech im vorgeheizten Backofen warm halten.

7. Die Waffeln als Snack warm oder lauwarm mit dem Fleischsalat servieren.

Tipp: Servieren Sie die Kartoffelwaffeln doch mal mit Kräuterquark oder Crème fraîche und Schnippelschinken oder Räucherlachs.

Käsebrot I

Etwas Besonderes

8 Stück

Pro Stück: E: 7 g, F: 9 g, Kh: 19 g, kJ: 767, kcal: 183, BE: 1,5

8 Scheiben Stangenweißbrot oder Baguette (1 1/2–2 cm dick)
1 EL Olivenöl
3 Blätter Kopfsalat
1 reife Birne
1–2 TL Zitronensaft
170 g Camembert- oder Brie-Käse
etwas Schnittlauch
70 g bittere Orangenmarmelade
8 Walnusskernhälften

Zubereitungszeit: 15 Minuten

1. Die Brotscheiben dünn mit Olivenöl bestreichen und in einer Pfanne von einer Seite goldbraun rösten. Oder die Brotscheiben unter dem vorgeheizten Backofengrill rösten. Brotscheiben etwas abkühlen lassen.

2. Salatblätter waschen, trocken tupfen und in 8 Portionen teilen. Die Birne heiß abwaschen, abtrocknen, halbieren, entkernen und in 8 Spalten schneiden. Die Birnenspalten mit Zitronensaft beträufeln.

3. Camembert- oder Brie in 8 gleich große Scheiben schneiden. Schnittlauch abspülen, trocken tupfen und in Röllchen schneiden.

4. Die Marmelade auf die Brotscheiben (geröstete Seite oben) streichen und mit den Salatblättern belegen. Zuerst die Birnenspalten, dann die Käsescheiben darauflegen. Die Käsebrote mit Schnittlauchröllchen und Walnusskernhälften garnieren.

Käsebrot aus dem Ofen

Schnell – mit Alkohol

4 Portionen

Pro Portion: E: 13 g, F: 12 g, Kh: 21 g, kJ: 1019, kcal: 244, BE: 2,0

125 g Gruyère, am Stück
1 Ei (Größe S oder M)
1 EL trockener Weißwein oder Gemüsebrühe
½ Knoblauchzehe
ger. Muskatnuss
gem. Pfeffer
4 Scheiben Bauernbrot
evtl. Paprikapulver edelsüß oder rosenscharf
evtl. abgespülte, trocken getupfte Schnittlauchhalme

Zubereitungszeit: 15 Minuten
Backzeit: etwa 7 Minuten

1. Den Backofen vorheizen.
Ober-/Unterhitze: etwa 220 °C
Heißluft: etwa 200 °C

2. Den Käse fein in eine Schüssel reiben. Ei, Wein oder Gemüsebrühe hinzufügen. Die Zutaten gut verrühren. Knoblauch abziehen, durch eine Knoblauchpresse dazu drücken. Käsemasse mit Muskatnuss und Pfeffer würzen.

3. Die Bauernbrotscheiben mit der Käsemasse dick bestreichen und auf einen Backofenrost (mit Backpapier belegt) legen. Den Rost in den vorgeheizten Backofen (Mitte) schieben. Die Brote **etwa 7 Minuten überbacken.**

4. Die Käsebrote nach Belieben mit etwas Paprikapulver bestäuben, mit Schnittlauchhalmen garnieren und anschließend sofort genießen.

Beilage: Gemischte Rohkost wie klein geschnittene Radieschen, Tomaten, Salatgurke oder Paprika.

Käsebrot, gefülltes | Für Gäste

12 Portionen

Pro Portion: E: 10 g, F: 21 g, Kh: 19 g, kJ: 1278, kcal: 306, BE: 1,5

2 Stangenweißbrote (je etwa 250 g)
150 g Butter (zimmerwarm)
250 g Doppelrahm-Frischkäse
2 EL Tomatenmark
2 EL Remoulade
200 g Kochschinken
1 Bund Frühlingszwiebeln
1 Bund Schnittlauch
2 abgetropfte Gewürzgurken (aus dem Glas)
Salz
gem. weißer Pfeffer
Paprikapulver edelsüß

Zubereitungszeit: 30 Minuten, ohne Kühlzeit

1. Die Stangenweißbrote waagerecht halbieren und die Weißbrothälften aushöhlen.

2. Butter und Frischkäse in einer Schüssel zu einer geschmeidigen Masse verrühren. Tomatenmark und Remoulade unterrühren.

3. Den Schinken in kleine Würfel schneiden. Die Frühlingszwiebeln putzen, abspülen, abtropfen lassen und sehr klein schneiden. Schnittlauch abspülen, trocken tupfen und in feine Röllchen schneiden. Gurken in kleine Würfel schneiden.

4. Die Schinkenwürfel, Frühlingszwiebelstückchen, Schnittlauchröllchen und Gurkenwürfel zur Butter-Frischkäse-Masse geben und gut unterrühren. Die Creme mit Salz, Pfeffer und Paprika abschmecken.

5. Die Weißbrothälften mit der Creme füllen und wieder zu einem Brot zusammensetzen. Die Brote einzeln in Alufolie wickeln und etwa 3 Stunden in den Kühlschrank legen.

6. Die Käsebrote vor dem Servieren mit einem elektrischen Messer in Scheiben schneiden.

Beilage: Tomatenketchup, mit Paprika gefüllte, grüne Oliven.

Käse-Gurken-Sandwiches I

Einfach – schnell

16 Stück

Pro Stück: E: 9 g, F: 23 g, Kh: 15 g, kJ: 1285, kcal: 307, BE: 1,0

Für die Walnussbutter:

100 g Walnusskerne
150 g Butter (zimmerwarm)
4–5 TL Birnendicksaft oder flüssiger Honig
Salz
gem. Pfeffer

Für die Sandwiches:

16 Scheiben Toastbrot
8 Salatblätter
400 g Weichkäse mit Edelpilz
400 g Salatgurke
32 Walnusskernhälften

Zubereitungszeit: 30 Minuten

1. Für die Walnussbutter Walnusskerne fein mahlen und mit der Butter verrühren. Die Walnussbutter mit Birnendicksaft oder Honig, Salz und Pfeffer würzen.

2. Für die Sandwiches die Brotscheiben toasten, abkühlen lassen und von einer Seite mit der Walnussbutter bestreichen. Salatblätter abspülen und trocken tupfen. 8 Toastbrotscheiben mit je 1 Salatblatt belegen.

3. Weichkäse in Scheiben schneiden. Gurke heiß abwaschen, trocken tupfen und die Enden abschneiden. Die Gurke ebenfalls in Scheiben schneiden.

4. Die mit Salatblättern belegten Brotscheiben mit Gurkenscheiben, Käsescheiben und Walnusskernhälften belegen. Restliche Toastbrotscheiben darauflegen, leicht andrücken und diagonal halbieren.

Tipp: Sie können die Sandwiches bereits einige Stunden vor dem Verzehr zubereiten. Dann die Sandwiches einzeln in Frischhaltefolie wickeln oder in einer verschließbaren Dose aufbewahren.

Käse-Muffins | Für die Party

12 Stück

Pro Stück: E: 9 g, F: 13 g, Kh: 16 g, kJ: 927, kcal: 221, BE: 1,5

250 g Weizenmehl
3 gestr. TL Dr. Oetker Backin
½ TL Salz
3 Eier (Größe M)
125 ml Buttermilch
75 ml Olivenöl
1 TL Paprikapulver edelsüß
200 g ger. Emmentaler

Zubereitungszeit: 15 Minuten, ohne Abkühlzeit
Backzeit: etwa 25 Minuten

1. Den Backofen vorheizen.
Ober-/Unterhitze: etwa 200 °C
Heißluft: etwa 180 °C

2. Das Weizenmehl mit Backpulver in einer Rührschüssel mischen. Anschließend Salz, Eier, Buttermilch und Öl hinzufügen.

3. Die Zutaten mit einem Mixer (Rührstäbe) zunächst kurz auf niedrigster, dann auf höchster Stufe in etwa 1 Minute zu einem glatten Teig verarbeiten. Paprikapulver und Käse hinzufügen und unterrühren.

4. Den Teig mit einem Löffel in eine Muffinform (für 12 Muffins, gefettet, bemehlt) füllen. Die Form auf dem Rost in den vorgeheizten Backofen schieben. Käse-Muffins **etwa 25 Minuten backen.**

5. Die Form auf einen Kuchenrost stellen. Die Muffins etwa 5 Minuten in der Form abkühlen lassen. Anschließend vorsichtig aus der Form nehmen und auf dem mit Backpapier belegten Kuchenrost erkalten lassen.

Tipp: Die Muffins schmecken warm besonders gut.

Käse-Schinken-Hörnchen I

Gefriergeeignet
8 Stück

Pro Stück: E: 13 g, F: 14 g, Kh: 26 g, kJ: 1197, kcal: 286, BE: 2,0

Für den Quark-Öl-Teig:

250 g Weizenmehl
3 gestr. TL Dr. Oetker Backin
125 g Magerquark
50 ml Milch (3,5 % Fett)
50 ml Speiseöl, z. B. Sonnenblumenöl
1 Eiweiß (Größe M)
½ TL Salz

Für die Füllung:

100 g Kochschinken
100 g ger. Gouda

1 Eigelb
1 EL Milch
grob gem. Pfeffer
geschälte Sesamsamen

Zubereitungszeit: 30 Minuten
Backzeit: etwa 25 Minuten

1. Den Backofen vorheizen.
Ober-/Unterhitze: etwa 180 °C
Heißluft: etwa 160 °C

2. Für den Teig Mehl mit Backpulver in einer Rührschüssel mischen. Quark, Milch, Öl, Eiweiß und Salz hinzufügen. Die Zutaten mit einem Mixer (Knethaken) erst kurz auf niedrigster, dann auf höchster Stufe zu einem glatten Teig verarbeiten (nicht zu lange, da der Teig sonst klebt).

3. Anschließend den Teig auf einer bemehlten Arbeitsfläche zu einer Kugel formen. Die Teigkugel auf der bemehlten Arbeitsfläche zu einem Kreis (Ø etwa 35 cm) ausrollen und in 8 „Tortenstücke" schneiden.

4. Schinken in kleine, feine Streifen schneiden und gleichmäßig auf den Teigstücken verteilen. Käse ebenfalls gleichmäßig daraufstreuen. Die Füllung leicht andrücken. Die Teigstücke von der breiten Seite aus zu Hörnchen aufrollen und auf ein Backblech (gefettet, mit Backpapier belegt).

5. Eigelb mit Milch verrühren, die Hörnchen damit bestreichen, mit Pfeffer und Sesam bestreuen. Das Backblech in den vorgeheizten Backofen schieben. Die Hörnchen **etwa 25 Minuten backen.**

Käsestangen | Einfach

20 Stück

Pro Stück: E: 2 g, F: 6 g, Kh: 6 g, kJ: 350, kcal: 84, BE: 0,5

300 g TK-Blätterteig

Zum Bestreichen:

1 Eigelb
1 EL Milch

Für die Füllung:

75 g ger. Appenzeller
Paprikapulver edelsüß
gem. Pfeffer

Zum Bestreuen:

etwas Hagelsalz
einige Mohnsamen
einige Sesamsamen
einige Kümmelsamen

Zubereitungszeit: 25 Minuten, ohne Auftauzeit
Backzeit: etwa 15 Minuten je Backblech

1. Blätterteigplatten nebeneinander zugedeckt nach Packungsanleitung auftauen lassen. Die Teigplatten aufeinanderlegen und auf der leicht bemehlten Arbeitsfläche zu einem Rechteck (etwa 20 x 40 cm) ausrollen.

2. Den Backofen vorheizen.
Ober-/Unterhitze: etwa 200 °C
Heißluft: etwa 180 °C

3. Zum Bestreichen Eigelb mit Milch verschlagen. Die Teigplatte mit etwas von der Eigelbmilch bestreichen.

4. Für die Füllung die Hälfte der Teigplatte mit geriebenem Käse bestreuen, mit Paprika und Pfeffer bestreuen. Die nicht belegte Teighälfte darüberklappen, gut andrücken und in etwa 1 cm breite Streifen schneiden.

5. Die einzelnen Teigstreifen spiralförmig drehen und auf Backbleche (mit Backpapier belegt) legen. Die

Enden der Käsestangen etwas fest drücken und mit der restlichen Eigelbmilch bestreichen. Käsestangen mit Hagelsalz, Mohn-, Sesam- und Kümmelsamen bestreuen. Die Backbleche nacheinander (bei Heißluft zusammen) in den vorgeheizten Backofen schieben. Die Käsestangen **etwa 15 Minuten je Backblech backen.**

6. Die Käsestangen mit dem Backpapier auf Kuchenroste ziehen und erkalten lassen.

Tipps: Die Käsestangen schmecken frisch am besten. Sie können auch eingefroren und vor dem Verzehr kurz aufgebacken werden. Sie schmecken noch würziger, wenn Sie zusätzlich 75 g Bacon (Frühstücksspeck) in feine Streifen schneiden und zusammen mit dem Käse auf die Teigplatte geben.

Käse-Windbeutelchen

Pikanter Snack (im Foto links)
24 Stück

Pro Stück: E: 4 g, F: 7 g, Kh: 3 g, kJ: 388, kcal: 93, BE: 0,5

Für den Brandteig:

125 ml Wasser
25 g Butter oder Margarine
75 g Weizenmehl
15 g Speisestärke
1 Prise Salz
2–3 Eier (Größe M)
½ TL Dr. Oetker Backin
75 g ger. Emmentaler

200 g Doppelrahm-Frischkäse
150 g Crème fraîche
etwas Salz, gem. Pfeffer
100 g roher Schinken
Paprikapulver edelsüß

Zubereitungszeit: 45 Minuten, ohne Abkühlzeit
Backzeit: etwa 20 Minuten

1. Den Backofen vorheizen.
Ober-/Unterhitze: etwa 200 °C
Heißluft: etwa 180 °C

2. Für den Teig Wasser mit Butter oder Margarine am besten in einem Stieltopf zum Kochen bringen. Topf von der Kochstelle nehmen. Mehl mit Speisestärke und Salz mischen und auf einmal in die heiße Flüssigkeit schütten, zu einem glatten Kloß rühren und unter Rühren etwa 1 Minute erhitzen. Den heißen Kloß sofort in eine Schüssel geben.

3. Nach und nach Eier mit einem Mixer (Knethaken) auf höchster Stufe unterarbeiten. Die Eiermenge hängt von der Beschaffenheit des Teiges ab, er muss stark glänzen und so vom Löffel abreißen, dass lange Spitzen hängen bleiben. Backpulver in den erkalteten Teig arbeiten. Zuletzt den Käse unterheben.

4. Teig mit 2 Teelöffeln in walnussgroßen Häufchen auf ein Backblech (gefettet, mit Backpapier belegt) setzen. Das Backblech in den vorgeheizten Backofen schieben und die Windbeutelchen **etwa 20 Minuten backen.** Während der ersten 15 Minuten der Backzeit die Backofentür nicht öffnen, da das Gebäck sonst zusammenfällt.

5. Sofort nach dem Backen von jedem Windbeutelchen einen Deckel abschneiden. Das Gebäck auf einem Kuchenrost erkalten lassen.

6. Den Doppelrahm-Frischkäse mit Crème fraîche verrühren, mit Salz und Pfeffer abschmecken. Schinken sehr fein würfeln, unterrühren und die Käse-Windbeutelchen damit füllen. Die Deckel wieder auflegen. Die Windbeutelchen mit Paprikapulver bestäuben.

Rezeptvarianten: Für **Windbeutelchen mit Lachs-Quark-Füllung** (im Foto rechts) 150 g geräucherten Lachs würfeln. 250 g Speisequark (40 % Fett), 2 Teelöffel Sahnemeerrettich und 125 g Crème fraîche mit Kräutern verrühren. Lachs unterheben, mit Pfeffer und Salz abschmecken. Masse in die unteren Hälften der Windbeutelchen füllen und die Deckel auflegen. Windbeutelchen mit Dill garnieren. Für **Windbeutelchen mit vegetarischer Füllung** (im Foto in der Mitte) 200 g Doppelrahm-Frischkäse mit 150 g Crème fraîche verrühren. 1 gewürfelte rote Paprikaschote (etwa 150 g) unterrühren und mit Salz und Pfeffer abschmecken. Masse in die unteren Hälften der Windbeutelchen füllen, mit etwa 2 Esslöffeln Schnittlauchröllchen bestreuen. Deckel auflegen.

Käse-Wraps | Vegetarisch

12 Stück

Pro Stück: E: 9 g, F: 15 g, Kh: 7 g, kJ: 835, kcal: 201, BE: 0,5

Für den Teig:

80 g Butter oder Margarine
1 TL Fenchelsamen
80 g Weizenmehl
2 Eier (Größe M)
½ TL Salz
100 g ger. Parmesan
100 g ger. Raclette-Käse
1–2 TL gerebelter Thymian
125 ml Milch (1,5 % Fett)

Für den Salat:

80 g Rucola (Rauke)
250 g Möhren
2 EL Balsamico-Essig
Salz
gem. Pfeffer
1 TL mittelscharfer Senf
2 EL Olivenöl
30 g gehackte Haselnusskerne

Zubereitungszeit: 90 Minuten, ohne Abkühlzeit
Backzeit: etwa 12 Minuten je Backblech

1. Den Backofen vorheizen.
Ober-/Unterhitze: etwa 200 °C
Heißluft: etwa 180 °C

2. Für den Teig die Butter oder Margarine zerlassen. Fenchelsamen im Mörser zerstoßen. Mehl, Eier, Salz, beide Käsesorten, Thymian, Fenchel, Butter oder Margarine und Milch in eine Rührschüssel geben. Die Zutaten mit einem Mixer (Rührstäbe) gut verrühren.

3. Teig esslöffelweise in großen Abständen voneinander auf Backbleche (mit Backpapier belegt) geben und zu runden Fladen (Ø etwa 14 cm) verstreichen.

4. Die Backbleche nacheinander (bei Heißluft zusammen) in den vorgeheizten Backofen schieben. Die Fladen **etwa 12 Minuten je Backblech backen.**

5. Die fertigen Fladen noch heiß vom Backpapier nehmen. Die Fladen jeweils bis zur Mitte einmal einschneiden und zu einer Tüte formen. Die Tüten in Gläser oder Tassen setzen und erkalten lassen.

6. Für den Salat Rucola verlesen und dicke Stängel abschneiden. Rucola abspülen, gut abtropfen lassen oder trocken schleudern und evtl. etwas kleiner zupfen. Möhren putzen, schälen, abspülen, abtropfen lassen und grob raspeln.

7. Essig mit Salz, Pfeffer und Senf verrühren. Das Olivenöl unterschlagen. Die Sauce evtl. nochmals mit den Gewürzen abschmecken. Rucola, Möhrenraspel und Haselnusskerne in eine Schüssel geben und mit der Sauce vermengen.

8. Die Fladentüten mit dem Salat füllen. Fladentüten evtl. mit kleinen Holzstäbchen feststecken oder in Pergamentpapiertüten wickeln.

Tipp: Wer die Fladen nicht selbst machen möchte, kann fertige Wraps (Weizen-Tortilla-Fladen) kaufen. Die Teigfladen vor dem Füllen nach Packungsanleitung erwärmen, damit sie geschmeidiger sind.

Kasseler-Kürbis-Spießchen | Einfach

24 Stück

Pro Stück: E: 3 g, F: 2 g, Kh: 1 g, kJ: 163, kcal: 39, BE: 0,0

4 dicke Scheiben Kasseler Rücken (je etwa 100 g)
400 g abgetropfter Kürbis (aus dem Glas)
2 Zucchini (etwa 300 g)
4 EL Speiseöl
Salz, gem. Pfeffer

Außerdem:

kleine Holzspieße

Zubereitungszeit: 35 Minuten, ohne Abkühlzeit

1. Die Kasselerscheiben mit Kuchenpapier trocken tupfen und in etwa 2 cm große Würfel schneiden.

2. Vom Kürbis 24 etwa gleich große Würfel aussuchen. Zucchini abspülen, abtrocknen und die Enden abschneiden. Zucchini in etwa 7 mm dicke Scheiben schneiden.

3. Speiseöl in einer Pfanne erhitzen. Zunächst die Kasselerwürfel, dann die Zucchinischeiben und die Kürbiswürfel kurz darin anbraten. Alles mit Salz und Pfeffer würzen. Abkühlen lassen.

4. Kasselerwürfel, Zucchinischeiben und Kürbiswürfel auf Holzspieße stecken und auf einer Platte anrichten.

Kichererbsen-Sprossen-Salat

Einfach

6 Portionen

Pro Portion: E: 18 g, F: 18 g, Kh: 15 g, kJ: 1181, kcal: 282, BE: 1,0

Für die Vinaigrette:

1	*Bio-Limette (unbehandelt, ungewachst)*
1	*Vanilleschote*
100 ml	*Maracujasaft*
1 TL	*Zucker oder flüssiger Honig*
	Salz
1/4 TL	*Cayennepfeffer*
50 ml	*Olivenöl*

240 g	*abgetropfte Kichererbsen (aus der Dose)*
500 g	*Sojasprossen*
18	*rohe Garnelen (ohne Kopf, mit Schale)*
1	*kleine Chilischote*
5 Stängel	*Rosmarin*
2	*Knoblauchzehen*
4 EL	*Olivenöl*
	gem. Pfeffer

Zubereitungszeit: 40 Minuten

1. Für die Vinaigrette die Limette heiß abwaschen, abtrocknen und die Schale fein abreiben. Die Vanilleschote längs aufschneiden und das Mark mit einem Messerrücken herausschaben. Den Saft mit Limettenschale, Vanillemark, Zucker oder Honig verrühren. Die Vinaigrette mit Salz und Cayennepfeffer abschmecken. Das Olivenöl nach und nach unterschlagen.

2. Die Kichererbsen in einem Sieb kurz mit warmem Wasser abspülen und abtropfen lassen. Die Sprossen ebenfalls in ein Sieb geben, mit Wasser abspülen und abtropfen lassen.

3. Sojasprossen in kochendem Wasser kurz blanchieren, mit kaltem Wasser abschrecken und abtropfen lassen. Die noch warmen Sojasprossen mit den Kichererbsen und der Vinaigrette vermischen.

4. Garnelen aus der Schale lösen und jeweils den Darm entfernen. Garnelen unter fließendem kalten Wasser abspülen und trocken tupfen. Die Chilischote abspülen, trocken tupfen, entstielen, entkernen und in feine Ringe schneiden. Rosmarin abspülen, trocken tupfen und die Nadeln von den Stängeln zupfen. Einige Rosmarinspitzen zum Garnieren beiseitelegen. Die restlichen Nadeln fein hacken. Knoblauch abziehen und in kleine Würfel schneiden.

5. Chiliringe, Rosmarin und Knoblauchwürfel mit Olivenöl verrühren. Die Marinade mit Salz und Pfeffer würzen. Die Garnelen damit übergießen.

6. Eine Pfanne leicht erwärmen. Die Garnelen mit der Marinade in die Pfanne geben und unter Wenden anbraten. Kichererbsen-Sprossen-Salat mit den gebratenen Garnelen anrichten und mit den beiseitegelegten Rosmarinspitzen garnieren.

Kleine Pilzquiches | Für Gäste

12 Stück

Pro Stück: E: 6 g, F: 15 g, Kh: 14 g, kJ: 898, kcal: 215, BE: 1,0

Für den Teig:

450 g TK-Blätterteig (6 Platten)

Für die Füllung:

500 g Champignons
2 Frühlingszwiebeln
2 EL Olivenöl
Salz
gem. Pfeffer
1 Scheibe Toastbrot
30 g ger. Emmentaler
200 g Schmand (Sauerrahm)
2 Eier (Größe M)
Paprikapulver rosenscharf

Zubereitungszeit: 50 Minuten, ohne Auftau-, Abkühl- und Ruhezeit
Backzeit: 25–30 Minuten

1. Für den Teig Blätterteigplatten zugedeckt nebeneinander nach Packungsanleitung auftauen lassen.

2. Für die Füllung Champignons putzen, evtl. kurz abspülen, trocken tupfen und vierteln. Frühlingszwiebeln putzen, abspülen, abtropfen lassen und in sehr dünne Scheiben schneiden.

3. Olivenöl in einer Pfanne erhitzen. Die Champignonviertel darin unter Rühren goldbraun braten, mit Salz und Pfeffer würzen. Die Frühlingszwiebelscheiben unterheben. Champignonmasse erkalten lassen.

4. Den Backofen vorheizen.
Ober-/Unterhitze: etwa 200 °C
Heißluft: etwa 180 °C

5. Die Toastbrotscheibe mit einem Pürierstab zerbröseln, mit Emmentaler vermischen.

6. Schmand und Eier verschlagen, mit Salz, Pfeffer und Paprika würzen.

7. Je 3 Blätterteigplatten aufeinanderlegen, auf einer leicht bemehlten Arbeitsfläche zu je einem Rechteck (etwa 33 x 23 cm) ausrollen und etwa 5 Minuten ruhen lassen.

8. Aus den Blätterteigrechtecken jeweils 6 runde Platten (Ø etwa 11 cm) ausstechen. Die Teigplatten in eine Muffinform (für 12 Muffins, gefettet) legen. Teigboden jeweils mit einer Gabel mehrmals einstechen. Die Champignonmasse auf dem Teig verteilen. Schmand-Eier-Masse daraufgeben und mit der Brot-Käse-Mischung bestreuen. Die Form auf dem Rost in den vorgeheizten Backofen schieben. Pilzquiches **25–30 Minuten backen.**

9. Die Form auf einen Kuchenrost stellen. Die Pilzquiche etwa 10 Minuten in der Form abkühlen lassen, dann aus der Form lösen und sofort servieren.

Knusprige Fischstückchen mit pikanter Sauce I

Etwas Besonderes

4 Portionen

Pro Portion: E: 40 g, F: 12 g, Kh: 10 g, kJ: 1328, kcal: 318, BE: 0,5

Für die Sauce:

1 Stange Porree (Lauch)
20 g frischer Ingwer
2 Knoblauchzehen
2 Chilischoten
1–2 EL Sojaöl
2 EL Reis- oder Weißweinessig
200 ml Gemüsebrühe
1 EL Sojabohnenpaste
3 EL Sojasauce

750 g Tilapiafilet
1 Eiweiß (Größe M)
2 EL Speisestärke
2 TL China-Gewürzzubereitung

Zum Frittieren:

350 ml Sojaöl

Zubereitungszeit: 40 Minuten

1. Für die Sauce den Porree putzen, die Stange längs halbieren, gründlich waschen und abtropfen lassen. Porree in feine Streifen schneiden. Ingwer schälen, Knoblauch abziehen. Ingwer und Knoblauch in feine Würfel schneiden.

2. Chilischoten halbieren, entstielen und entkernen. Schotenhälften abspülen, trocken tupfen und in feine Würfel schneiden.

3. Das Sojaöl in einem Wok erhitzen. Knoblauch-, Chili- und Ingwerwürfel darin anbraten. Essig, Gemüsebrühe, Sojabohnenpaste und Sojasauce unterrühren, kurz aufkochen lassen. Porreestreifen hinzufügen und kurz miterhitzen.

4. Die Sauce aus dem Wok in ein vorgewärmtes Gefäß füllen und warm halten.

5. Das Fischfilet kurz unter fließendem kalten Wasser abspülen, trocken tupfen und in etwa 4 x 3 cm große Stücke schneiden. Eiweiß mit einem Mixer (Rührstäbe) zu feinem Schnee schlagen, Speisestärke und China-Gewürzzubereitung unterrühren. Die Fischstücke unter die Eischneemischung heben.

6. Zum Frittieren das Sojaöl in dem Wok erhitzen. Die Fischstücke darin portionsweise jeweils etwa 3 Minuten goldbraun frittieren. Die Fischstücke mit einer Schaumkelle herausnehmen, auf Küchenpapier abtropfen lassen und warm stellen.

7. Die knusprigen Fischstückchen mit der pikanten Sauce servieren.

Tipp: Anstelle der China-Gewürzzubereitung kann auch Currypulver, Paprikapulver edelsüß, Pfeffer und Kreuzkümmel (Cumin) zum Würzen verwendet werden.

Kohlrabiwickel | Leichter Genuss

36 Stück

Pro Stück: E: 4 g, F: 0 g, Kh: 2 g,
kJ: 128, kcal: 31, BE: 0,0

1	*Kohlrabi (etwa 500 g)*
	Salz
500 g	*Hähnchenbrustfilet*
3 EL	*Speiseöl*
	gem. Pfeffer
250 g	*Staudensellerie*
180 g	*abgetropfte Mungobohnenkeime (aus dem Glas)*
200 ml	*süßscharfe Sauce*

Außerdem:

36 Holzstäbchen

Zubereitungszeit: 60 Minuten, ohne Abkühlzeit

1. Kohlrabi schälen, abspülen und abtropfen lassen. Rundherum etwa ein Viertel des Kohlrabis abschneiden, sodass ein großer Würfel entsteht. Von dem Kohlrabiwürfel 36 dünne Scheiben mit einem Gemüsehobel oder einer Aufschnittmaschine abschneiden. Die Kohlrabischeiben mit Salz bestreuen und bis zur weiteren Verwendung Saft ziehen lassen.

2. Hähnchenbrustfilet unter fließendem kalten Wasser abspülen, trocken tupfen und dann in möglichst dünne Streifen schneiden. Speiseöl in einer Pfanne erhitzen. Die Fleischstreifen darin von allen Seiten goldbraun braten, mit Salz und Pfeffer würzen. Fleischstreifen herausnehmen und erkalten lassen.

3. Staudensellerie putzen und die harten Außenfäden abziehen. Selleriestangen abspülen, abtropfen lassen und in dünne Scheiben schneiden.

4. Die Kohlrabischeiben trocken tupfen, mit Selleriescheiben, Mungobohnenkeimen und Hähnchenstreifen belegen. Die Kohlrabischeiben aufrollen und mit Holzstäbchen feststecken.

5. Die Kohlrabiwickel mit der Sauce servieren.

Königinpastete | Retro-Style

4 Portionen

Pro Portion: E: 34 g, F: 31 g, Kh: 19 g, kJ: 2075, kcal: 494, BE: 1,5

750 g Hühnerbrust mit Knochen
1 l Wasser
Salz
60 g Champignons (aus der Dose)
30 g Butter oder Margarine
30 g Weizenmehl
250 ml Fleischbrühe (von der Hühnerbrust)
6 EL Schlagsahne
3 EL Champignonflüssigkeit (aus der Dose)
gem. Pfeffer
etwas Zitronensaft
4 Blätterteigpasteten (Fertigprodukt)

Zum Garnieren:

1 Tomate
1 Bio-Zitrone (unbehandelt, ungewachst)
einige Petersilienblättchen

Zubereitungszeit: 35 Minuten, ohne Abkühlzeit
Garzeit: etwa 30 Minuten

1. Hühnerbrust unter fließendem kalten Wasser abspülen und trocken tupfen. Wasser in einem Topf zum Kochen bringen. Salz und Hühnerbrust hinzugeben, wieder zum Kochen bringen und zugedeckt in etwa 30 Minuten gar kochen.

2. Hühnerbrust mit einem Schaumlöffel herausnehmen, abkühlen lassen und die Knochen herauslösen. Hühnerbrust in kleine Würfel schneiden. Die Brühe durch ein Sieb gießen und 250 ml davon abmessen.

3. Von den Champignons die Flüssigkeit auffangen, 3 Esslöffel davon abmessen und beiseitestellen. Die Butter oder Margarine in einem Topf zerlassen. Mehl darin unter Rühren so lange erhitzen, bis es hellgelb ist. Abgemessene Brühe hinzugießen und mit einem Schneebesen durchschlagen. Dabei darauf achten, dass keine Klümpchen entstehen.

4. Champignons mit den Fleischwürfeln hinzufügen. Sahne und die Champignonflüssigkeit unterrühren. Das Ragout mit Salz, Pfeffer und Zitronensaft abschmecken, nochmals erhitzen und warm stellen.

5. Von den Pasteten jeweils einen Deckel abschneiden. Pasteten mit den Deckeln auf ein Backblech (mit Backpapier belegt) legen und nach Packungsanleitung kurz aufbacken.

6. Zum Garnieren die Tomate abspülen, abtrocknen, halbieren und den Stängelansatz entfernen. Tomate in Spalten schneiden. Zitrone heiß abwaschen, abtrocknen und in Spalten schneiden. Petersilienblättchen abspülen und trocken tupfen.

7. Die Pasteten vom Backblech nehmen. Das Ragout in den Pasteten verteilen. Die Pasteten mit Tomatenspalten, Zitronenspalten und Petersilienblättchen garniert servieren.

Kräuter-Flammeküchle | Einfach

4–6 Portionen

Pro Portion: E: 6 g, F: 12 g, Kh: 33 g, kJ: 1112, kcal: 267, BE: 2,5

Für den Hefeteig:

200 g Weizenmehl
½ TL Dr. Oetker Trockenbackhefe
125 ml lauwarmes Wasser
½ TL Salz
½ TL Zucker
1 ½ EL Olivenöl

Für den Belag:

1 Bund gemischte Kräuter, z. B. Schnittlauch, Petersilie, Kerbel, Dill, Basilikum
2–3 Cocktailtomaten
150 g Crème fraîche
Salz, gem. Pfeffer

Zubereitungszeit: 25 Minuten, ohne Ruhezeit
Backzeit: 10–12 Minuten

1. Für den Teig das Mehl in eine Rührschüssel geben und mit der Trockenbackhefe sorgfältig vermischen. Wasser, Salz, Zucker und Olivenöl hinzufügen. Die Zutaten mit einem Mixer (Knethaken) zunächst kurz auf niedrigster, dann auf höchster Stufe in etwa 5 Minuten zu einem glatten Teig verarbeiten. Den Teig zugedeckt an einem warmen Ort etwa 30 Minuten ruhen lassen.

2. In der Zwischenzeit den Backofen vorheizen.
Ober-/Unterhitze: etwa 240 °C
Heißluft: etwa 220 °C

3. Den Teig auf einer leicht bemehlten Arbeitsfläche nochmals kurz durchkneten und zu einem großen Oval ausrollen. Das Teigstück auf ein Backblech (mit Backpapier belegt) legen. Das Backblech in den vorgeheizten Backofen schieben und die Flammekuchen **10–12 Minuten backen.**

4. In der Zwischenzeit für den Belag Kräuter abspülen und trocken tupfen. Die Spitzen bzw. Blättchen von den Stängeln zupfen. Die Tomaten abspülen, abtrocknen, halbieren und die Stängelansätze entfernen. Die Tomaten nach Belieben in Scheiben schneiden.

5. Flammekuchen vom Backblech nehmen und noch warm mit Crème fraîche bestreichen. Die vorbereiteten Kräuter und Tomaten darauf verteilen, mit Salz und Pfeffer bestreuen. Die Flammekuchen in Streifen schneiden und lauwarm servieren.

Kräuter-Fougasse I

Grüße aus der Provence

6 Stück

Pro Stück: E: 13 g, F: 9 g, Kh: 61 g,
kJ: 1602, kcal: 382, BE: 5,0

Für den Teig:

350 ml lauwarmes Wasser
15 g frische Hefe
75 g Parmesan, am Stück
15 Stängel Thymian
6 Stängel Salbei
500 g Weizenmehl (Type 550)
Salz
25 ml Olivenöl

Zubereitungszeit: 25 Minuten, ohne Teiggehzeit
Backzeit: etwa 15 Minuten je Backblech

1. Das Wasser in ein Gefäß geben, die Hefe hineinbröckeln, kurz mit einer Gabel verrühren. Das Hefewasser 10 Minuten stehen lassen.

2. In der Zwischenzeit Parmesan fein reiben. Thymian und Salbei abspülen und trocken tupfen. Etwa jeweils die Hälfte der Blättchen von den Stängeln zupfen und fein hacken.

3. Das Hefewasser einmal gut verrühren. Mehl, Salz, die Hälfte von dem Parmesan, die gehackten Kräuter, das Olivenöl und das Hefewasser in eine Rührschüssel geben. Die Zutaten mit einem Mixer (Knethaken) zunächst kurz auf niedrigster, dann auf höchster Stufe in etwa 5 Minuten zu einem glatten, elastischen Teig verarbeiten. Den Teig zu einer Kugel formen und zugedeckt an einem warmen Ort etwa 90 Minuten gehen lassen.

4. Den Backofen vorheizen.
Ober-/Unterhitze: etwa 225 °C

5. Den recht weichen Teig auf einer leicht bemehlten Arbeitsfläche in 6 gleich große Portionen teilen. Jede Teigportion zu einem ovalen, etwa 2 cm dicken Fladen formen. Jeweils 3 Teigfladen auf ein Backblech (mit Backpapier belegt) legen.

6. Jeden Teigfladen innen auf beiden Seiten 3-mal schräg einschneiden. Anschließend den Fladen an einem Ende etwas in die Länge ziehen, sodass eine Blattform entsteht. Die restlichen Fladen ebenso formen.

7. Die restlichen Kräuterblättchen fein hacken und mit dem restlichen Parmesan vermischen. Die Teigfladen mit der Kräuter-Parmesan-Mischung bestreuen.

8. Ein Backblech in den vorgeheizten Backofen (unteres Drittel) schieben. Die Fougasse in **etwa 15 Minuten goldbraun backen.**

9. Die Fougasse mit dem Backpapier von dem Backblech auf einen Kuchenrost ziehen und erkalten lassen. Die restlichen Fougasse ebenso backen und erkalten lassen.

Tipps: Wir empfehlen Ihnen die Fougasse bei Ober-/Unterhitze und nicht bei Heißluft zu backen. Bei Heißluft trocknet das Gebäck stärker aus. Servieren Sie die Fougasse mit etwas Olivenöl, Fleur de Sel und Oliven. Ein Glas Rotwein passt gut dazu. Fougasse schmecken frisch am besten, können aber am Vortag bis einschließlich Punkt 3 vorbereitet werden. Den Teig dann nicht an einem warmen Ort, sondern zugedeckt im Kühlschrank nachts gehen lassen, wie im Rezept beschrieben backen.

Kräutergarnelen, gegrillte I

Für Gäste – mit Alkohol

4–6 Portionen

Pro Portion: E: 48 g, F: 7 g, Kh: 2 g, kJ: 1120, kcal: 268, BE: 0,0

etwa 20 große Garnelenschwänze (mit Schale, je etwa 80 g)

Für die Marinade:

50 ml Olivenöl
1 EL Cognac
1 EL frische, gehackte Kräuter, z. B. Estragon, Basilikum, Kerbel oder glatte Petersilie
grobes Meersalz
gem. Pfeffer
Cayennepfeffer

Zubereitungszeit: 25 Minuten, ohne Marinierzeit
Grillzeit: 5–6 Minuten

1. Von den Garnelenschwänzen die Schale entfernen. Die Garnelen am Rücken einschneiden und den Darm entfernen. Garnelen unter fließendem kalten Wasser abspülen, trocken tupfen und in eine große, flache Schale legen.

2. Für die Marinade Olivenöl mit Cognac, Kräutern, Meersalz, Pfeffer und Cayennepfeffer verrühren. Die Garnelen damit bestreichen und anschließend zugedeckt etwa 60 Minuten durchziehen lassen.

3. In der Zwischenzeit den Backofengrill vorheizen.

4. Die Garnelen aus der Schale nehmen und auf einen mit Alufolie belegten Backofenrost legen. Den Rost unter den vorgeheizten Backofengrill schieben. Garnelen unter gelegentlichem Wenden 5–6 Minuten grillen. Garnelen während des Grillens mit der Marinade bestreichen.

Beilage: Baguettescheiben, mit Kräuter- oder Knoblauchbutter bestrichen.

Kräuteroliven | Für Gäste

6 Portionen

Pro Portion: E: 1 g, F: 31 g, Kh: 2 g, kJ: 1197, kcal: 286, BE: 0,0

100 g abgetropfte grüne Oliven, ohne Stein
65 g abgetropfte schwarze Oliven, ohne Stein
6 Stängel Basilikum
½ Bund glatte Petersilie
2 Knoblauchzehen
2 rote Chilischoten
150 ml Olivenöl

Zubereitungszeit: 20 Minuten, ohne Durchziehzeit

1. Beide Olivensorten auf Küchenpapier legen und trocken tupfen.

2. Die Kräuter abspülen, trocken tupfen und die Blättchen von den Stängeln zupfen. Die Blättchen in feine Streifen schneiden. Knoblauch abziehen und in dünne Scheiben schneiden. Chilischoten abspülen, trocken tupfen, der Länge nach aufschneiden und entkernen. Anschließend Chilis in sehr kleine Würfel schneiden.

3. Die Oliven mit Basilikum-, Petersilienstreifen, Knoblauchscheiben und Chiliwürfeln mischen, in ein vorbereitetes Glas geben und mit Olivenöl übergießen. Das Glas mit einem Twist-off-Deckel® verschließen.

4. Die Oliven 2–3 Tage an einem kühlen Ort stehen lassen, dabei das Glas gelegentlich schütteln.

Kroepoek-Häppchen, pikante

Raffiniert – schnell

4 Portionen

Pro Portion: E: 21 g, F: 15 g, Kh: 40 g, kJ: 1614, kcal: 386, BE: 3,0

300 g Hähnchenbrustfilet
2 EL Speisestärke
2 EL Wasser
3 EL Reis- oder Weißweinessig
Salz
je 1 grüne, rote und gelbe Paprikaschote
1 Bund Frühlingszwiebeln
1 kleines Stück frischer Ingwer
2 Knoblauchzehen
2 EL Wasser
1 EL Zucker
2 EL Sojasauce
2 EL Fischsauce

Zum Ausbacken:

1 l neutrales Speiseöl
100 g Kroepoek (Krabbenbrot zum Ausbacken)

2–3 EL Olivenöl
gem. Pfeffer

Zubereitungszeit: 30 Minuten

1. Das Hähnchenbrustfilet unter fließendem kalten Wasser abspülen, trocken tupfen und in erbsengroße Stücke schneiden. 1 Esslöffel Speisestärke mit 2 Esslöffeln Wasser verrühren. 1 Esslöffel Essig und 1 Prise Salz unterrühren. Die Marinade unter die Fleischstückchen mengen.

2. Die Paprikaschoten halbieren, entstielen, entkernen und die weißen Scheidewände entfernen. Schotenhälften abspülen, abtropfen lassen und in sehr kleine Würfel schneiden. Frühlingszwiebeln putzen, abspülen, abtropfen lassen und in feine Scheiben schneiden. Ingwer schälen und fein reiben. Knoblauch abziehen und klein würfeln.

3. Die restliche Speisestärke mit 2 Esslöffeln Wasser anrühren. Restlichen Essig, Zucker und jeweils 1 Esslöffel Soja- und Fischsauce unterrühren.

4. Zum Ausbacken das Speiseöl in einem Topf oder einer Fritteuse auf etwa 180 °C erhitzen. Dann die Kroepoek-Scheiben darin portionsweise etwa 30 Sekunden ausbacken. Dabei die Scheiben häufiger wenden, da sie sich wölben und rundherum weiß bleiben sollen (sonst schmecken sie bitter). Ausgebackene Kroepoek-Scheiben mit einem Schaumlöffel herausnehmen und auf Küchenpapier abtropfen lassen.

5. Olivenöl in einer Pfanne erhitzen. Die marinierten Hähnchenstückchen darin unter Rühren anbraten. Die Paprikawürfel, Frühlingszwiebelscheiben, Ingwer und Knoblauchwürfel unterrühren. Alles kurz mitbraten lassen. Die angerührte Essig-Sojasaucen-Mischung unterrühren, zum Kochen bringen und etwa 1 Minute kochen lassen.

6. Hähnchen-Gemüse-Mischung mit der restlichen Sojasauce, Fischsauce, Salz und Pfeffer abschmecken. Die ausgebackenen Kroepoek-Scheiben mit der Hähnchen-Gemüse-Mischung füllen und sofort servieren. Sie weichen sehr schnell durch.

Kroketten, gefüllte | Für Gäste

8 Stück

Pro Stück: E: 8 g, F: 11 g, Kh: 23 g, kJ: 928, kcal: 221, BE: 2,0

150 g Hähnchenbrustfilet
2 EL Olivenöl
Salz
200 ml Wasser
1 Beutel Kartoffelpüreepulver mit Milch (für 3 Portionen)
1 rote Chilischote
gem. Ingwer
1–2 Eier (Größe M)
ger. Muskatnuss
15 EL Semmelbrösel
etwa 1 l Speiseöl
8 vorbereitete schöne Petersilienblättchen

Zubereitungszeit: 60 Minuten, ohne Abkühlzeit

1. Hähnchenbrustfilet kurz unter fließendem kalten Wasser abspülen und trocken tupfen. 1 Esslöffel Olivenöl in einer Pfanne erhitzen, Hähnchenbrustfilet darin von beiden Seiten anbraten, mit Salz bestreuen und bei schwacher Hitze etwa 8 Minuten garen. Die Pfanne von der Kochstelle nehmen. Die Hähnchenbrustfilets zugedeckt in der Pfanne erkalten lassen.

2. Wasser zum Kochen bringen und in eine Schüssel gießen. Püreepulver nach Packungsanleitung – aber mit der hier angegebenen Menge Wasser – mit einem Kochlöffel einrühren. Püree etwas abkühlen lassen.

3. Chilischote abspülen, trocken tupfen, längs aufschneiden und entkernen. Chili fein hacken.

4. Hähnchenbrustfilet aus der Pfanne nehmen, in kleine Würfel schneiden und mit dem Bratensud aus der Pfanne, Chilistückchen, Ingwer und restlichem Olivenöl mischen. Die Füllung mit den Gewürzen abschmecken und in 8 gleich große Portionen teilen.

5. Die Eier trennen. Eigelb zum Teig geben. Eiweiß in einen tiefen Teller geben und verschlagen.

6. Den Teig mit Eigelb und Muskat verkneten und zu einer Rolle formen. Die Teigrolle in 8 gleich große Scheiben schneiden.

7. Eine Teigscheibe in die Handfläche legen, eine Portion der Hähnchenfüllung auf die Teigscheibe geben, mit dem Teig umschließen und zu einer Kugel formen. Teigkugel durch verschlagenes Eiweiß ziehen, am Tellerrand abstreifen und anschließend in Semmelbröseln wenden, andrücken und zu einer Birne formen. Den restlichen Teig ebenso verarbeiten.

8. Speiseöl in einem hohen Topf auf 170–180 °C erhitzen. Die Kroketten portionsweise in dem siedenden Speiseöl unter Wenden goldbraun backen. Die Kroketten mit einem Schaumlöffel herausnehmen, auf Küchenpapier legen und abtropfen lassen.

9. In jede Krokette 1 Petersilienblättchen stecken. Die Kroketten heiß oder kalt servieren.

Tipps: Die Kroketten können auch im Backofen bei Ober-/Unterhitze: etwa 150 °C wieder aufgebacken werden. Wenn Sie einen Holzstiel in das Speiseöl halten und Blasen aufsteigen, hat das Fett die richtige Frittiertemperatur.

Kumquats-Chicorée-Chutney mit Camembert | Mit Alkohol

6 Portionen

Pro Portion: E: 19 g, F: 19 g, Kh: 26 g, kJ: 1624, kcal: 388, BE: 2,0

Für das Chutney:

125 g Zwiebeln
6 Kumquats (Zwergorangen, etwa 75 g)
175 g Chicorée
5 EL weißer Balsamico-Essig
75 g Zucker
½ TL Koriandersamen
½ TL brauner Senfsamen
½ TL Senfsamen
5 schwarze Pfefferkörner, grob zerstoßen
1 EL vorbereitete frische Rosmarinnadeln
Salz
300 g Orangensaft
300 g lieblicher Weißwein

2 runde Camemberts (je 250 g, 45 % Fett)
3 EL Olivenöl
12 schöne Salbeiblätter

Zubereitungszeit: 35 Minuten, ohne Abkühlzeit
Garzeit: etwa 35 Minuten
Backzeit: etwa 10 Minuten

1. Für das Chutney die Zwiebeln abziehen, halbieren und in etwa 1 cm große Stücke schneiden. Kumquats abspülen, abtrocknen und jeweils in 4 Scheiben schneiden.

2. Chicorée putzen. Chicorée längs halbieren, abspülen, abtropfen lassen und evtl. den Strunk keilförmig herausschneiden. Chicorée quer in 3 cm lange Stücke schneiden.

3. Zwiebeln, Kumquats und Chicorée mit Essig, Zucker, Koriandersamen, Senfsamen, Pfefferkörnern, Rosmarinnadeln, etwas Salz, Orangensaft und Weißwein in einem Topf vermischen. Die Zutaten zum Kochen bringen und bei mittlerer Hitze etwa 35 Minuten leicht dicklich und glänzend einkochen lassen. Das Chutney erkalten lassen.

4. Den Backofen vorheizen.
Ober-/Unterhitze: etwa 175 °C
Heißluft: etwa 155 °C

5. Beide Camemberts auf ein Backblech (mit Backpapier belegt) legen. Das Backblech in den vorgeheizten Backofen (unteres Drittel) schieben. Die Camemberts **etwa 10 Minuten erwärmen.**

6. In der Zwischenzeit Olivenöl in einer Pfanne erhitzen. Die Salbeiblätter in dem heißen Olivenöl von jeder Seite einige Sekunden farblos-knusprig rösten.

7. Die Salbeiblätter zuerst auf Küchenpapier abtropfen lassen, dann auf den Camemberts verteilen. Die Camemberts mit dem Chutney servieren.

Beilage: Ein kräftiges geröstetes Landbrot.

Tipps: Sie können das Chutney auch sehr gut zu kurz gebratenem oder gegrilltem Fleisch, zu kaltem Braten oder zu Fondue servieren. Die pikante Sauce ist zudem eine feine Beilage zu einer Käseplatte mit Baguette und Rotwein.

Kürbis-Börek-Sticks I

Zum Knabbern und Dippen

18 Stück

Pro Stück: E: 5 g, F: 10 g, Kh: 9 g, kJ: 621, kcal: 148, BE: 0,5

450 g Hokkaido-Kürbis
Salz
Cayennepfeffer
1 rote Zwiebel (etwa 40 g)
100 ml Sonnenblumenöl
4 Stängel Minze
350 g Fetakäse
1 EL Paprikapulver edelsüß

Für den Orangen-Minze-Dip:

1 EL Schwarzkümmel
½ TL fein abgeriebene Bio-Orangenschale (unbehandelt, ungewachst)
300 g Joghurt (3,5 % Fett)

200 g Filo- oder Yufkateig

Zubereitungszeit: 55 Minuten, ohne Abkühlzeit
Garzeit: 18–20 Minuten

1. Den Backofen vorheizen.
Ober-/Unterhitze: etwa 200 °C
Heißluft: etwa 180 °C

2. Den Kürbis mit heißem Wasser abwaschen, abtrocknen und halbieren. Die Kerne herausschaben.

3. Den Kürbis mit Schale in 9 gleich große Spalten schneiden. Kürbisspalten mit etwas Salz und Cayennepfeffer würzen.

4. Die Kürbisspalten mit der Schale nach unten auf ein Backblech (mit Backpapier belegt) setzen. Das Backblech in den vorgeheizten Backofen (unteres Drittel) schieben. Die Kürbisspalten **18–20 Minuten garen.**

5. Dann das Backblech auf einen Kuchenrost stellen und die Kürbisspalten erkalten lassen.

6. In der Zwischenzeit Zwiebel abziehen, halbieren und fein würfeln. 1 Esslöffel von dem Sonnenblumenöl in einer Pfanne erhitzen. Zwiebelwürfel darin weich dünsten, dann auf einen Teller geben und erkalten lassen.

7. Minze abspülen, trocken tupfen und die Blättchen von den Stängeln zupfen. Die Blätter von 2 Minzestängeln fein schneiden. Fetakäse zerbröseln. Die erkalteten Kürbisspalten fein hacken.

8. Fetakäse mit Zwiebelwürfeln, Kürbis, Minze und Paprikapulver gut vermischen.

9. Für den Dip den Schwarzkümmel in einer Pfanne ohne Fett unter Wenden leicht rösten und auf einen Teller geben.

10. Die restlichen Minzeblätter fein schneiden und mit der Orangenschale und dem Joghurt glatt rühren.

11. Den Orangen-Minz-Dip in 6 Schälchen füllen und mit dem Schwarzkümmel bestreuen.

12. Den Teig in 18 Rechtecke (je etwa 30 x 20 cm) schneiden, übereinanderlegen und mit einem nur ganz leicht feuchten Tuch abdecken (der Teig wird sehr schnell trocken und brüchig).

13. Ein Teigblatt mit der breiteren Seite nach unten auf eine Arbeitsfläche legen. Etwas von der Feta-Kürbis-Füllung in einem etwa 22 cm langen Streifen daraufgeben. Die Seiten links und rechts darüberklappen und fest aufrollen.

14. Auf diese Weise insgesamt 18 Kürbis-Börek-Sticks zubereiten. Die Sticks mit der Naht nach unten auf ein Backblech oder Tablett (mit Backpapier belegt) legen.

15. Das restliche Sonnenblumenöl in einer breiten Pfanne erhitzen. Die Kürbis-Börek-Sticks in dem heißen Öl bei starker Hitze rundherum goldbraun braten.

16. Anschließend auf Küchenpapier legen und gut abtropfen lassen. Die warmen Kürbis-Börek-Sticks mit dem Dip servieren.

Kürbis-Erdnuss-Kuchen

Statt Sandwich

15 Stück

Pro Stück: E: 6 g, F: 12 g, Kh: 11 g, kJ: 731, kcal: 175, BE: 1,0

Zum Vorbereiten:

400 g Kürbis ohne Kerne, z. B. Hokkaido (250 g vorbereitet gewogen)
1 Bio-Zitrone (unbehandelt, ungewachst)
4 Stängel Basilikum
1 gestr. TL Sambal Oelek

Für den Teig:

150 g Weizenmehl (Type 1050)
30 g Hartweizengrieß
4 gestr. TL Dr. Oetker Backin
1 gestr. TL Salz
100 g geröstete, gesalzene Erdnusskerne
2 Eier (Größe M)
100 g Doppelrahm-Frischkäse
2 TL Basilikum-Pesto
50 ml Olivenöl

Zum Bestreuen:

50 g geröstete, gesalzene Erdnusskerne

Zubereitungszeit: 40 Minuten, ohne Abkühlzeit
Backzeit: etwa 50 Minuten

1. Zum Vorbereiten Kürbis schälen und auf der groben Seite der Haushaltsreibe raspeln, 250 g Kürbisraspel abwiegen.

2. Zitrone heiß abwaschen und abtrocknen. Die Hälfte der Zitronenschale auf der feinen Seite der Haushaltsreibe abreiben. Die Zitrone halbieren und auspressen.

3. Basilikum abspülen und trocken tupfen. Die Blättchen von den Stängeln zupfen und die Blättchen in Streifen schneiden.

4. Die Kürbisraspel mit Zitronenschale, 2 Esslöffeln Zitronensaft, Sambal Oelek und Basilikumstreifen mischen.

5. Den Backofen vorheizen.
Ober-/Unterhitze: etwa 180 °C
Heißluft: etwa 160 °C

6. Für den Teig Mehl mit Grieß, Backpulver, Salz und Erdnusskernen in einer Rührschüssel mischen. Eier, Frischkäse, Pesto und Olivenöl hinzugeben.

7. Die Zutaten mit einem Mixer (Rührstäbe) unter die Mehlmischung rühren. Vorbereitete Kürbis-Basilikum-Masse kurz unterrühren.

8. Den Teig in eine Kastenform (25 x 11 cm, gefettet, mit Semmelbröseln ausgestreut) füllen, glatt streichen und mit Erdnusskernen bestreuen.

9. Die Form auf dem Rost in den vorgeheizten Backofen schieben und den Kürbis-Erdnuss-Kuchen **etwa 50 Minuten backen.**

10. Form auf einen Kuchenrost stellen. Den Kürbis-Erdnuss-Kuchen etwa 10 Minuten in der Form stehen lassen, dann auf den mit Backpapier belegten Kuchenrost stürzen. Den Kuchen wieder umdrehen und erkalten lassen.

Tipp: Den Kuchen mit Chilipaste, z. B. Sambal Oelek, oder Harissa servieren.

Kürbiswedges mit Bacon, gewürzte | Raffiniert

6 Portionen

Pro Portion: E: 8 g, F: 31 g, Kh: 10 g, kJ: 1456, kcal: 351, BE: 1,0

Zum Vorbereiten:

30 g Kürbiskerne

1 kleiner Hokkaido-Kürbis (600 g)
10 g Butter
1 EL Quittengelee oder Aprikosenkonfitüre
1 EL Zitronensaft
1 TL gem. Koriander
Salz
Cayennepfeffer
12 Stängel Thymian
12 Scheiben Bacon (Frühstücksspeck, etwa 175 g)

Für den Dip:

250 g Crème fraîche
2 EL Sahnemeerrettich
6 TL Kürbiskernöl

Zubereitungszeit: 35 Minuten
Backzeit: 18–20 Minuten

1. Zum Vorbereiten Kürbiskerne in einer Pfanne ohne Fett unter Wenden rösten, anschließend auf einen Teller geben.

2. Den Backofen vorheizen.
Ober-/Unterhitze: etwa 200 °C
Heißluft: etwa 180 °C

3. Den Kürbis mit heißem Wasser abwaschen und abtrocknen. Den Kürbis halbieren. Die Kerne herausschaben und den Kürbis mit Schale in 12 gleich große Spalten schneiden.

4. Die Butter mit Gelee oder Konfitüre, Zitronensaft, Koriander, etwas Salz und Cayennepfeffer in einem Topf zerlassen. Die Kürbisspalten damit bestreichen, dabei die Schale nicht mit bestreichen.

5. Thymian abspülen und abtropfen lassen. Auf jede Kürbisspalte einen Thymianstängel legen. Jede Kürbisspalte fest mit 1 Scheibe Bacon umwickeln.

6. Die Kürbisspalten mit der Schalenseite nach unten auf ein Backblech (mit Backpapier belegt) legen. Das Backblech in den vorgeheizten Backofen (unteres Drittel) schieben. Die Kürbiswedges **18–20 Minuten backen.**

7. Für den Dip in der Zwischenzeit die Kürbiskerne in kleine Stückchen hacken. Crème fraîche mit Sahnemeerrettich, Kürbiskernen und etwas Salz verrühren. Den Dip in 6 kleine Schälchen füllen, mit je 1 Teelöffel Kürbiskernöl beträufeln.

8. Die Kürbiswedges mit dem Dip servieren.

Tipp: Servieren Sie die Kürbiswedges als Vorspeise mit einem kleinen grünen Salat.

Warenkunde: Im Gegensatz zu anderen Kürbissorten kann die dünne Schale des Hokkaido-Kürbis mitgegessen werden. Sie wird beim Garen weich. Der Hokkaido ist orangerot und hat ein Gewicht von 1/2–2 kg. Die Kerne müssen entfernt werden. Das Fruchtfleisch des Hokkaido schmeckt nussig-aromatisch, zum Würzen sind etwa Ingwer und Chili sehr gut geeignet. Den Hokkaido kann man auch roh verzehren.

Labna | Selbst gemachte Frischkäsebällchen

8 Portionen (24 Stück)

Pro Portion: E: 7 g, F: 18 g, Kh: 22 g, kJ: 1168, kcal: 278, BE: 2,0

2 Bio-Zitronen (unbehandelt, ungewachst)
8 Stängel Thymian
1 kg griechischer Sahnejoghurt
Salz
50 g Pistazienkerne, geröstet und gesalzen
1 TL Anis, ganz
10 g Sultaninen
50 g getr. Aprikosen
1 EL flüssiger Honig
1 EL Olivenöl

160 g Fladenbrot zum Aufbacken

Zubereitungszeit: 45 Minuten, ohne Abtropfzeit (3–5 Tage)

1. Die Zitronen heiß abwaschen und abtrocknen. Von einer Zitrone die Schale fein abreiben. Zitrone halbieren, den Saft auspressen und 3 Esslöffel Saft davon abmessen. Thymian abspülen, trocken tupfen und die Blättchen von den Stängeln streifen. Blättchen fein hacken.

2. Den Joghurt mit 1 Teelöffel Salz, Zitronenschale, Zitronensaft und dem Thymian gut verrühren.

3. Eine großes Sieb am besten mit einer doppelten Lage Mulltuch auslegen. Die Joghurtmasse hineingeben und das Mulltuch wie ein Säckchen am Ende mit Schnur zusammenbinden. Das Sieb mit dem Joghurt so auf eine Schüssel setzen, dass die Flüssigkeit gut abtropfen kann und das Sieb nicht in der Flüssigkeit liegt. Das Joghurtsäckchen beschweren, z.B. mit einer Konservendose. Die Schüssel mit dem Sieb in den Kühlschrank stellen. Joghurt mindestens 3, höchstens 5 Tage abtropfen lassen.

4. Pistazien, Anis, Sultaninen und Aprikosen in kleine Stücke hacken. Die restliche Zitronenschale fein abreiben. Pistazien mit Anis, Sultaninen und Aprikosen in eine Schüssel geben. Honig und Olivenöl unterrühren.

5. Aus der gut abgetropften Joghurtmasse mit leicht angefeuchteten Händen 24 kleine Kugeln (je etwa 20 g) formen. Jede Kugel mit einer Seite in die Pistazien-Mischung drücken und mit der Mischung nach oben anrichten.

6. Das Fladenbrot in 12 dünne Scheiben schneiden. Fladenbrotscheiben im Toaster goldbraun rösten.

Tipp: Sie können die Fladenbrotscheiben auch auf ein Backblech legen und sie unter dem heißen Backofengrill von beiden Seiten goldbraun rösten.

Rezeptvariante: Für **Joghurt-Käse-Bällchen mit Kräuteröl** 1 ½ kg Joghurt (mind. 3,5 % Fett) mit 2 gestrichenen Teelöffeln Salz verrühren, wie beschrieben in einem Sieb abtropfen lassen. Daraus wie beschrieben 36 Kugeln formen und auf einem flachen Teller zugedeckt etwa 3 Stunden im Kühlschrank fest werden lassen. Dann mit 2 Lorbeerblättern, 3 Thymian- und 2 Oreganostängeln in Einweckgläser geben, mit so viel Olivenöl (etwa ½ Liter) übergießen, dass die Bällchen gut bedeckt sind. Gläser mit Twist-off-Deckeln® verschließen. Die Bällchen 1–2 Wochen kalt, dunkel und trocken gestellt aufbewahren, erst dann servieren.

Lachs, zitrusgebeizter I

Klassisch – für Gäste

6–8 Portionen

Pro Portion: E: 23 g, F: 13 g, Kh: 3 g, kJ: 919, kcal: 220, BE: 0,5

800 g Lachsfilet (ohne Haut und Gräten)
40 g Salz
80 g Zucker
6 Bio-Zitronen (unbehandelt, ungewachst)
2–3 EL Zitronenpfeffer
4 EL Schnittlauchröllchen

Zubereitungszeit: 30 Minuten, ohne Marinierzeit

1. Lachsfilet unter fließendem kalten Wasser abspülen und trocken tupfen. Salz und Zucker gut vermischen.

2. Die Hälfte der Salz-Zucker-Mischung auf dem Boden einer länglichen Form mit hohem Rand verteilen. Das Lachsfilet darauflegen und mit der restlichen Salz-Zucker-Mischung bestreuen.

3. Die Zitronen heiß abwaschen und abtrocknen. Die Schale mit einem Zestenreißer abziehen oder mit einer kleinen Reibe abreiben. Die Zitronen halbieren und den Saft auspressen.

4. Den Zitronensaft um das Lachsfilet gießen. Der Lachs sollte mindestens bis zur Hälfte, höchstens aber bis zu zwei Dritteln im Zitronensaft liegen (richtige Form aussuchen).

5. Die Zitronenschale auf dem Lachsfilet verteilen und mit Zitronenpfeffer bestreuen. Die Form mit Frischhaltefolie bedeckt etwa 48 Stunden in den Kühlschrank stellen. Den Lachs evtl. zwischendurch mit der Marinade begießen.

6. Die Zitronenmarinade abgießen. Das Lachsfilet mit den Schnittlauchröllchen bestreuen und in etwa ½ cm dicke Scheiben schneiden.

Tipps: Durch die Säure wirkt der Lachs äußerlich wie gegart, sollte aber im Kern noch glasig sein. Zitrusgebeizten Lachs mit Crème fraîche und Blattsalaten als Vorspeise servieren.

Lachs-Buttermilch-Sülze mit Gemüse-Vinaigrette I

Gut vorzubereiten
8 Portionen

Pro Portion: E: 10 g, F: 10 g, Kh: 4 g, kJ: 609, kcal: 146, BE: 0,0

Für die Buttermilchsülze:
250 g Räucherlachs, in Scheiben
8 Blatt weiße Gelatine
500 ml Buttermilch
2 EL fein geschnittener Dill
Salz, gem. Pfeffer
etwas Zitronensaft

Für die Gemüse-Vinaigrette:
120 g Möhren
100 g Knollensellerie
70 g Porree (Lauch)
2–3 EL weißer Balsamico-Essig
5 EL Geflügelbrühe
6 EL Olivenöl

einige vorbereitete Stängel Dill

Zubereitungszeit: 35 Minuten, ohne Kühlzeit

1. Für die Buttermilchsülze die Räucherlachsscheiben mit Küchenpapier trocken tupfen.

2. Gelatine nach Packungsanleitung einweichen. Die Gelatine leicht ausdrücken. Etwas von der Buttermilch in einem kleinen Topf erwärmen, Gelatine hinzugeben und darin bei schwacher Hitze unter Rühren auflösen. Den Topf von der Kochstelle nehmen.

3. Die restliche Buttermilch nach und nach unter die aufgelöste Gelatine rühren. Den Dill unterrühren. Die Buttermilch-Gelatine-Flüssigkeit mit Salz, Pfeffer und Zitronensaft abschmecken.

4. Etwas von der Buttermilch-Gelatine-Flüssigkeit vorsichtig in eine Terrinenform (etwa 23 x 11 cm, mit Frischhaltefolie ausgelegt) gießen, sodass der Boden bedeckt ist. Die Terrinenform zugedeckt in den Kühlschrank stellen und die Buttermilch-Gelatine-Flüssigkeit fest werden lassen. Dann einige Räucherlachsscheiben auf den Buttermilchspiegel legen.

5. Wieder etwas von der Buttermilch-Gelatine-Flüssigkeit auf die Räucherlachsscheiben geben. Die Form wieder in den Kühlschrank stellen und die Oberfläche der Flüssigkeit fest werden lassen. Restliche Lachsscheiben und Buttermilch-Gelatine-Flüssigkeit in gleicher Weise einschichten. Danach die Buttermilchsülze zugedeckt etwa 6 Stunden oder über Nacht in den Kühlschrank stellen.

6. Für die Vinaigrette Möhren und Sellerie schälen, abspülen, abtropfen lassen und in sehr kleine Würfel schneiden. Porree putzen, längs halbieren, gründlich waschen, abtropfen lassen und in sehr kleine Stücke schneiden. Die vorbereiteten Gemüsezutaten kurz in kochendem Wasser blanchieren, in ein Sieb abgießen, mit kaltem Wasser abschrecken und abtropfen lassen.

7. Den Essig mit der Brühe verrühren, mit Salz und Pfeffer würzen. Olivenöl langsam mit einem Schneebesen unterrühren. Die Möhren-, Selleriewürfel und Porreestückchen untermischen.

8. Sülze aus der Form stürzen, aufschneiden, mit der Gemüse-Vinaigrette anrichten und mit Dill garnieren.

Lachsröllchen | Für die Party

24 Stück

Pro Stück: E: 4 g, F: 4 g, Kh: 4 g, kJ: 281, kcal: 67, BE: 0,5

250 ml	*Milch (3,5 % Fett)*
1 Beutel	*Kartoffelpüreepulver mit Milch (für 3 Portionen)*
1 Bund	*Dill*
1 EL	*körniger Senf*
100 g	*Crème fraîche*
	Salz, gem. Pfeffer
1 Prise	*Zucker*
400 g	*Räucherlachs, in dünnen Scheiben*

Zubereitungszeit: 35 Minuten, ohne Kühlzeit

1. Die Milch in einem Topf aufkochen lassen und in eine Schüssel gießen. Püreeflocken hinzufügen und mit einem Kochlöffel unterrühren. Nach etwa 1 Minute nochmals kräftig durchrühren. Püree erkalten lassen.

2. Den Dill abspülen, trocken tupfen und die Spitzen von den Stängeln zupfen. Die Hälfte der Spitzen klein schneiden. Restliche Dillspitzen beiseitelegen. Den gehackten Dill, den Senf und die Crème fraîche mit dem Kartoffelpüree verrühren. Die Masse mit Salz, Pfeffer und Zucker würzen.

3. Aus der Püreemasse mit angefeuchteten Händen 2 lange Rollen (je etwa 36 cm Länge) formen.

4. Ein etwa 50 cm langes Stück Frischhaltefolie auf eine Arbeitsfläche legen. Die Hälfte der Lachsscheiben zu einem Rechteck (etwa 15 x 36 cm) darauflegen. Dabei die Lachsscheiben leicht überlappen lassen. Etwas von den beiseitegelegten Dillspitzen darauf verteilen.

5. Eine Püreerolle in die Mitte des Lachsrechtecks legen. Den Lachs mithilfe der Folie um die Rolle wickeln, in der Folie fest aufrollen. Restliche Lachsscheiben, etwas Dill und die zweite Püreerolle ebenso zubereiten. Die Rollen etwa 60 Minuten in den Kühlschrank legen.

6. Die Rollen aus der Folie lösen, in etwa 3 cm breite Stücke schneiden und auf einer Platte anrichten. Die Lachsröllchen zum Schluss noch mit den restlichen Dillspitzen garnieren.

Lammbällchen mit Joghurt-Tomaten-Gurkensalat

Etwas Besonderes

8 Portionen

Pro Portion: E: 9 g, F: 17 g, Kh: 5 g, kJ: 866, kcal: 207, BE: 0,5

1 Möhre
1 Bund glatte Petersilie
250 g Lammgehacktes
1 Msp. Cayennepfeffer
1 Msp. gem. Kreuzkümmel (Cumin)
1 Msp. gem. Zimt
1 Msp. gerebelter Majoran
70 g fein gehackte Walnusskerne
1 TL Grenadinesirup
1 Eigelb (Größe M)
2 EL Olivenöl
Salz
gem. Pfeffer
2 EL Olivenöl

Für den Joghurt-Tomaten-Gurkensalat:

½ Salatgurke (etwa 300 g)
2–3 Tomaten
2 Stängel Minze
200 g Joghurt (3,5 % Fett)
1 EL Olivenöl
1–2 EL Zitronensaft

Zubereitungszeit: 40 Minuten, ohne Durchziehzeit
Bratzeit: 6–8 Minuten

1. Möhre putzen, schälen, abspülen, abtropfen lassen und in sehr kleine Würfel schneiden oder raspeln. Die Petersilie abspülen, trocken tupfen und die Blättchen von den Stängeln zupfen. Blättchen klein schneiden.

2. Das Gehackte in eine Rührschüssel geben. Möhrenwürfel oder -raspel, Cayennepfeffer, Kreuzkümmel, Zimt, Majoran, gehackte Walnusskerne, Grenadinesirup, Eigelb, gehackte Petersilie und Olivenöl hinzufügen. Die Zutaten unter die Hackfleischmasse kneten. Hackfleischmasse mit Salz und Pfeffer würzen. Anschließend zugedeckt im Kühlschrank etwa 30 Minuten durchziehen lassen.

3. Aus der Hackfleischmasse mit angefeuchteten Händen 16 Bällchen formen. Olivenöl in einer großen Pfanne erhitzen. Die Bällchen darin von allen Seiten anbraten und in 6–8 Minuten fertig braten. Lammbällchen warm stellen.

4. Für den Salat Gurke abspülen, abtrocknen und das Ende abschneiden. Die Gurke der Länge nach halbieren und entkernen. Eine Gurkenhälfte in etwa 1 cm große Würfel schneiden. Tomaten abspülen, abtrocknen, halbieren und die Stängelansätze entfernen. Tomatenhälften in kleine Würfel schneiden und mit den Gurkenwürfeln vermischen. Minze abspülen, trocken tupfen und die Blättchen von den Stängeln zupfen (einige Blättchen zum Garnieren beiseitelegen). Restliche Blättchen klein schneiden.

5. Joghurt mit Olivenöl und Minze verrühren, mit Zitronensaft, Salz und Pfeffer würzen. Die Joghurtsauce unter die Gurken- und Tomatenwürfel heben.

6. Lammbällchen mit dem Salat anrichten und mit den beiseitegelegten Minzeblättchen garnieren.

Lavendel-Melonentatar mit Ziegenkäsemousse | Etwas Besonderes

4 Portionen

Pro Portion: E: 8 g, F: 20 g, Kh: 39 g, kJ: 1553, kcal: 372, BE: 3,5

Für die Mousse:

1 Blatt weiße Gelatine
50 g Schlagsahne (mind. 30 % Fett)
150 g Ziegenfrischkäse
1 TL weißer Balsamico-Essig
1 TL flüssiger Honig
Salz, gem. Pfeffer

Für das Melonentatar:

1 Charentais- oder Cantaloupe-Melone
100 ml weißer Balsamico-Essig
4 EL flüssiger Honig
½ TL Salz
½ TL Lavendelblüten

4 kleine Frühlingsrollenblätter (aus dem Kühlregal)
etwas Olivenöl
½ TL Meersalz
2 EL grob gehackte Pinienkerne, geröstet
4 Lavendelblüten

Zubereitungszeit: 40 Minuten, ohne Abkühlzeit
Backzeit: 6–7 Minuten

1. Für die Mousse die Gelatine in kaltem Wasser einweichen. Sahne steif schlagen. Ziegenfrischkäse mit Essig verrühren. Honig in einem kleinen Topf erwärmen. Gelatine gut ausdrücken und in dem Honig unter Rühren auflösen.

2. Ziegenfrischkäse unterrühren, mit Salz und Pfeffer abschmecken, leicht abkühlen lassen. Sahne unterheben. Mousse zugedeckt in den Kühlschrank stellen.

3. Für das Tatar die Melone halbieren und entkernen. Melonenhälften schälen, in sehr kleine Würfel schneiden und in eine Schüssel geben. Essig mit Honig und Salz in einem kleinen Topf zum Kochen bringen und um die Hälfte einkochen lassen. Lavendelblüten hinzugeben. Den Topf von der Kochstelle nehmen. Den Sirup erkalten lassen.

4. Den Backofen vorheizen.
Ober-/Unterhitze: etwa 180 °C
Heißluft: etwa 160 °C

5. Den Sirup durch ein Sieb auf die Melonenwürfel passieren (streichen) und mit Pfeffer abschmecken.

6. Die Frühlingsrollenblätter diagonal durchschneiden, sodass 8 Dreiecke entstehen. Mit Olivenöl bestreichen und mit Meersalz bestreuen.

7. Die Teigdreiecke auf einem Backblech (mit Backpapier belegt) verteilen. Das Backblech in den vorgeheizten Backofen schieben. Die Teigdreiecke in **6–7 Minuten goldgelb und knusprig backen.**

8. Das Melonentatar auf 4 Tellern anrichten. Von der Mousse mit einem Löffel je 1 Nocke abstechen und auf das Tatar legen. 2 Knuspersegelchen (Gebäckdreiecke) anlegen. Mit Pinienkernen und einer abgespülten und trocken getupften Lavendelblüte garnieren.

Maki-Sushi mit Tunfisch I

Japanisch inspiriert

25 Stück

Pro Stück: E: 3 g, F: 2 g, Kh: 10 g, kJ: 295, kcal: 70, BE: 1,0

300 g	*Sushireis*
450 ml	*Wasser*
1 gestr. TL	*Salz*
4 EL	*Reisessig*
1 TL	*Zucker*
½ TL	*Salz*
250 g	*ganz frisches Tunfischfilet (möglichst ein langes, etwa 5 cm breites Stück)*
5 Blätter	*getrocknete Norialgen (erhältlich im Asialaden oder in Spezialitätenabteilungen von Supermärkten)*

Außerdem:

2 EL	*Sojasauce*
1 EL	*Wasabipaste*
125 g	*eingelegter Ingwer*

Zubereitungszeit: 35 Minuten, ohne Abkühlzeit
Garzeit: etwa 30 Minuten

1. Den Reis in ein Sieb geben und so lange unter fließendem kalten Wasser abspülen, bis das Wasser klar abläuft. Den Reis sehr gut abtropfen lassen.

2. Den Reis mit Wasser und Salz in einen Topf geben, zum Kochen bringen. Den Reis zugedeckt bei schwacher Hitze etwa 20 Minuten köcheln lassen. Dann den Topf von der Kochstelle nehmen und den Reis noch etwa 10 Minuten ausquellen lassen.

3. Reisessig in einem Topf erwärmen. Zucker und Salz darin unter Rühren auflösen. Mischung locker unter den heißen Reis mischen. Den Reis mit einem feuchten Tuch zudecken und fast ganz erkalten lassen.

4. Den Tunfisch kurz unter fließendem kalten Wasser abspülen, trocken tupfen und in 5 gleich lange Streifen schneiden.

5. Ein Noriblatt auf eine Sushimatte legen. Ein Fünftel der Reismasse darauf verteilen. 1 Streifen Tunfisch in die Mitte des Blattes legen und zu einer festen Rolle aufrollen. Mit den restlichen Noriblättern auf die gleiche Weise verfahren. Danach die Rollen in jeweils 5 Makiröllchen schneiden.

6. Sojasauce mit Wasabipaste verrühren. Sushi mit dem eingelegten Ingwer und der Sauce servieren.

Mandel-Cantuccini mit Parmesan I

Gut vorzubereiten
60 Stück

Pro Stück: E: 3 g, F: 4 g, Kh: 7 g, kJ: 306, kcal: 73, BE: 0,5

Zum Vorbereiten:
75 g getrocknete Aprikosen
10–12 frische Salbeiblätter
75 g Parmesan, am Stück

Für den Teig:
425 g Weizenmehl
1 TL Dr. Oetker Backin
1 TL Salz
75 g kalte Butter
2 Eier (Größe S)
125 ml Milch (3,5 % Fett)
150 g Salzmandeln, geröstet

Zum Bestreichen:
1 Eigelb

Zubereitungszeit: 40 Minuten, ohne Abkühlzeit
Backzeit: etwa 60 Minuten

1. Zum Vorbereiten die Aprikosen in etwa 1 cm große Stücke schneiden. Die Salbeiblätter abspülen, trocken tupfen und fein hacken. Den Parmesan fein reiben.

2. Den Backofen vorheizen.
Ober-/Unterhitze: etwa 180 °C
Heißluft: etwa 160 °C

3. Für den Teig Mehl mit Backpulver, Salz und 50 g von dem Parmesan in einer Rührschüssel mischen. Die Butter in Würfel schneiden und dazugeben.

4. Die Zutaten mit einem Mixer (Knethaken) zunächst kurz auf niedrigster, dann auf höchster Stufe zu einem grobkrümeligen Teig verkneten. Dabei nicht zu lange kneten.

5. Die Eier mit der Milch verquirlen, dazugeben und kurz unterkneten, sodass ein glatter Teig entsteht.

6. Den Teig auf eine leicht bemehlte Arbeitsfläche geben. Salzmandeln, Aprikosenstücke und fein gehackten Salbei mit den Händen kurz und gleichmäßig unterkneten.

7. Den Teig in 2 Portionen teilen. Jede Teigportion zu 1 Teigstange formen (je etwa 35 cm lang, 5 cm breit, 2 cm hoch).

8. Die Teigstangen auf ein Backblech (mit Backpapier belegt) legen. Dabei etwas Abstand zwischen den Teigstangen lassen.

9. Das Eigelb verquirlen, die Teigstangen damit bestreichen und dann mit dem restlichen Parmesan bestreuen.

10. Das Backblech in den vorgeheizten Backofen (unteres Drittel) schieben. Die Teigstangen **etwa 30 Minuten vorbacken.**

11. Das Backblech auf einen Kuchenrost stellen. Die Backofentemperatur um etwa 20 °C herunterschalten. Das Gebäck etwa 10 Minuten abkühlen lassen.

12. Das Gebäck mit einem Sägemesser leicht schräg in etwa 1 cm breite Scheiben schneiden. Die Scheiben nebeneinander auf 2 Backbleche (mit Backpapier belegt) legen.

13. Die Backbleche nacheinander (bei Heißluft zusammen) in den heißen Backofen schieben. Die Cantuccini **weitere etwa 30 Minuten je Backblech backen.** Dabei die Cantuccini nach etwa 15 Minuten Backzeit einmal wenden.

14. Die Cantuccini mit dem Backpapier von dem Backblech auf einen Kuchenrost ziehen und erkalten lassen.

Tipps: Die Cantuccini lassen sich gut vorbereiten. In einer gut schließenden Blechdose können Sie sie etwa 1 Woche aufbewahren. Die traditionellen italienischen Mandel-Cantuccini werden süß, mit Zucker, Amaretto und verschiedenen Gewürzen zubereitet. Cantuccini werden immer doppelt gebacken, erst als Laib, dann in Scheiben geschnitten.

Mango mit Basilikum in Serrano-Schinken I

Schnell

4 Portionen

Pro Portion: E: 8 g, F: 12 g, Kh: 18 g, kJ: 912, kcal: 218, BE: 1,5

2 Mangos, nicht zu reif
8 Scheiben Serrano-Schinken
8 schöne Basilikumblättchen
4 EL Olivenöl
grob gem. Pfeffer
4 TL frische Rosmarinnadeln

Außerdem:

8 Holzstäbchen

Zubereitungszeit: 15 Minuten

1. Mangos halbieren und jeweils den Stein herauslösen. Jede Mangohälfte in 4 Spalten schneiden. Die Mangospalten schälen.

2. Schinkenscheiben längs halbieren. Basilikumblättchen abspülen und trocken tupfen.

3. Die Mangospalten zunächst mit je 1 Basilikumblättchen belegen, dann mit jeweils 1 halbierten Schinkenscheibe umwickeln und mit den Holzstäbchen feststecken.

4. Olivenöl in einer beschichteten Pfanne erhitzen. Die umwickelten Mangospalten darin von allen Seiten bei mittlerer Hitze goldbraun braten.

5. Etwas Pfeffer und die Rosmarinnadeln hinzugeben, in dem Olivenöl anrösten und die Mangospalten darin schwenken.

Marinierte Zitronenkartoffeln

Etwas Besonderes

4 Portionen

Pro Portion: E: 4 g, F: 15 g, Kh: 29 g, kJ: 1148, kcal: 274, BE: 2,5

750 g kleine festkochende Kartoffeln
1 Bio-Zitrone (unbehandelt, ungewachst)

Für die Marinade:

½ Bund glatte Petersilie
1 Knoblauchzehe
½ TL Fenchelkörner
125 ml Hühnerbrühe
1–2 EL Sherryessig
6 EL Olivenöl
Salz, gem. Pfeffer
1–2 TL brauner Zucker

Zubereitungszeit: 30 Minuten, ohne Marinierzeit

1. Die Kartoffeln unter fließendem Wasser abbürsten, knapp mit Wasser bedeckt, zugedeckt zum Kochen bringen und in etwa 20 Minuten gar kochen. Kartoffeln abgießen, mit kaltem Wasser abschrecken, abtropfen lassen. Kartoffeln noch warm pellen und Kartoffeln nach Belieben in Spalten schneiden.

2. Zitrone heiß abwaschen, abtrocknen, längs halbieren und in dünne Spalten schneiden. Die Kerne dabei entfernen.

3. Für die Marinade Petersilie abspülen und trocken tupfen. Die Blättchen von den Stängeln zupfen. Die Blättchen in schmale Streifen schneiden.

4. Knoblauch abziehen und durch eine Knoblauchpresse drücken. Fenchelkörner im Mörser zerdrücken.

5. Die Hühnerbrühe in einem Topf zum Kochen bringen. Dann den Topf von der Kochstelle nehmen. Essig, Petersilie, Knoblauch, Fenchel und Olivenöl unterrühren. Mit Salz und Pfeffer würzen.

6. Kartoffeln und Zitronenspalten in eine Schüssel geben, mit der Marinade übergießen und mindestens 2 Stunden stehen lassen. Zitronenkartoffeln mit Salz, Pfeffer und Zucker abschmecken.

Mezze-Gebäck I

Arabisch inspiriert

12 Stück

Pro Stück: E: 8 g, F: 7 g, Kh: 11 g, kJ: 585, kcal: 140, BE: 1,0

Für den Hefeteig:

60 ml lauwarmes Wasser
5 g frische Hefe
150 g Weizenmehl (Type 550)
Salz
1 Prise Zucker
1/2 Ei (Größe S)
1 EL Olivenöl

Für die Füllung:

1 Zwiebel (40 g)
2 Knoblauchzehen
2 EL Olivenöl
100 g Cocktailtomaten
8 Stängel glatte Petersilie
350 g Lammgehacktes
1 TL gem. Kreuzkümmel (Cumin)
1–2 EL Harissa (scharfe Gewürzpaste)

Zum Bestreuen:

10 g Pinienkerne

Zubereitungszeit: 60 Minuten, ohne Teiggehzeit
Backzeit: etwa 20 Minuten

1. Das Wasser in ein Gefäß geben, die Hefe hineinbröckeln, kurz mit einer Gabel verrühren. Das Hefewasser 10 Minuten stehen lassen, dann einmal gut verrühren.

2. Mehl mit Salz, Zucker, Ei, Olivenöl und dem Hefewasser in eine Rührschüssel geben. Die Zutaten mit einem Mixer (Knethaken) zunächst kurz auf niedrigster, dann auf höchster Stufe zu einem glatten, elastischen Teig verkneten.

3. Den Teig zu einer Kugel formen und zugedeckt an einem warmen Ort etwa 90 Minuten gehen lassen.

4. In der Zwischenzeit für die Füllung die Zwiebel und Knoblauch abziehen, beides in feine Würfel schneiden. Olivenöl in einer Pfanne erhitzen. Zwiebel- und Knoblauchwürfel darin unter Rühren kräftig andünsten, dann auf einen Teller geben und erkalten lassen.

5. Tomaten abspülen, abtrocknen, halbieren und evtl. die Stängelansätze herausschneiden. Die Tomaten in kleine Stückchen schneiden, dabei mit der Hand den größten Teil des Saftes auspressen.

6. Den Backofen vorheizen.
Ober-/Unterhitze: etwa 200 °C
Heißluft: etwa 180 °C

7. Petersilie abspülen, trocken tupfen und die Blättchen von den Stängeln zupfen. Blättchen fein hacken.

8. Das Lammgehackte mit der erkalteten Zwiebel-Knoblauch-Mischung, den Tomatenstückchen, der fein gehackten Petersilie sowie Kreuzkümmel, Harissa und etwas Salz verkneten.

9. Den Hefeteig auf einer leicht bemehlten Arbeitsfläche zu einer etwa 25 cm langen Rolle formen. Die Teigrolle in 12 gleich große Scheiben schneiden. Jede Teigscheibe mit einer Teigrolle zu Ovalen (etwa 12 cm lang) ausrollen.

10. Die Füllung jeweils in der Mitte der Ovale verteilen. Den Teig seitlich um die Füllung legen, dabei die Enden spitz und fest zusammendrücken.

11. Die Füllung mit den Pinienkernen bestreuen, Pinienkerne leicht andrücken.

12. Das Mezze-Gebäck auf ein Backblech (mit Backpapier belegt) legen. Das Backblech in den vorgeheizten Backofen (unteres Drittel) schieben. Das Mezze-Gebäck **etwa 20 Minuten backen.**

13. Das Backblech auf einen Kuchenrost stellen. Mezze-Gebäck warm servieren oder erkalten lassen und kalt servieren.

Tipp: Das Lammgehackte können Sie durch die gleiche Menge Rindergehacktes ersetzen.

Miesmuscheln mit Oliven und Sardellen | Für Gäste

6–8 Portionen

Pro Portion: E: 15 g, F: 12 g, Kh: 8 g, kJ: 840, kcal: 200, BE: 0,5

800 g Miesmuschelfleisch (gekocht, in Lake)
6 große reife Tomaten
2 Knoblauchzehen
4 Schalotten
2 Stangen Staudensellerie
1 große Möhre
1 Bund glatte Petersilie
8 Sardellenfilets
3 EL Olivenöl
250 ml Fischfond
je 20 grüne und rötliche Oliven
gem. Pfeffer
etwas Zitronensaft
Salz
einige Salatblätter

Zubereitungszeit: 30 Minuten

1. Das Muschelfleisch in ein Sieb geben, mit kaltem Wasser übergießen und abtropfen lassen.

2. Die Tomaten kreuzweise einschneiden und mit kochendem Wasser übergießen. Nach 1–2 Minuten herausnehmen und mit kaltem Wasser abschrecken. Tomaten enthäuten, halbieren, entkernen und die Stängelansätze herausschneiden. Tomatenhälften in Würfel schneiden.

3. Knoblauch und Schalotten abziehen. Knoblauch in dünne Scheiben schneiden. Schalotten zuerst in Scheiben schneiden, dann in Ringe teilen.

4. Staudensellerie putzen und die harten Außenfäden abziehen. Sellerie abspülen, abtropfen lassen und in Würfel schneiden. Möhre putzen, schälen, abspülen, abtropfen lassen und ebenfalls klein würfeln. Petersilie abspülen, trocken tupfen und die Blättchen von den Stängeln zupfen. Blättchen klein schneiden. Die Sardellenfilets grob hacken.

5. Olivenöl in einem weiten Topf erhitzen. Knoblauchscheiben und Schalottenringe darin andünsten. Dann Sellerie- und Möhrenwürfel hinzufügen, mit andünsten. Fischfond hinzugießen und zum Kochen bringen. Sellerie- und Möhrenwürfel so lange dünsten, bis sie weich sind.

6. Muschelfleisch und Oliven zu der Gemüsemasse geben, mit Pfeffer kräftig würzen. Muschelfleisch und Oliven unter Rühren miterhitzen. Tomatenwürfel, Sardellenstücke und Petersilie unterrühren, 2–3 Minuten bei schwacher Hitze mitkochen lassen. Alles mit Zitronensaft, Salz und Pfeffer abschmecken.

7. Nach Belieben die Miesmuscheln mit Oliven und Sardellen in Gläsern anrichten, mit abgespülten und trocken getupften Salatblättern garnieren.

Wichtig: Vorsichtig mit Salz würzen, da die Sardellen salzig sind.

Migas

Grüße aus Spanien

4–6 Portionen

Pro Portion: E: 5 g, F: 10 g, Kh: 20 g, kJ: 808, kcal: 193, BE: 1,5

200 g Weißbrot (2–3 Tage alt)
3 EL Milch oder Wasser
1–2 Knoblauchzehen
30 g Räucherspeck
4 EL Olivenöl
1–2 TL Paprikapulver edelsüß

Zubereitungszeit: 20 Minuten, ohne Einweich- und Abkühlzeit

1. Das Weißbrot mit einem Sägemesser in etwa 2 cm große Würfel schneiden. Die Brotwürfel in eine flache Schale legen, mit Milch oder Wasser besprenkeln und mindestens 3 Stunden stehen lassen.

2. Den Knoblauch abziehen und sehr klein schneiden. Speck in kleine Würfel schneiden.

3. Olivenöl in einer Pfanne erhitzen, die Speckwürfel darin auslassen. Speckwürfel mit einer Schaumkelle herausnehmen, auf Küchenpapier legen, abtropfen und abkühlen lassen.

4. Die Brotwürfel in die Pfanne geben und in dem Olivenöl bei schwacher Hitze von allen Seiten goldbraun rösten.

5. Speckwürfel fein hacken. Kurz vor Ende des Röstens Knoblauch und Speckwürfel zu den Brotwürfeln geben und miterhitzen. Brotwürfel mit Paprika bestreuen und erkalten lassen.

Tipp: Wenn es schnell gehen soll, können Sie auch frisches Weiß- oder Toastbrot würfeln. Es muss nicht eingeweicht werden und kann sofort, wie im Rezept beschrieben, geröstet werden.

Mini-Pizzen

Für Kinder – vegetarisch
12 Stück

Pro Stück: E: 14 g, F: 15 g, Kh: 43 g, kJ: 1540, kcal: 368, BE: 3,5

Für den Hefeteig:

600 g Weizenmehl
1 Pck. Dr. Oetker Trockenbackhefe
1 Prise Zucker
1 gestr. TL Salz
250 ml lauwarmes Wasser
4 EL Olivenöl

Für den Belag:

800 g Tomaten
je 2 rote, gelbe und grüne Paprikaschoten
1 Zucchini (etwa 200 g)
6 EL Olivenöl
Salz
gem. Pfeffer
500 g abgetropfter Mozzarella
2 EL gemischte, gehackte Kräuter, z. B. Oregano, Basilikum, Rosmarin

Zum Garnieren:

einige Basilikumblättchen

Zubereitungszeit: 60 Minuten, ohne Teiggehzeit
Backzeit: 10–12 Minuten je Backblech

1. Für den Teig Mehl in eine Rührschüssel geben und mit Trockenbackhefe sorgfältig vermischen. Zucker, Salz, Wasser und Olivenöl hinzufügen. Die Zutaten mit einem Mixer (Knethaken) zunächst kurz auf niedrigster, dann auf höchster Stufe in etwa 5 Minuten zu einem glatten Teig verarbeiten. Den Teig zugedeckt so lange an einem warmen Ort gehen lassen, bis er sich sichtbar vergrößert hat (etwa 20 Minuten).

2. Den Teig aus der Schüssel nehmen, auf einer leicht bemehlten Arbeitsfläche nochmals kurz durchkneten und etwa ½ dick ausrollen. Den Teig einige Minuten ruhen lassen, dann runde Platten (Ø etwa 8 cm) ausstechen. Restlichen Teig wieder zusammenkneten, erneut ausrollen und weitere Platten ausstehen. Insgesamt sollen 12 Platten entstehen. Diese mit etwas Abstand auf 2 Backbleche (mit Backpapier belegt) legen.

3. Für den Belag die Tomaten kreuzweise einschneiden und mit kochendem Wasser übergießen. Nach 1–2 Minuten herausnehmen und mit kaltem Wasser abschrecken. Tomaten enthäuten, halbieren, entkernen und die Stängelansätze herausschneiden. Die Tomatenhälften in kleine Würfel schneiden.

4. Die Paprikaschoten halbieren, entstielen, entkernen und die weißen Scheidewände entfernen. Die Schotenhälften abspülen und abtropfen lassen. Zucchini abspülen, abtrocknen und die Enden abschneiden. Dann Schotenhälften und Zucchini ebenfalls in kleine Würfel schneiden.

5. Den Backofen vorheizen.
Ober-/Unterhitze: etwa 180 °C
Heißluft: etwa 160 °C

6. Das Olivenöl portionsweise in einer großen Pfanne erhitzen. Nacheinander die Tomaten-, Paprika- und Zucchiniwürfel darin andünsten. Jeweils mit Salz und Pfeffer würzen.

7. Zuerst die Tomaten-, dann die Paprika- und Zucchiniwürfel auf den Teigplatten verteilen. Mozzarella in 12 Scheiben schneiden. Je 1 Scheibe Mozzarella auf den Pizzabelag legen. Die Pizzen mit den Kräutern bestreuen.

8. Die Backbleche nacheinander (bei Heißluft zusammen) in den vorgeheizten Backofen schieben. Die Pizzen **10–12 Minuten je Backblech backen.**

9. Zum Garnieren Basilikumblättchen abspülen und trocken tupfen. Die Mini-Pizzen mit den Basilikumblättchen garnieren und sofort servieren.

Tipp: Wenn es nicht nur vegetarisch sein soll, können einige Pizzen auch mit Tunfisch aus der Dose, Kochschinkenwürfeln oder dünnen Salamischeiben belegt werden.

Minizwiebeln mit Bacon, geschmorte | Einfach

4 Portionen

Pro Portion: E: 5 g, F: 10 g, Kh: 6 g, kJ: 574, kcal: 138, BE: 0,5

100 g	*Bacon (Frühstücksspeck, in Scheiben)*
1 EL	*Olivenöl*
500 g	*kleine Zwiebeln*
3 EL	*geschälte Tomaten (aus der Dose)*
	Salz
	gem. Pfeffer

Zubereitungszeit: 30 Minuten
Garzeit: etwa 40 Minuten

1. Den Bacon in feine Streifen schneiden. Olivenöl in einer Pfanne erhitzen. Speckstreifen darin kurz anbraten.

2. Die Zwiebeln abziehen, zu den Speckstreifen in die Pfanne geben und kurz mitbraten lassen. Die Tomaten unterrühren. So viel Wasser hinzugießen, dass die Zwiebeln zur Hälfte mit Wasser bedeckt sind, mit Salz und Pfeffer würzen.

3. Die Zwiebeln zugedeckt etwa 40 Minuten schmoren, bis sie weich sind. Eventuell während der Garzeit noch etwas Wasser hinzugießen. Zwiebeln nach der Garzeit nochmals mit Salz und Pfeffer abschmecken.

Tipp: Statt kleiner Zwiebeln können Sie auch Minizwiebeln verwenden, dann verkürzt sich die Schmorzeit auf 15–20 Minuten.

Mohnrollen mit Ingwer-Curry-Dip | Vegetarisch

8–10 Portionen

Pro Portion: E: 12 g, F: 18 g, Kh: 28 g, kJ: 1368, kcal: 328, BE: 2,5

Für den Teig:

2 TL rosa Pfefferbeeren
1 gestr. TL Salz
140 g gesiebtes Weizenmehl
60 g gem. Mohn
100 g Butter oder Margarine
2 EL heller Sirup
150 g Crème fraîche
4 Eiweiß (Größe M)

Für den Ingwer-Curry-Dip:

30 g frischer Ingwer
375 g Magerquark
300 g Joghurt (1,5 % Fett)
2 TL Currypulver
1 TL gem. Koriander
3–4 TL flüssiger Honig
2 TL mittelscharfer Senf
2 geh. EL Ingwerkonfitüre
Salz, gem. Zimt

Zubereitungszeit: 90 Minuten, ohne Abkühlzeit
Backzeit: 4–5 Minuten je Backblech

1. Den Backofen vorheizen.
Ober-/Unterhitze: etwa 200 °C
Heißluft: etwa 180 °C

2. Für den Teig Pfefferbeeren mit dem Salz in einem Mörser sehr fein zerstoßen, mit Mehl und Mohn in einer Schüssel mischen.

3. Die Butter oder Margarine mit Sirup in einer Rührschüssel mit einem Mixer (Rührstäbe) auf höchster Stufe geschmeidig rühren. Mohn-Mehl-Mischung und Crème fraîche unterrühren. Eiweiß steif schlagen und unterheben.

4. Jeweils etwa 4 Teelöffel des Teiges in breiten Abständen voneinander auf Backbleche (gefettet, mit Backpapier belegt) setzen. Die Teighäufchen mit einer Backpalette oder einem Messer zu dünnen Platten (Ø etwa 10 cm) verstreichen. Die Backbleche nacheinander (bei Heißluft zusammen) in den vorgeheizten Backofen schieben. Die Gebäckplatten **4–5 Minuten je Backblech backen.**

5. Die Gebäckplatten sofort nach dem Backen mit einem Messer an einer Seite vom Backblech lösen und mithilfe eines Kochlöffelstiels aufrollen. Die Rollen auf einen Kuchenrost legen und erkalten lassen. Die erkalteten Rollen bis zum Verzehr in einer gut schließenden Dose aufbewahren.

6. Für den Dip Ingwer schälen und auf einer Haushaltsreibe fein reiben. Den Quark mit Joghurt in einer Schüssel verrühren. Ingwer, Curry, Koriander, Honig, Senf und Konfitüre gut unterrühren. Den Dip mit Salz und Zimt abschmecken. Die Mohnrollen mit dem Dip servieren.

Tipp: Wenn die Gebäckplatten zu stark abgekühlt sind, lassen sie sich nicht mehr aufrollen. Dann das Backblech nochmals kurz in den heißen Backofen schieben, bis die Gebäckplatten wieder warm sind.

Möhren mit Parmaschinken

Für Gäste

10–12 Stück

Pro Stück: E: 2 g, F: 2 g, Kh: 3 g, kJ: 171, kcal: 41, BE: 0,5

10–12	*junge Möhren mit Grün*
1 EL	*Balsamico-Essig*
	Salz
1 Prise	*Zucker*
	gem. Pfeffer
3 EL	*Olivenöl*
5–6 Scheiben	*Parmaschinken*
evtl. etwas	*Petersilie und Rosmarin*

Zubereitungszeit: 25 Minuten, ohne Marinierzeit

1. Möhren putzen, schälen, dabei jeweils etwas von dem Stiel stehen lassen. Möhren abspülen, abtropfen lassen, kurz in kochendem Wasser blanchieren und in kaltem Wasser abschrecken. Möhren in eine flache Schale legen.

2. Essig mit Salz, Zucker und Pfeffer verrühren. Das Olivenöl unterschlagen. Die Möhren mit der Marinade beträufeln und etwa 60 Minuten marinieren, dabei gelegentlich wenden.

3. Schinkenscheiben längs halbieren. Die Möhren aus der Marinade nehmen und mit je 1 Schinkenscheibe umwickeln.

4. Nach Belieben Petersilie und Rosmarin abspülen, trocken tupfen. Von der Petersilie die Blättchen von den Stängeln zupfen. Die Möhren auf einer Platte anrichten. Mit den Petersilienblättchen und dem Rosmarin garnieren.

Tipp: Auch lecker schmecken mit Parmaschinken umwickelte Grissini.

Möhren-Ingwer-Püfferchen mit Apfelkompott | Etwas Besonderes

4 Portionen

Pro Portion: E: 5 g, F: 13 g, Kh: 34 g, kJ: 1159, kcal: 277, BE: 3,0

500 g	*Möhren*
1	*Kartoffel*
1/2 Topf	*Schnittlauch*
2 Stängel	*Koriander*
1 walnussgroßes Stück	*frischer Ingwer*
1 Pck.	*Dr. Oetker Finesse Orangenschalen-Aroma*
1 Msp.	*gem. Kreuzkümmel (Cumin)*
2 EL	*Weizenmehl*
2 EL	*Semmelbrösel*
1	*Ei (Größe M)*
	ger. Muskatnuss
	Salz
	gem. Pfeffer
5–6 EL	*Olivenöl*
370 g	*Apfelkompott (aus dem Glas)*

Zubereitungszeit: 40 Minuten
Bratzeit: etwa 6 Minuten je Pfanne

1. Möhren putzen, schälen, abspülen und abtropfen lassen. Die Kartoffel schälen, abspülen und abtropfen lassen. Die Möhren und Kartoffeln grob raspeln. Schnittlauch und Koriander abspülen und trocken tupfen. Schnittlauch in Röllchen schneiden. Die Blättchen von den Korianderstängeln abzupfen (einige Blättchen zum Garnieren beiseitelegen). Blättchen klein schneiden. Ingwer schälen und fein reiben.

2. Möhren-, Kartoffelraspel, Schnittlauchröllchen, Koriander, Ingwer, Orangenschalen-Aroma, Kreuzkümmel, Mehl, Semmelbrösel und Ei in eine Rührschüssel geben. Die Zutaten gut verrühren. Die Teigmasse mit Muskat, Salz und Pfeffer würzen.

3. Etwas von dem Olivenöl in einer beschichteten Pfanne erhitzen. Den Pufferteig portionsweise mit einem Esslöffel in das heiße Olivenöl geben und etwas flach drücken. Die Püfferchen von jeder Seite etwa 3 Minuten braten, bis sie goldbraun sind. Aus dem Pufferteig insgesamt 8–12 Püfferchen braten.

4. Die fertigen Püfferchen aus der Pfanne nehmen, kurz abtropfen lassen und auf Küchenpapier legen. Püfferchen warm stellen.

5. Püfferchen mit dem Apfelkompott anrichten. Mit den beiseitegelegten Korianderblättchen garnieren und servieren.

Mortadella-Zucchini-Röllchen I

Dauert länger

24 Stück

Pro Stück: E: 3 g, F: 7 g, Kh: 1 g,
kJ: 312, kcal: 75, BE: 0,0

4	*mittelgroße Zucchini (etwa 1,2 kg)*
	Salz
etwa 8 EL	*Olivenöl*
	gem. Pfeffer

Für die Marinade:

1 kleines Bund	*Majoran*
einige Stängel	*Basilikum*
2–3 EL	*heller Balsamico-Essig oder Weißweinessig*
	Paprikapulver rosenscharf
24 dünne, große Scheiben	*italienische Mortadella (etwa 350 g)*

Zubereitungszeit: 60 Minuten, ohne Saftzieh- und Marinierzeit

1. Die Zucchini abspülen, abtrocknen und die Enden abschneiden.

2. Drei Zucchini mit einem Gemüsehobel oder mit einer Aufschnittmaschine der Länge nach in dünne Scheiben (etwa 2 mm) schneiden und mit Salz bestreuen.

3. Restliche Zucchini der Länge nach in etwa ½ cm dicke Streifen schneiden und ebenfalls salzen. Die Zucchinischeiben und -streifen etwa 20 Minuten zum Saftziehen stehen lassen.

4. Sechs Esslöffel Olivenöl in einer Pfanne erhitzen.

5. Die Zucchinischeiben trocken tupfen und darin portionsweise von beiden Seiten anbraten, mit Pfeffer bestreuen und herausnehmen. Die Zucchinischeiben erkalten lassen.

6. Majoran und Basilikum abspülen, trocken tupfen. Die Blättchen von den Stängeln zupfen. Die Hälfte der Blättchen klein schneiden. Die klein geschnittenen Kräuter mit Essig verrühren, mit Salz, Pfeffer und Paprikapulver würzen. Das restliche Olivenöl unterschlagen.

7. Die Zucchinistreifen trocken tupfen, in eine flache Schale legen und mit der Marinade übergießen. Die Zucchinistreifen etwa 20 Minuten durchziehen lassen. Anschließend Zucchinistreifen herausnehmen und abtropfen lassen.

8. Von den Zucchinischeiben 24 zum Umwickeln beiseitelegen. Mortadellascheiben nebeneinander auf einer Arbeitsfläche ausbreiten.

9. Die Zucchinistreifen und die restlichen Zucchinischeiben in die Mitte der Mortadellascheiben legen und einrollen.

10. Die Rollen u-förmig zusammenklappen, mit den beiseitegelegten Zucchinischeiben in der Mitte umwickeln, auf einer Platte anrichten und mit restlichen Kräuterblättchen garnieren.

Tipp: Sie können die Mortadellascheiben nach Belieben durch dünne Schinken- oder Käsescheiben ersetzen.

Muscheln mit Knoblauch, überbackene | Mit Alkohol

6 Portionen

Pro Portion: E: 3 g, F: 21 g, Kh: 1 g, kJ: 883, kcal: 211, BE: 0,0

30 große Miesmuscheln
1 Schalotte
125 ml Wasser
250 ml Weißwein
1 EL gemischte gehackte Kräuter, z. B. Thymian, Estragon, Basilikum
3 Knoblauchzehen
150 g Butter (zimmerwarm)
3 EL gehackte glatte Petersilie
Salz

Zubereitungszeit: 30 Minuten
Backzeit: etwa 3 Minuten

1. Miesmuscheln in reichlich kaltem Wasser gründlich waschen und einzeln abbürsten, bis sie nicht mehr sandig sind. Muscheln, die sich beim Waschen geöffnet haben aussortieren, sie sind ungenießbar. Evtl. die Fäden (Bartbüschel) entfernen.

2. Den Backofen vorheizen.
Ober-/Unterhitze: etwa 220 °C
Heißluft: etwa 200 °C

3. Die Schalotte abziehen und in kleine Würfel schneiden. Wasser mit Wein, Schalottenwürfeln und Kräutern in einem großen Topf zum Kochen bringen. Die Muscheln hinzugeben, zum Kochen bringen und zugedeckt 2–3 Minuten bei starker Hitze kochen lassen. Die Muscheln mit einem Schaumlöffel aus dem Sud nehmen und gut abtropfen lassen. Leere Schalenhälften und Muscheln, die sich nach dem Garen nicht öffnen, aussortieren. Sie sind ungenießbar.

4. Die Schalenhälften mit dem Muschelfleisch in eine Auflaufform legen. Knoblauch abziehen und fein zerdrücken. Butter geschmeidig rühren. Knoblauch und Petersilie unterrühren, mit Salz würzen. Die Kräuterbutter auf den Muscheln verteilen. Die Form auf dem Rost in den vorgeheizten Backofen schieben. Die Muscheln **etwa 3 Minuten überbacken.** Die Muscheln sofort servieren.

Nigiri-Sushi mit Lachs I

Für Gäste – gut vorzubereiten

25 Stück

Pro Stück: E: 3 g, F: 1 g, Kh: 13 g,
kJ: 326, kcal: 77, BE: 1,0

300 g Sushireis
450 ml Wasser
1 gestr. TL Salz
4 EL Reisessig
1 TL Zucker
½ TL Salz
250 g ganz frisches Lachsfilet (möglichst ein etwa 5 cm breites, langes Stück)
3 TL Wasabipaste
1–2 EL Sojasauce
125 g eingelegter Ingwer

Zubereitungszeit: 40 Minuten, ohne Abkühlzeit
Garzeit: etwa 30 Minuten

1. Den Reis in ein Sieb geben und so lange unter fließendem kalten Wasser abspülen, bis das Wasser klar abläuft. Den Reis sehr gut abtropfen lassen.

2. Den Reis mit Wasser und Salz in einem Topf zum Kochen bringen. Den Reis zugedeckt bei schwacher Hitze etwa 20 Minuten köcheln lassen. Dann den Topf von der Kochstelle nehmen und den Reis noch etwa 10 Minuten ausquellen lassen.

3. Den Reisessig erwärmen. Zucker und Salz darin unter Rühren auflösen. Die Mischung locker unter den heißen Reis mischen. Den Reis mit einem feuchten Tuch zudecken und fast ganz erkalten lassen.

4. Das Lachsfilet kurz unter fließendem kalten Wasser abspülen, trocken tupfen und in 25 schräge Scheiben schneiden.

5. Jeweils etwas Wasabipaste auf die Lachsscheiben streichen. 1 tischtennisballgroße Reisportion in die eine Hand und 1 Lachsscheibe (die bestrichene Seite nach oben) in die andere Hand nehmen. Den Reis auf die Lachsscheibe drücken und dabei in die typische längliche Form bringen. Mit der Lachsseite nach oben auf einer Platte anrichten.

6. So weiter fortfahren, bis 25 Sushi entstanden sind. Sushi mit Sojasauce, Wasabipaste und eingelegtem Ingwer servieren.

Nordic Scones | Sandwich mal anders

6 Stück

Pro Stück: E: 22 g, F: 23 g, Kh: 26 g, kJ: 1691, kcal: 404, BE: 2,0

Zum Vorbereiten:

75 g vorgegarte Rote Bete (vakuumverpackt)

Für den Teig:

175 g Weizenmehl
1 ½ gestr. TL Dr. Oetker Backin
1 TL Senfpulver
Cayennepfeffer
Salz
75 g Butter (zimmerwarm)
75 g grob geraspelter Cheddar-Käse
1 Ei (Größe L)
2 ½–3 EL Buttermilch

2 EL Milch

Für den Belag:

1 eingelegte Salzzitrone (aus dem Glas, etwa 20 g)
5 Stängel Dill
250 g körniger Frischkäse
gem. schwarzer Pfeffer
6 Scheiben Graved Lachs (etwa 260 g)

Zubereitungszeit: 35 Minuten, ohne Abkühlzeit
Backzeit: etwa 18 Minuten

1. Zum Vorbereiten Rote Beete in etwa ½ cm große Würfel schneiden.

2. Den Backofen vorheizen.
Ober-/Unterhitze: etwa 200 °C
Heißluft: etwa 180 °C

3. Für den Teig Mehl mit Backpulver, Senfpulver und Cayennepfeffer in einer Rührschüssel gut vermischen. 1 Teelöffel Salz dazugeben. Butter daraufgeben und mit den Fingerspitzen so in die Mehlmischung einreiben, bis eine krümelige Textur entsteht. Den Käse untermischen.

4. Das Ei mit der Buttermilch verquirlen und mit einem Messer unterarbeiten. Die Rote-Bete-Würfel dazugeben. Die Zutaten mit den Händen kurz zu einem glatten Teig verkneten (der Teig sollte nicht mehr an der Schüssel kleben).

5. Den Teig auf einer leicht bemehlten Arbeitsfläche mit den Händen zu einem etwa 2 ½ cm hohen Teigstück formen. Daraus 6 Kreise (Ø etwa 6 cm) ausstechen. Die Teigkreise auf ein Backblech (mit Backpapier belegt) legen und mit Milch bestreichen. Das Backblech in den vorgeheizten Backofen schieben und die Nordic Scones **etwa 18 Minuten backen.**

6. Die Scones mit dem Backpapier von dem Backblech auf einen Kuchenrost ziehen. Scones erkalten lassen.

7. Für den Belag die Salzzitrone in sehr kleine Stückchen schneiden. Dill abspülen und trocken tupfen. Von 3 Stängeln die Spitzen abzupfen und fein schneiden.

8. Den Frischkäse mit den Zitronenstückchen, Dillspitzen, Salz und Pfeffer verrühren.

9. Die Scones einmal waagerecht durchschneiden. Die Hälfte des Frischkäses auf den Scones-Unterteilen verteilen, mit Lachs, evtl. zu einer Rose gelegt, belegen. Den restlichen Frischkäse darauf verteilen. Den restlichen Dill in 6 kleine Zweige teilen und daranlegen. Die Scones-Oberteile daraufsetzen. Die Scones sofort servieren.

Tipp: Die Scones schmecken frisch am besten.

Olivencocktail | Schnell

4 Portionen

Pro Portion: E: 11 g, F: 25 g, Kh: 3 g, kJ: 1191, kcal: 284, BE: 0,0

100 g frische Champignons
1–2 EL Zitronensaft
150 g Gouda
100 g abgetropfte schwarze Oliven, ohne Stein
175 g abgetropfte Spargelspitzen (aus dem Glas)
1 EL Weißweinessig
1 TL mittelscharfer Senf
4 EL Schlagsahne
2 EL Olivenöl
2 EL gehackte gemischte Kräuter, z. B. Petersilie, Dill, Schnittlauch
Salz, gem. Pfeffer
8 Blätter Kopfsalat

Zubereitungszeit: 20 Minuten

1. Champignons putzen, evtl. kurz abspülen und trocken tupfen. Champignons in Scheiben schneiden und anschließend mit Zitronensaft beträufeln.

2. Den Käse in feine Stifte schneiden. Die Oliven mit Champignonscheiben, Käsestiften und Spargelspitzen vermischen.

3. Den Weißweinessig mit Senf und Sahne verrühren. Das Olivenöl unterschlagen, die Kräuter unterrühren. Die Sauce mit Salz und Pfeffer abschmecken. Salatblätter abspülen, trocken tupfen und etwas kleiner zupfen.

4. Vier Gläser mit den Salatblättern auslegen. Die Salatzutaten darin verteilen und mit der Sauce beträufeln.

Tipp: Sie können auch TK-Kräuter verwenden.

Oliven-Kräuter-Stangen I

Gut vorzubereiten

16 Stück

Pro Stück: E: 3 g, F: 12 g, Kh: 6 g, kJ: 618, kcal: 148, BE: 0,5

200 g TK-Blätterteig (4 quadratische Platten)
80 g Pinienkerne
2 Knoblauchzehen
150 g abgetropfte schwarze Oliven, ohne Stein
70 ml Olivenöl
50 g Parmesan, am Stück
1 Stängel Rosmarin

Zum Bestreichen und Bestreuen:

1 Eiweiß
1 EL Wasser
1 EL grobes Meersalz

Zubereitungszeit: 50 Minuten, ohne Auftauzeit
Backzeit: etwa 15 Minuten

1. Die Blätterteigplatten nebeneinander zugedeckt nach Packungsanleitung auftauen lassen.

2. Pinienkerne in einer Pfanne ohne Fett unter Wenden goldbraun rösten und auf einen Teller geben.

3. Den Backofen vorheizen.
Ober-/Unterhitze: etwa 200 °C
Heißluft: etwa 180 °C

4. Den Knoblauch abziehen. Oliven, Knoblauch und Pinienkerne sehr fein hacken (Blitzhacker) und in eine Schüssel geben. Olivenöl hinzugießen. Die Zutaten zu einer Paste pürieren.

5. Parmesan auf einer Haushaltsreibe fein reiben und unter die Paste rühren. Rosmarin abspülen, trocken tupfen und die Nadeln von dem Stängel zupfen. Die Nadeln klein hacken und ebenfalls unterrühren.

6. Jede Blätterteigplatte auf einer leicht bemehlten Arbeitsfläche zu einem Rechteck (etwa 12 x 30 cm) ausrollen.

7. Zwei Blätterteigplatten mit der Olivenpaste bestreichen, dabei rundherum einen kleinen Rand frei lassen. Mit je 1 Teigplatte belegen, fest andrücken.

8. Die gefüllten Blätterteigrechtecke mit einem Teigrädchen längs in etwa 1 ½ cm breite Streifen rädeln oder schneiden und auf ein Backblech (mit Backpapier belegt) legen.

9. Zum Bestreichen und Bestreuen das Eiweiß mit Wasser verschlagen. Die Teigstreifen damit bestreichen und mit Salz bestreuen.

10. Das Backblech in den vorgeheizten Backofen schieben und die Oliven-Kräuter-Stangen **etwa 15 Minuten backen.**

11. Die Oliven-Kräuter-Stangen mit dem Backpapier vom Backblech auf einen Kuchenrost ziehen. Oliven-Kräuter-Stangen warm oder kalt servieren.

Oliven-Tomaten-Crostini | Klassisch

20 Stück

Pro Stück: E: 1 g, F: 4 g, Kh: 5 g,
kJ: 263, kcal: 63, BE: 0,5

1 Knoblauchzehe
60 ml Olivenöl
5 Scheiben Sandwich-Toastbrot
300 g Tomaten
1 Bund Basilikum
60 g abgetropfte schwarze Olivenringe (aus dem Glas)
Salz, gem. Pfeffer
20 g ger. Parmesan

Zubereitungszeit: 35 Minuten
Backzeit: etwa 10 Minuten

1. Den Backofen vorheizen.
Ober-/Unterhitze: etwa 200 °C
Heißluft: etwa 180 °C

2. Knoblauch abziehen und durch eine Knoblauchpresse drücken. Knoblauch mit der Hälfte des Olivenöls verrühren. Die Toastscheiben vierteln, mit dem Knoblauchöl beträufeln und auf ein Backblech (mit Backpapier belegt) legen. Das Backblech in den vorgeheizten Backofen schieben. Die Toastscheiben **etwa 5 Minuten rösten.**

3. Tomaten abspülen, abtrocknen, vierteln, entkernen und die Stängelansätze entfernen. Tomatenviertel in kleine Würfel schneiden. Basilikum abspülen, trocken tupfen und die Blättchen von den Stängeln zupfen. Einige Blättchen zum Garnieren beiseitelegen. Die restlichen Blättchen in Streifen schneiden. Tomatenwürfel mit Olivenringen und Basilikumstreifen vermengen, mit Salz und Pfeffer würzen.

4. Die Tomatenmasse auf den Brotvierteln verteilen, mit Käse bestreuen und mit dem restlichen Olivenöl beträufeln.

5. Das Backblech wieder in den heißen Backofen schieben. Die Crostini **bei gleicher Backofentemperatur weitere etwa 5 Minuten überbacken.**

6. Die Crostini mit den beiseitegelegten Basilikumblättchen garniert servieren.

Orientalische Minizwiebeln

Gut vorzubereiten

8 Portionen

Pro Portion: E: 2 g, F: 6 g, Kh: 8 g, kJ: 210, kcal: 201, BE: 2,5

1 kg	*kleine Zwiebeln*
500 ml	*Gemüsebrühe*
250 ml	*Obstessig*
150 g	*flüssiger Honig*
150 g	*Sultaninen*
4 EL	*Tomatenpüree (Tetrapak)*
4 EL	*Olivenöl*
1	*Lorbeerblatt*
1 Msp.	*gem. Kreuzkümmel (Cumin)*
1	*Sternanis*
	Salz
	gem. Pfeffer

Zubereitungszeit: 20 Minuten
Garzeit: etwa 30 Minuten

1. Die Zwiebeln abziehen und in einen Topf geben. Gemüsebrühe, Essig, Honig, Sultaninen, Tomatenpüree, Olivenöl, Lorbeerblatt, Kreuzkümmel, Sternanis, Salz und Pfeffer hinzufügen. Die Zutaten zum Kochen bringen.

2. Die Zwiebeln zugedeckt etwa 30 Minuten köcheln lassen, bis sie weich sind. Die Zwiebeln mit Salz und Pfeffer abschmecken, erkalten lassen.

Beilage: Knuspriges Fladenbrot.

Tipps: Die Zwiebeln mit dem Sud in ein Gefäß geben, mit einem Twist-off-Deckel® verschließen und in den Kühlschrank stellen. Die Zwiebeln halten sich etwa 1 Woche.

Pancakes | Klassisch

12 Stück

Pro Stück: E: 3 g, F: 2 g, Kh: 12 g, kJ: 345, kcal: 82, BE: 1,0

140 g Dinkelmehl (Type 630)
2 gestr. TL Dr. Oetker Backin
1 TL Zucker
1 Prise Salz
2 Eier (Größe M)
100 g Buttermilch
1–2 EL Mineralwasser mit Kohlensäure
3 TL Speiseöl
60 ml Ahornsirup
evtl. etwas Zitronenmelisse

Zubereitungszeit: 20 Minuten

1. Das Mehl mit Backpulver in einer Rührschüssel mischen. Zucker, Salz, Eier, Buttermilch und Mineralwasser hinzufügen. Die Zutaten mit einem Schneebesen zu einem glatten Teig verarbeiten.

2. Einen Teelöffel Speiseöl in einer beschichteten Pfanne erhitzen. Aus dem Teig in 3 Portionen insgesamt 12 Pancakes backen. Für jeden Pancake 1 Esslöffel Teig in die Pfanne geben. Die Pancakes bei schwacher bis mittlerer Hitze von jeder Seite goldbraun backen.

3. Die Pancakes mit Ahornsirup beträufeln und nach Belieben mit abgespülten und trocken getupften Zitronenmelisseblättchen garnieren.

Paprika und Avocado mit Frischkäse | Raffiniert

12 Portionen

Pro Portion: E: 5 g, F: 15 g, Kh: 5 g, kJ: 706, kcal: 169, BE: 0,5

400 g Doppelrahm-Frischkäse
Salz
gem. Pfeffer
Paprikapulver edelsüß
1 EL gehackter Dill
1 TL gehackte Kapern
je 2 rote und grüne Paprikaschoten
2 Avocados
1 EL Zitronensaft
einige Dillzweige
einige abgetropfte Kapern
etwas Kresse

Außerdem:
einige Holzstäbchen

Zubereitungszeit: 40 Minuten

1. Den Frischkäse in eine Schüssel geben. Salz, Pfeffer, Paprika, Dill und Kapern hinzufügen. Die Zutaten zu einer geschmeidigen Masse verrühren.

2. Paprikaschoten vierteln, entstielen, entkernen und die weißen Scheidewände entfernen. Schotenviertel abspülen, trocken tupfen und in Rauten schneiden. Paprikareste in kleine Würfel schneiden.

3. Die Avocados in der Mitte längs durchschneiden und jeweils den Stein herauslösen. Avocados schälen. Das Fruchtfleisch in Würfel oder Stücke schneiden und sofort mit Zitronensaft beträufeln.

4. Je einen Tupfen der Frischkäsemasse auf die Paprikarauten und Avocadowürfel oder -stücke setzen, mit Holzstäbchen fixieren.

5. Die Paprikarauten mit Paprikawürfeln und Dill, die Avocadostücke mit Kapern und Kresse garnieren.

Paprika-Käse-Spieße | Für Gäste

9 Spieße

Pro Spieß: E: 20 g, F: 27 g, Kh: 7 g, kJ: 1468, kcal: 351, BE: 0,5

je 3 gelbe, rote und grüne Paprikaschoten
Salz
gem. Pfeffer
300 g Schafskäse
300 g Gorgonzola
300 g Romadur (Weichkäse mit Rotschmiere)

Außerdem:

9 Holzspieße

Zubereitungszeit: 40 Minuten, ohne Abkühlzeit
Backzeit: 10–15 Minuten

1. Den Backofen vorheizen.
Ober-/Unterhitze: etwa 220 °C
Heißluft: etwa 200 °C

2. Paprikaschoten vierteln, entstielen, entkernen und die weißen Scheidewände entfernen. Schotenviertel abspülen, abtropfen lassen und mit der Hautseite nach oben auf ein Backblech (gefettet) legen. Das Backblech in den vorgeheizten Backofen schieben. Paprikastücke **10–15 Minuten backen.** So lange backen, bis die Haut dunkel wird und Blasen wirft.

3. Das Backblech auf einen Rost stellen. Die Paprikastücke mit einem feuchten Geschirrtuch belegen und etwas abkühlen lassen.

4. Die Paprikastücke enthäuten. Große Paprikastücke nochmals halbieren. Anschließend mit Salz und Pfeffer würzen.

5. Die 3 Käsesorten in jeweils 12 Stücke schneiden. Schafkäse auf die gelben, Gorgonzola auf die grünen und Romadur auf die roten Paprikastreifen legen. Die Paprikastreifen so zusammenrollen, dass die Hautseite nach außen zeigt.

6. Je 4 Paprika-Käse-Päckchen auf einen Holzspieß stecken und auf einer großen Platte anrichten.

Paprika-Schinken-Croissants

Originell – einfach

12 Stück

Pro Stück: E: 5 g, F: 10 g, Kh: 21 g, kJ: 815, kcal: 195, BE: 1,5

Für die Füllung:

1 große Zwiebel
2 Knoblauchzehen
500 g gemischte Paprikaschoten (rote, grüne, gelbe)
60 g abgetropfte getrocknete Tomaten, in Öl
2 EL Weizenkeimöl
40 g Schinkenwürfel
2 EL gehackte glatte Petersilie
Salz
gem. Pfeffer
2 EL Semmelbrösel

2 Rollen Croissant-Teig (für je 6 Croissants, aus dem Kühlregal)
2 EL Milch

Zubereitungszeit: 40 Minuten, ohne Abkühlzeit
Backzeit: 12–15 Minuten

1. Für die Füllung Zwiebel und Knoblauch abziehen, beides klein würfeln. Die Paprikaschoten halbieren, entstielen, entkernen und die weißen Scheidewände entfernen. Schotenhälften abspülen, abtropfen lassen und ebenfalls in kleine Würfel schneiden. Tomaten klein würfeln.

2. Weizenkeimöl in einem Topf erhitzen. Die Zwiebel- und Knoblauchwürfel darin andünsten. Paprika- und Schinkenwürfel hinzufügen, etwa 5 Minuten mitdünsten lassen, bis die Flüssigkeit verdampft ist.

3. Den Backofen vorheizen.
Ober-/Unterhitze: etwa 200 °C
Heißluft: etwa 180 °C

4. Die Tomatenwürfel und Petersilie unterrühren, mit Salz und Pfeffer würzen. Die Masse etwas abkühlen lassen. Semmelbrösel unterrühren, damit die Masse etwas Bindung bekommt.

5. Den Croissant-Teig aus der Packung nehmen und auf einer Arbeitsfläche ausbreiten. Je 1 Esslöffel der Füllung auf die breite Seite jedes Teigdreiecks geben. Die Dreiecke zur Spitze hin aufrollen und zu Hörnchen formen.

6. Die Croissants auf ein Backblech (mit Backpapier belegt) legen und mit Milch bestreichen. Das Backblech in den vorgeheizten Backofen (unteres Drittel) schieben. Die Croissants **12–15 Minuten backen.**

7. Die Croissants mit dem Backpapier vom Backblech auf einen Kuchenrost ziehen und erkalten lassen.

Paprikaschoten mit Tunfisch

Klassisch – für die Party

6 Stück

Pro Stück: E: 6 g, F: 9 g, Kh: 3 g, kJ: 484, kcal: 115, BE: 0,0

1	*kleine grüne Paprikaschote (etwa 150 g)*
1	*Schalotte (etwa 30 g)*
1–2	*Knoblauchzehen*
1 EL	*Olivenöl*
	Salz
	gem. Pfeffer
4 Stängel	*glatte Petersilie*
150 g	*abgetropfter Tunfisch naturell (aus der Dose)*
40 g	*Salatmayonnaise (50 % Fett)*
200 g	*abgetropfte geschälte rote Paprika (Spitzpaprika, aus dem Glas)*
	Paprikapulver rosenscharf

Zubereitungszeit: 45 Minuten, ohne Abkühlzeit

1. Die Paprikaschote halbieren, entstielen, entkernen und die weißen Scheidewände entfernen. Die Schotenhälften abspülen, abtropfen lassen und in kleine Würfel schneiden.

2. Schalotte und Knoblauch abziehen, beides klein würfeln. Olivenöl in einem Topf erhitzen. Die Schalotten- und Knoblauchwürfel darin andünsten. Die Paprikawürfel hinzugeben und zugedeckt etwa 6 Minuten dünsten. Flüssigkeit verdampfen lassen. Das Paprikagemüse mit Salz und Pfeffer würzen und erkalten lassen.

3. Die Petersilie abspülen, trocken tupfen und die Blättchen von den Stängeln zupfen. Einige Blättchen zum Garnieren beiseitelegen, restliche Blättchen klein schneiden.

4. Tunfisch mit einer Gabel auseinanderzupfen und in einen hohen Rührbecher geben. Mayonnaise hinzufügen und mit dem Pürierstab pürieren.

5. Von den eingelegten Paprikaschoten die 6 besten Schoten heraussuchen und auf Küchenpapier legen. Die restlichen Paprikaschoten in Würfel schneiden und zum Püree geben. Paprikagemüse und gehackte Petersilie unterheben. Das Ganze mit Salz, Pfeffer und Paprika würzen.

6. Die Tunfischcreme mit einem Teelöffel in die Spitzpaprika füllen. Gefüllte Paprikaschoten mit den beiseitegelegten Petersilienblättchen garnieren.

Beilage: Brot.

Pasteten mit asiatischer Hähnchenfüllung | Raffiniert

8 Stück

Pro Stück: E: 16 g, F: 28 g, Kh: 30 g, kJ: 1797, kcal: 429, BE: 2,5

450 g TK-Blätterteig (4 große rechteckige Platten)

Für die Füllung:

100 g geröstete, gesalzene Erdnusskerne
200 g Hähnchenbrustfilet
3 Stängel Zitronengras
1 Bund Frühlingszwiebeln
1 Bund Koriander
2 kleine rote Chilischoten
1 Knoblauchzehe
100 g frischer Ingwer
200 g Möhren
1 EL brauner Zucker
3 EL Sesamöl
3 EL salzige Sojasauce

1 verschlagenes Eiweiß
4 EL Sesamsamen

Zubereitungszeit: 60 Minuten, ohne Auftauzeit
Backzeit: etwa 40 Minuten

1. Die Blätterteigplatten nebeneinander zugedeckt nach Packungsanleitung auftauen lassen.

2. Für die Füllung Erdnusskerne grob hacken. Hähnchenbrustfilet unter fließendem kalten Wasser abspülen, trocken tupfen und in kleine Würfel schneiden.

3. Den Backofen vorheizen.
Ober-/Unterhitze: etwa 200 °C
Heißluft: etwa 180 °C

4. Das Zitronengras abspülen, trocken tupfen und mit einem scharfen Messer in feine Scheiben schneiden. Die Frühlingszwiebeln putzen, abspülen, gut abtropfen lassen und in feine Scheiben schneiden. Den Koriander abspülen, trocken tupfen und die Blättchen von

den Stängeln zupfen. Einige Blättchen zum Garnieren beiseitelegen. Die restlichen Blättchen grob zerschneiden.

5. Chilischoten abspülen, trocken tupfen und klein schneiden. Knoblauch abziehen und in sehr kleine Würfel schneiden. Ingwer schälen und fein hacken. Möhren putzen, schälen, abspülen, abtropfen lassen und klein würfeln.

6. Die vorbereiteten Zutaten in einer Schüssel mischen. Zucker, Sesamöl und Sojasauce untermengen.

7. Die Blätterteigplatten auf einer bemehlten Arbeitsfläche zu jeweils 1 Quadrat (etwa 20 x 40 cm) ausrollen. Teigrechtecke halbieren, sodass 8 Quadrate (etwa 20 x 20 cm) entstehen. Die Teigränder mit Eiweiß bestreichen. Die Füllung jeweils in die Mitte der Teigquadrate geben. Die Teigecken nach oben klappen und fest zusammendrücken. Teigpäckchen mit Eiweiß bestreichen, mit Sesam bestreuen. Mit einem Messer ein Muster in die Teigoberfläche ritzen.

8. Die Teigpasteten nicht zu dicht auf ein Backblech (mit Backpapier belegt) setzen. Das Backblech in den vorgeheizten Backofen schieben. Die Pasteten **etwa 40 Minuten backen.**

9. Die Pasteten vom Backblech lösen, anrichten und mit dem beiseitegelegten Koriander garniert servieren.

Pfeffer-Feigen-Cantuccini

Gut vorzubereiten
18 Stück

Pro Stück: E: 4 g, F: 6 g, Kh: 14 g, kJ: 525, kcal: 125, BE: 1,0

Zum Vorbereiten:

150 g getrocknete Feigen (keine Soft-Feigen)
2 EL vorbereitete frische Rosmarinnadeln

Für den Teig:

200 g Weizenmehl
1/2 gestr. TL Dr. Oetker Backin
1 EL Senfpulver
3 EL Mohnsamen
1 EL grob gem. schwarzer Pfeffer
1/2 TL Salz
25 g fein ger. Parmesan
35 g Butter (kalt)
1 Ei (Größe M)
60 ml Milch (3,5 % Fett)
45 g gehackte, geröstete Haselnusskerne

1 Eigelb
1 EL fein ger. Parmesan

Zubereitungszeit: 40 Minuten, ohne Abkühlzeit
Backzeit: etwa 60 Minuten

1. Zum Vorbereiten die Feigen in etwa 1 cm große Stücke schneiden. Rosmarin fein hacken.

2. Den Backofen vorheizen.
Ober-/Unterhitze: etwa 180 °C
Heißluft: etwa 160 °C

3. Für den Teig das Mehl mit Backpulver, Senfpulver, Mohn, Pfeffer, Salz und Parmesan vermischen. Die kalte Butter in etwa 1 cm große Würfel schneiden, daraufgeben. Die Zutaten mit einem Mixer (Knethaken) zunächst kurz auf niedrigster, dann auf höchster Stufe zu einem grob krümeligen Teig verarbeiten, dabei nicht zu lange kneten. Das Ei mit der Milch verquirlen und dazugeben. Die Zutaten kurz verkneten, sodass ein elastischer Teig entsteht.

4. Den Teig auf eine leicht bemehlte Arbeitfläche geben. Die Feigen und die Haselnüsse mit den Händen kurz und gleichmäßig unterkneten. Anschließend den Teig zu einer Rolle (Ø etwa 5 cm, etwa 35 cm lang) formen.

5. Die Teigrolle auf ein Backblech (mit Backpapier belegt) legen. Das Eigelb verquirlen. Die Teigrolle damit bestreichen und mit Parmesan bestreuen.

6. Das Backblech in den vorgeheizten Backofen (unteres Drittel). Die Teigrolle **etwa 30 Minuten backen.** Das Backblech auf einen Kuchenrost stellen. Das Gebäck etwa 10 Minuten abkühlen lassen. Den Backofen um etwa 20 °C herunterschalten.

7. Das Gebäck mit einem Sägemesser leicht schräg in 18 gleich große Scheiben schneiden. Die Gebäckscheiben mit der Schnittfläche nach unten nebeneinander auf das Backblech legen. Die Cantuccini in **weiteren etwa 30 Minuten fertig backen.** Dabei die Cantuccini nach 15 Minuten einmal umdrehen.

8. Die Cantuccini mit dem Backpapier von dem Backblech auf einen Kuchenrost ziehen und erkalten lassen.

Tipp: Die Cantuccini in gut schließenden Blechdosen aufbewahren. So verpackt können Sie sie an einem kühlen und trockenen Ort etwa 1 Woche aufbewahren.

Pflaumen im Speckmantel I

Klassisch – mit Alkohol

20 Stück

Pro Stück: E: 1 g, F: 3 g, Kh: 4 g, kJ: 185, kcal: 45, BE: 0,5

20	*große Trockenpflaumen*
5 EL	*Portwein*
10 Scheiben	*Bacon (Frühstücksspeck)*
1–2 EL	*Olivenöl*

Außerdem:

	lange Holzstäbchen oder -spieße
1	*Wasserglas*
	Meersalz

Zubereitungszeit: 20 Minuten, ohne Marinierzeit

1. Pflaumen in eine Schale legen, mit Portwein übergießen und mehrere Stunden marinieren.

2. Die Baconscheiben längs halbieren. Die Pflaumen aus der Marinade nehmen und etwas abtropfen lassen. Pflaumen mit je 1 Speckscheibe umwickeln, mit Holzstäbchen oder -spießen feststecken.

3. Olivenöl in einer Pfanne erhitzen. Die umwickelten Pflaumen darin von allen Seiten anbraten, herausnehmen und abkühlen lassen.

4. Nach Belieben ein Wasserglas mit Meersalz füllen. Die Holzstäbchen oder -spieße mit den Pflaumen dekorativ ins Meersalz spießen.

Tipps: Pflaumen zum Aperitif reichen. Die Pflaumen können auch im vorgeheizten Backofen bei Ober-/Unterhitze: etwa 200 °C, Heißluft: etwa 180 °C in etwa 3 Minuten gebacken werden.

Pikante Blätterteigschnecken I

Für Kinder – einfach
50 Stück

Pro Stück: E: 2 g, F: 3 g, Kh: 4 g,
kJ: 210, kcal: 50, BE: 0,5

450 g TK-Blätterteig (10 quadratische Platten)

Zum Bestreichen:
2 Eier
etwa 150 g ger. Parmesan
1 TL Paprikapulver edelsüß

Zubereitungszeit: 40 Minuten, ohne Auftau- und Ruhezeit
Backzeit: etwa 15 Minuten je Backblech

1. Blätterteigplatten nebeneinander zugedeckt nach Packungsanleitung auftauen lassen. Die Blätterteigplatten jeweils halbieren. Je 2 Teighälften auf einer leicht bemehlten Arbeitsfläche aufeinanderlegen und zu Rechtecken (etwa 5 x 20 cm) ausrollen. Die Teigrechtecke etwa 5 Minuten ruhen lassen.

2. Den Backofen vorheizen.
Ober-/Unterhitze: etwa 200 °C
Heißluft: etwa 180 °C

3. Zum Bestreichen die Eier verschlagen. Parmesan und Paprika unterrühren.

4. Die Käsemasse mithilfe eines Messers dünn auf die Blätterteigrechtecke streichen.

5. Die Blätterteigrechtecke jeweils in gut 1 cm breite Streifen schneiden (je Teigrechteck etwa 5 Streifen).

6. Anschließend die Teigstreifen von den Enden her zur Mitte aufrollen.

7. Die Blätterteigschnecken auf Backbleche (mit Backpapier belegt) legen. Die Backbleche nacheinander (bei Heißluft zusammen) in den vorgeheizten Backofen schieben. Die Blätterteigschnecken **etwa 15 Minuten je Backblech backen.**

8. Die Blätterteigschnecken mit dem Backpapier von den Backblechen auf Kuchenroste ziehen. Die Blätterteigschnecken erkalten lassen.

Pilz-Bruschetta | Edel – mit Alkohol

4 Portionen

Pro Portion: E: 7 g, F: 10 g, Kh: 24 g, kJ: 992, kcal: 237, BE: 2,0

200 g	*frische Steinpilze (ersatzweise Pfifferlinge oder rosé Champignons)*
1	*Schalotte*
20 g	*getrocknete Tomaten*
8 Scheiben	*Ciabatta oder Baguette*
2 EL	*Olivenöl*
etwas	*frischer oder ½ TL gerebelter Majoran*
125 ml	*trockener Weißwein*
50 g	*Schlagsahne*
	Salz
	gem. Pfeffer

Zubereitungszeit: 15 Minuten
Garzeit: etwa 15 Minuten

1. Steinpilze, evtl. kurz abspülen und gut abtropfen lassen. Pilze in dünne Scheiben schneiden. Schalotte abziehen und würfeln. Die Tomaten in feine Streifen schneiden.

2. Die Brotscheiben in einer beschichteten Pfanne von beiden Seiten anrösten oder im Toaster toasten.

3. Olivenöl in einer Pfanne erhitzen. Schalottenwürfel, Majoran und Pilzscheiben darin unter Rühren anbraten. Tomatenstreifen hinzugeben, kurz mit andünsten. Wein und Sahne hinzugießen, zum Kochen bringen und etwa 10 Minuten unter gelegentlichem Rühren dünsten, bis der Großteil der Flüssigkeit verdampft ist. Die Pilzmasse mit Salz und Pfeffer abschmecken.

4. Die Pilzmasse etwas abkühlen lassen und auf den knusprigen Brotscheiben verteilen. Bruschetta sofort servieren.

Tipp: Die Pilz-Bruschetta mit frischen Kräutern, z.B. Petersilie, garnieren.

Rezeptvariante: Für **Tomaten-Bruschetta** 5 enthäutete, entkernte Tomaten in kleine Würfel schneiden, mit 1 fein gewürfelten Knoblauchzehe, 1 Esslöffel fein gehackten Basilikumblättchen und 3 Esslöffeln Olivenöl verrühren. Die Tomatenmasse mit Salz und Pfeffer würzen. 8 große Baguettescheiben in einer beschichteten Pfanne rösten. Die Tomatenmasse darauf verteilen. Bruschetta mit Basilikumblättchen garniert sofort servieren.

Pilzgemüse auf Brot | Einfach

8 Stück

Pro Stück: E: 3 g, F: 3 g, Kh: 12 g, kJ: 372, kcal: 89, BE: 1,0

1	*Zwiebel*
1	*Knoblauchzehe*
250 g	*gemischte Pilze, z. B. Champignons, Austernpilze und Kräutersaitlinge*
2 EL	*Olivenöl*
	Salz, gem. Pfeffer
½ Bund	*Schnittlauch*
2 Stängel	*Petersilie*
1 EL	*Tomatenmark*
1 TL	*abgetropfte Kapern*
8 Scheiben	*Stangenweißbrot oder Baguette*
evtl. einige	*Tomatenstreifen*

Zubereitungszeit: 30 Minuten, ohne Abkühlzeit
Garzeit: 5–8 Minuten

1. Zwiebel und Knoblauch abziehen, beides in kleine Würfel schneiden. Pilze putzen, evtl. kurz abspülen, trocken tupfen und in Scheiben schneiden.

2. Einen Esslöffel Olivenöl in einer Pfanne erhitzen. Pilzscheiben darin unter mehrmaligem Wenden anbraten. Zwiebel- und Knoblauchwürfel unterrühren, mit Salz und Pfeffer würzen. Die Pilzscheiben zugedeckt 5–8 Minuten bei mittlerer Hitze garen.

3. Schnittlauch und Petersilie abspülen, trocken tupfen. Schnittlauch in kleine Röllchen schneiden. Von der Petersilie die Blättchen von den Stängeln zupfen. Einige Blättchen zum Garnieren beiseitelegen. Die restlichen Blättchen klein schneiden.

4. Schnittlauchröllchen und klein geschnittene Petersilie zu der Pilzmasse geben. Tomatenmark und Kapern unterheben. Die Pilzmasse mit Salz und Pfeffer abschmecken, abkühlen lassen.

5. Die Brotscheiben dünn mit dem restlichen Olivenöl bestreichen und in einer Pfanne von einer Seite goldbraun rösten. Oder die Brotscheiben unter dem vorgeheizten Backofengrill rösten. Die Brotscheiben etwas abkühlen lassen.

6. Die Pilzmasse auf den Brotscheiben (geröstete Seite oben) verteilen, mit beiseitegelegten Petersilienblättchen und evtl. Tomatenstreifen garnieren.

Pilzkuchen

Feine Vorspeise oder edler Snack

15 Stücke

Pro Stück: E: 4 g, F: 11 g, Kh: 8 g,
kJ: 619, kcal: 148, BE: 1,0

Zum Vorbereiten:

10 g getrocknete Steinpilze
250 g Champignons
125 ml Olivenöl
1 TL gerebelter Thymian
gem. Pfeffer

Für den Teig:

100 g Weizenmehl (Type 550)
40 g Hartweizengrieß
3 gestr. TL Dr. Oetker Backin
1 gestr. TL Salz
150 g saure Sahne
2 Eier (Größe M)
30 g Sonnenblumen- oder Kürbiskerne

Zubereitungszeit: 50 Minuten, ohne Abkühlzeit
Backzeit: 45–55 Minuten

1. Die Steinpilze in ein Sieb geben, mit kaltem Wasser abspülen und abtropfen lassen.

2. Champignons putzen, evtl. kurz abspülen und trocken tupfen. Champignons in Scheiben schneiden. Die Steinpilze grob hacken.

3. Von dem Olivenöl 3 Esslöffel Olivenöl in einem flachen Topf erhitzen. Champignonscheiben, gehackte Steinpilze und Thymian darin andünsten. Die Pilze zugedeckt etwa 5 Minuten bei milder Hitze dünsten, mit Pfeffer würzen. Pilze abkühlen lassen.

4. Den Backofen vorheizen.
Ober-/Unterhitze: etwa 180 °C
Heißluft: etwa 160 °C

5. Für den Teig Mehl mit Grieß, Backpulver und Salz in einer Rührschüssel mischen. Saure Sahne, Eier und restliches Olivenöl hinzugeben.

6. Die Zutaten mit einem (Mixer) (Rührstäbe) unter die Mehlmischung rühren. Sonnenblumen- oder Kürbiskerne und die abgekühlten Pilze (mit der Flüssigkeit) kurz unterrühren.

7. Den Pilzteig in eine Kastenform (25 x 11 cm, gefettet, mit Semmelbröseln ausgestreut) geben und glatt streichen. Die Form auf dem Rost in den vorgeheizten Backofen schieben und den Pilzkuchen **45–55 Minuten backen.**

8. Die Form auf einen Kuchenrost stellen. Den Pilzkuchen etwa 10 Minuten in der Form stehen lassen, dann auf einen den Backpapier belegten Kuchenrost stürzen. Den Kuchen wieder umdrehen und erkalten lassen.

Beilage: Der Pilzkuchen mit einem **Frühlingszwiebel-Aufstrich** genießen. Dafür 1 Bund Frühlingszwiebeln und 1 Bund Schnittlauch abspülen, abtropfen lassen und jeweils in sehr feine Röllchen schneiden. 250 g Magerquark mit 200 g Doppelrahm-Frischkäse und 2 Esslöffeln Crème fraîche glatt rühren. Frühlingszwiebeln, Schnittlauch sowie 1 Esslöffel TK-Gartenkräuter unterrühren, mit Salz und Pfeffer abschmecken. Den Aufstrich in ein verschließbares Gefäß füllen, gut verschließen und im Kühlschrank aufbewahren.

Tipp: Den Kuchen in Scheiben schneiden und mit vorbereitetem grünen Blattsalat, Tomatenspalten und etwas Thymian als Vorspeise anrichten.

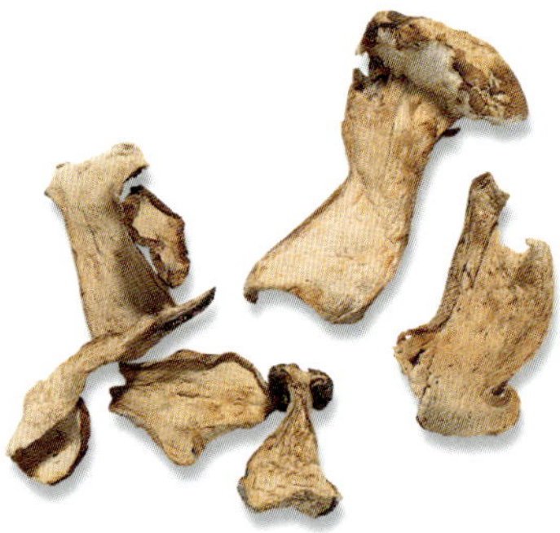

Ratatouille-Croissants

Einfach

12 Stück

Pro Stück: E: 4 g, F: 15 g, Kh: 18 g, kJ: 917, kcal: 219, BE: 1,5

Für die Ratatouille-Füllung:

1 Zwiebel (25 g)
1 Knoblauchzehe
75 g rote Paprikaschote
75 g Zucchini
50 g Aubergine
1–2 Tomaten (50 g)
6 abgetropfte schwarze Oliven, ohne Stein
2 Stängel Thymian
1 Stängel Rosmarin
3 EL Olivenöl
Salz
gem. schwarzer Pfeffer
1 Ziegenweichkäse-Taler (etwa 40 g)
4 Basilikumblätter

1 Ei
1 EL Milch
etwa 540 g frischer Blätterteig (aus dem Kühlregal, 2 rechteckige Platten, je etwa 42 x 24 cm)
1 TL Fenchelsamen

Zubereitungszeit: 40 Minuten, ohne Abkühlzeit
Backzeit: etwa 18 Minuten

1. Für die Füllung Zwiebel und Knoblauch abziehen und fein würfeln. Paprika evtl. entstielen, entkernen und die weißen Scheidewände entfernen. Paprika abspülen und abtropfen lassen. Zucchini und Aubergine abspülen, abtrocknen und evtl. die Enden und den Stängelansatz entfernen. Die Tomaten abspülen, abtrocknen, halbieren und den Stängelansatz herausschneiden.

2. Die Paprika, Zucchini, Aubergine und Tomaten in etwa 1/2 cm große Würfel schneiden. Die Oliven klein schneiden. Den Thymian und Rosmarin abspülen und trocken tupfen. Thymianblättchen sowie die Hälfte der Rosmarinnadeln abzupfen und fein hacken.

3. Das Olivenöl in einem Topf oder einer Pfanne erhitzen. Zwiebeln, Knoblauch, Paprika, Zucchini, Aubergine, Tomaten, fein gehackten Thymian und Rosmarin darin bei starker Hitze unter Rühren etwa 5 Minuten dünsten. Die Gemüsemischung mit Salz und Pfeffer würzen und erkalten lassen.

4. Den Backofen vorheizen.
Ober-/Unterhitze: etwa 220 °C
Heißluft: etwa 200 °C

5. Den Ziegenkäse fein zerbröseln. Basilikum abspülen, trocken tupfen und fein schneiden. Ziegenkäsebrösel und Basilikum unter die Gemüsemischung rühren.

6. Das Ei mit der Milch verquirlen. Die restlichen Rosmarinnadeln vom Stängel zupfen.

7. Beide Blätterteigplatten auf einer Arbeitsfläche ausbreiten. Jede Blätterteigplatte in 6 Rechtecke (je etwa 7 x 24 cm) schneiden.

8. Blätterteigrechtecke dünn mit etwas Eiermilch bestreichen. Die Ratatouille-Füllung in 12 gleich große Portionen teilen. Je 1 Portion auf die Mitte der breiten Teigseite eines Rechtecks geben. Das Rechteck von der kurzen Seite aus fest aufrollen. Die Teigseiten festdrücken und das Croissant leicht krümmen.

9. Die Croissants auf ein Backblech (mit Backpapier belegt) legen und mit der restlichen Eiermilch bestreichen. Croissants mit Fenchelsamen und Rosmarin bestreuen. Das Backblech in den vorgeheizten Backofen (unteres Drittel) schieben und die Croissants in **etwa 18 Minuten goldbraun backen.**

10. Die Croissants mit dem Backpapier von dem Backblech auf einen Kuchenrost ziehen. Ratatouille-Croissants noch leicht warm servieren oder erkalten lassen.

Tipp: Nehmen Sie den Blätterteig etwa 10 Minuten vor der Verwendung aus dem Kühlschrank.

Reispapierröllchen, gefüllt

Dauert länger

12 Stück

Pro Stück: E: 8 g, F: 4 g, Kh: 16 g, kJ: 572, kcal: 136, BE: 1,0

50 g Glasnudeln
2 Rumpsteaks (je etwa 180 g)
125 g Zwiebeln
6 EL Speiseöl, z. B. Maiskeimöl
Salz
75 g Chinakohl
200 g Möhren
200 g Salatgurke
100 g Römersalat
je 3 Stängel Minze, Koriander und Basilikum

Für die Nuoc-Cham-Sauce:

1 große Knoblauchzehe
½ rote Chilischote
5 EL Limettensaft
3 EL Fischsauce
3 EL Zucker
3 EL Wasser

12 Reisteigblätter (Ø etwa 22 cm, erhältlich im Asialaden oder in Spezialitätenabteilungen von Supermärkten)

Zubereitungszeit: 60 Minuten

1. Die Glasnudeln nach Packungsanleitung zubereiten und gut abtropfen lassen, mit der Küchenschere kleiner schneiden.

2. Rumpsteaks mit Küchenpapier trocken tupfen und in etwa ½ cm dicke Streifen schneiden. Die Zwiebeln abziehen, halbieren, in sehr feine Spalten schneiden.

3. Die Hälfte des Speiseöls in einer Pfanne erhitzen. Die Zwiebelspalten darin goldbraun braten, mit Salz würzen. Dann die Zwiebelspalten aus der Pfanne nehmen und erkalten lassen.

4. Das restliche Speiseöl in der Pfanne erhitzen. Die Fleischstreifen darin bei starker Hitze etwa 2 Minuten von allen Seiten kräftig anbraten, mit Salz würzen. Die Fleischstreifen erkalten lassen.

5. Den Chinakohl putzen, abspülen und gut abtropfen lassen. Chinakohl in etwa 8 cm lange, dünne Streifen schneiden.

6. Die Möhren putzen, schälen, abspülen und abtropfen lassen. Gurke schälen und die Enden abschneiden. Möhren und Salatgurke in etwa 8 cm lange, sehr feine Streifen schneiden.

7. Den Römersalat putzen, abspülen, gut abtropfen lassen und ebenfalls in 8 cm lange Streifen schneiden. Minze, Koriander und Basilikum abspülen und trocken tupfen. Die Blättchen von den Stängeln zupfen. Blättchen grob hacken.

8. Für die Nuoc-Cham-Sauce den Knoblauch abziehen und fein hacken. Chilischotenhälfte entstielen und evtl. entkernen, abspülen, abtropfen lassen und ebenfalls fein hacken.

9. Knoblauch und Chili mit Limettensaft, Fischsauce, Zucker und Wasser verrühren. Die Sauce stehen lassen, bis sich der Zucker gelöst hat, dabei ab und zu umrühren.

10. Lauwarmes Wasser auf einen großen Teller gießen. Ein Reisteigblatt hineinlegen und kurz quellen lassen, bis es weich ist. Dann das Reisteigblatt auf ein feuchtes Küchentuch auf der Arbeitsfläche legen.

11. Etwas von den Glasnudeln in die Mitte des unteren Reisteigblattes legen. Einige Möhren-, Gurken-, Salat- und Rindfleischstreifen, Kräuter, Zwiebelspalten und Chinakohlstreifen zu einem Rechteck darauflegen.

12. Zuerst die Seiten des Reisteigblattes über die Füllung klappen und dann das Blatt von unten her fest aufrollen. Auf die gleiche Weise weitere 11 Röllchen zubereiten.

13. Jedes Röllchen mit einem scharfen Messer halbieren und mit der Sauce servieren.

Rohkost mit zweierlei Dips

Zum Knabbern und Dippen

4 Portionen

Pro Portion: E: 12 g, F: 16 g, Kh: 12 g, kJ: 1011, kcal: 241, BE: 1,0

1 Möhre
6 Cocktailtomaten
6 Radieschen
4 Stangen Staudensellerie
1 kleiner Kohlrabi (etwa 150 g)
1 kleine Fenchelknolle (etwa 150 g)
100 g Salatgurke

Für die Dips:

250 g Speisequark (20 % Fett)
200 g Schmand (Sauerrahm)
1 EL Tomaten-Chili-Sauce
Salz
gem. Pfeffer
1/4 TL gem. Chili
2 EL TK-Italienische Kräuter

Zubereitungszeit: 25 Minuten

1. Möhre putzen, schälen, abspülen und in längere Stücke schneiden. Tomaten abspülen, abtrocknen, halbieren und evtl. die Stängelansätze herausschneiden. Radieschen putzen, abspülen, abtropfen lassen, halbieren oder in Scheiben schneiden.

2. Den Staudensellerie putzen und die harten Außenfäden abziehen. Sellerie abspülen und abtropfen lassen. Sellerie in etwa 5 cm lange Stücke schneiden. Kohlrabi schälen, abspülen, abtropfen lassen und in dickere Stifte schneiden.

3. Fenchelknolle putzen, abspülen, abtropfen lassen und in Achtel schneiden. Salatgurke nach Belieben schälen. Dann abspülen, abtrocknen und in dünne Scheiben schneiden. Das vorbereitete Gemüse in Schälchen oder auf Tellern anrichten.

4. Für die Dips Quark mit Schmand in einer Schüssel glatt rühren. Den Quarkschmand in 2 gleich große Portionen teilen. Unter eine Hälfte die Tomaten-Chili-Sauce rühren, mit Salz, Pfeffer und Chili pikant abschmecken. Unter die andere Hälfte die Kräuter mischen, mit Salz und Pfeffer abschmecken. Beide Dips zu dem Gemüse servieren.

Beilage: Frisches Baguette oder Vollkornbrot.

Tipps: Möchten Sie die Dips fettärmer zubereiten, ersetzen Sie den Quark und den Schmand durch 450 g Magerquark. Für die Cremigkeit rühren Sie dann zusätzlich 2–3 Esslöffel Milch unter.

Rosa gebratener Tunfisch mit Sesam | Asiatisch inspiriert

4 Portionen

Pro Portion: E: 25 g, F: 24 g, Kh: 9 g, kJ: 1482, kcal: 354, BE: 0,5

4 TK-Tunfisch-Medaillons oder frische Tunfischmedaillons (je etwa 80 g, etwa 3 cm dick)
1 große Möhre
200 g Rettich
Salz
je 2 EL weißer und schwarzer Sesamsamen (erhältlich im Asialaden)
1 Bund Koriander
1 EL Sesamöl
gem. Pfeffer
2 EL Erdnussöl
200 ml Sojasauce
1 EL Wasabipaste

Zubereitungszeit: 30 Minuten, ohne Auftauzeit

1. Die TK-Tunfischmedaillons nach Packungsanleitung auftauen lassen.

2. Möhre und Rettich putzen, schälen, abspülen und abtropfen lassen. Möhre und Rettich auf einer Haushaltsreibe in lange, dünne Streifen hobeln. Die Möhren- und Rettichstreifen in eine Schüssel geben, mit Salz bestreuen, einmal kräftig durchkneten.

3. Tunfischmedaillons unter fließendem kalten Wasser abspülen und trocken tupfen. Weiße und schwarze Sesamsamen jeweils in einen tiefen Teller geben. Je 2 Medaillons im weißen und schwarzen Sesamsamen wenden. Sesam andrücken.

4. Koriander abspülen, trocken tupfen und die Blättchen von den Stängeln zupfen. Salat mit Sesamöl und Pfeffer abschmecken. Koriander unterheben.

5. Erdnussöl in einer Pfanne erhitzen. Die Tunfischmedaillons hinzufügen und kurz anbraten, TK-Tunfisch von jeder Seite 1–2 Minuten, frischen Tunfisch von jeder Seite 45 Sekunden bis 1 ½ Minuten (die Medaillons sollten in der Mitte unbedingt roh bleiben). Die Tunfischmedaillons mit Salz und Pfeffer bestreuen.

6. Den Rettich-Möhren-Salat auf 4 Tellern verteilen und mit jeweils 1 Tunfischmedaillon belegen. Gebratene Tunfischmedaillons mit Sojasauce und Wasabipaste servieren.

Rosenkohl-Kartoffel-Spieße I

Zum Wintergrillen

4 Spieße

Pro Spieß: E: 5 g, F: 8 g, Kh: 12 g, kJ: 574, kcal: 138, BE: 1,0

Zum Vorbereiten:

4 Bambusspieße

6 kleine Kartoffeln (etwa 250 g)
Salz
12 Rosenkohlröschen (200 g)
8 schmale Scheiben Frühstücksspeck (Bacon, etwa 65 g)
1 Bio-Zitrone (unbehandelt, ungewachst)
1–2 Stängel Oregano oder Majoran oder 1 TL gerebelter Oregano oder Majoran
½ TL gem. Kurkuma (Gelbwurz)
gem. Pfeffer
4 EL Olivenöl

Zubereitungszeit: 40 Minuten, ohne Einweichzeit

1. Zum Vorbereiten die Bambusspieße am besten über Nacht in Wasser einlegen, damit sie beim Grillen nicht zu schnell anbrennen.

2. Die Kartoffeln gründlich unter fließendem Wasser waschen und abbürsten. Die Kartoffeln knapp mit Salzwasser bedeckt zum Kochen bringen und zugedeckt etwa 10 Minuten kochen. Dann die Kartoffeln abgießen, abdampfen und erkalten lassen.

3. Inzwischen Rosenkohl putzen, den Strunk kreuzförmig einschneiden, abspülen und abtropfen lassen. Salzwasser in einem Topf zum Kochen bringen. Rosenkohl darin etwa 10 Minuten gar kochen lassen, mit eiskaltem Wasser abschrecken und gut abtropfen lassen.

4. Die Kartoffeln halbieren. 8 Rosenkohlröschen mit 1 Frühstücksspeckscheibe umwickeln. Jeweils 3 Kartoffelhälften und 2 Rosenkohlröschen mit Speck und 1 Rosenkohlröschen ohne Speck abwechselnd auf die Spieße stecken.

5. Die Zitrone heiß abwaschen, abtrocknen und die Schale fein abreiben. Zitrone halbieren, auspressen.

6. Oregano oder Majoran abspülen, trocken tupfen und die Blättchen von den Stängeln zupfen. Die Blättchen fein hacken.

7. Zitronenschale, -saft, Kurkuma und Oregano oder Majoran verrühren, mit Salz und Pfeffer würzen. Das Olivenöl unterschlagen und die Spieße mit etwas von der Marinade bestreichen.

8. Die Spieße auf den heißen Grill legen und unter regelmäßigem Wenden 10–12 Minuten grillen. Dabei hin und wieder mit der Marinade bestreichen.

Tipps: Wer es gern vegetarisch mag, kann den Frühstücksspeck weglassen. Hat man noch Bratwürstchen (2 Stück, je etwa 100 g) vom Sommer eingefroren, diese auftauen, in 2–3 cm dicke Stücke schneiden und zusammen mit den Kartoffeln und dem Rosenkohl aufspießen. Wer noch mehr Geschmack bevorzugt, kann Kurkuma auch durch Currypulver oder Paprikapulver ersetzen.

Rote Sonnenblumenkerne I

Einfach – schnell

6 Portionen

Pro Portion: E: 6 g, F: 13 g, Kh: 3 g, kJ: 623, kcal: 149, BE: 0,0

1 gestr. TL	*Paprikapulver edelsüß*
1 Msp.	*Paprikapulver rosenscharf*
	Salz
1 EL	*Olivenöl*
150 g	*Sonnenblumenkerne*

Zubereitungszeit: 10 Minuten

1. Beide Sorten Paprikapulver mit dem Salz mischen. Olivenöl in einer Pfanne erhitzen.

2. Sonnenblumenkerne hinzufügen und bei mittlerer Hitze unter gelegentlichem Wenden goldbraun rösten.

3. Sonnenblumenkerne herausnehmen, auf Küchenpapier geben und kurz abreiben. Sonnenblumenkerne in eine Schale geben. Die Paprikamischung hinzufügen und untermischen. Sonnenblumenkerne erkalten lassen.

Tipp: Auf die gleiche Weise können Sie auch rote ganze Mandeln zubereiten.

Roter Frischkäse-Pesto-Aufstrich mit Basilikum | Beliebt – schnell

6–8 Portionen

Pro Portion: E: 7 g, F: 20 g, Kh: 3 g, kJ: 926, kcal: 223, BE: 0,0

30 g Pinienkerne
50 g abgetropfte getrocknete Tomaten, in Öl
½ Bund Basilikum
200 g Doppelrahm-Frischkäse
200 g Ziegenfrischkäse
etwa 50 g rotes Pesto (aus dem Glas)
Salz, gem. Pfeffer

Zubereitungszeit: 30 Minuten, ohne Abkühlzeit

1. Pinienkerne in einer Pfanne ohne Fett unter Wenden rösten und auf einem Teller erkalten lassen.

2. Die Tomaten in kleine Stücke schneiden.

3. Basilikum abspülen und trocken tupfen. Die Blättchen von den Stängeln zupfen. Die Blättchen in feine Streifen schneiden. Anschließend die abgekühlten Pinienkerne fein hacken.

4. Beide Frischkäsesorten mit dem Pesto glatt rühren. Die Pinienkerne, Tomatenstücke und Basilikumstreifen unterrühren, mit Salz und Pfeffer würzen.

5. Frischkäse-Pesto-Aufstrich in ein verschließbares Gefäß füllen und in den Kühlschrank stellen.

Beilage: Ofenfrisches Baguette.

Tipps: Servieren Sie den Frischkäse-Pesto-Aufstrich mit abgespülten, trocken getupften Basilikumblättchen und Pinienkernen bestreut. Der Aufstrich ist gut verschlossen im Kühlschrank 3–4 Tage haltbar.

Rühreihäppchen mit Makrele

Schnell – für Gäste

8 Stück

Pro Stück: E: 9 g, F: 9 g, Kh: 13 g, kJ: 716, kcal: 171, BE: 1,0

145 g abgetropfte Makrelenfilets, in Pflanzenöl und eigenem Saft (aus der Dose)
2 Frühlingszwiebeln
100 g Tomaten
3 EL Olivenöl
Salz

8 Scheiben Stangenweißbrot oder Baguette (1 1/2–2 cm dick)
4 Eier (Größe M)
3 EL Milch
Paprikapulver
edelsüß und rosenscharf

Zum Garnieren:
einige Basilikumblättchen

Zubereitungszeit: 25 Minuten

1. Die Makrelenfilets in Stücke zupfen. Frühlingszwiebeln putzen, abspülen, abtropfen lassen und in feine Scheiben schneiden.

2. Die Tomaten kreuzweise einschneiden und mit kochendem Wasser übergießen. Nach 1–2 Minuten herausnehmen und mit kaltem Wasser abschrecken. Tomaten enthäuten, halbieren, entkernen und die Stängelansätze herausschneiden. Tomatenhälften in kleine Würfel schneiden.

3. Anschließend 1 Esslöffel Olivenöl in einer Pfanne (Ø 20–22 cm) erhitzen. Frühlingszwiebelscheiben darin anbraten. Tomatenwürfel hinzufügen und miterhitzen. Anschließend mit Salz bestreuen. Das Tomatengemüse aus der Pfanne nehmen.

4. Die Brotscheiben dünn mit 1 weiteren Esslöffel Olivenöl bestreichen und in einer Pfanne von einer Seite goldbraun rösten. Oder die Brotscheiben unter dem vorgeheizten Backofengrill rösten. Brotscheiben etwas abkühlen lassen.

5. Eier mit Milch verschlagen, mit Salz und Paprika würzen. Restliches Olivenöl in der gesäuberten Pfanne (Ø 20–22 cm) erhitzen. Die Eiermasse hineingeben und bei mittlerer Hitze stocken lassen (sobald die Eiermasse am Rand zu stocken beginnt, von außen nach innen zusammenschieben).

6. Tomatengemüse und Makrelenfilets auf der Eiermasse verteilen, wenn sie in der Mitte noch flüssig ist. Kochstelle ausschalten, Rührei stocken lassen.

7. Rührei in 8 Portionen teilen, auf den Brotscheiben (geröstete Seite oben) verteilen und mit abgespülten und trocken getupften Basilikumblättchen garniert servieren.

Tipp: Das Rührei kann auch mit gegarten Garnelen, Tunfisch oder Räucherlachs zubereitet werden.

Saltimbocca vom St. Petersfisch mit buntem Gemüse I

Etwas Besonderes

8 Portionen

Pro Portion: E: 22 g, F: 14 g, Kh: 28 g, kJ: 1369, kcal: 327, BE: 2,0

20 neue kleine Kartoffeln
15 Stangen grüner Spargel
250 g Zuckerschoten
Salz
4 Möhren
1 Bund Frühlingszwiebeln

4 Petersfischfiletstücke (ohne Haut, je etwa 150 g)
8 Scheiben Parmaschinken
6 EL Olivenöl
gem. Pfeffer
250 g Cocktailtomaten
20 g Butter
1–2 EL Limettensaft

Zubereitungszeit: 40 Minuten

1. Die Kartoffeln unter fließendem Wasser gründlich waschen, knapp mit Wasser bedeckt, zugedeckt zum Kochen bringen und in etwa 15 Minuten gar kochen.

2. In der Zwischenzeit Spargel nur im unteren Drittel schälen und die unteren Enden abschneiden.

3. Von den Zuckerschoten die Enden abschneiden, evtl. abfädeln. Spargel und Zuckerschoten abspülen, abtropfen lassen. Spargelstangen schräg halbieren.

4. Salzwasser in einem Topf zum Kochen bringen. Darin zuerst den Spargel etwa 4 Minuten und anschließend die Zuckerschoten etwa 2 Minuten garen.

5. Den Spargel und die Zuckerschoten jeweils mit einem Schaumlöffel herausnehmen, mit kaltem Wasser abschrecken und in einem Sieb abtropfen lassen.

6. Die garen Kartoffeln abgießen, abdämpfen, heiß pellen und längs halbieren.

7. Die Möhren putzen, schälen, abspülen, abtropfen lassen und schräg in dünne Scheiben schneiden.

8. Die Frühlingszwiebeln putzen, abspülen, abtropfen lassen und in feine Scheiben schneiden.

9. Fischfilets unter fließendem kalten Wasser abspülen, trocken tupfen und halbieren. Die Fischstücke mit je 1 Scheibe Parmaschinken umwickeln.

10. Den Backofen vorheizen.
Ober-/Unterhitze: etwa 100 °C

11. Einen großen, ofenfesten Teller miterwärmen.

12. Die Hälfte des Olivenöls in einer großen Pfanne erhitzen. Die Fischstücke darin von beiden Seiten gut anbraten, mit Pfeffer bestreuen.

13. Die Fischstücke aus der Pfanne nehmen und zum Warmhalten auf dem vorgewärmten Teller in den vorgeheizten Backofen schieben.

14. Restliches Olivenöl in der Pfanne erhitzen. Die Kartoffelhälften und Möhrenscheiben darin anbraten und etwa 5 Minuten unter gelegentlichem Wenden weiterbraten.

15. Die Tomaten abspülen, abtrocknen und die Stängelansätze herausschneiden.

16. Tomaten, Spargel, Zuckerschoten und Frühlingszwiebelscheiben hinzufügen, weitere 3–4 Minuten unter gelegentlichem Wenden mitbraten lassen.

17. Die Butter unterrühren. Das Gemüse mit Salz, Pfeffer und Limettensaft abschmecken.

18. Saltimbocca mit dem Gemüse anrichten und servieren.

Tipps: Wenn Sie einige frisch gepflückte Salbeiblüten mit dem Fisch braten, bekommt dieses Gericht ein besonderes Aroma. Statt St. Petersfisch kann man auch Pangasius-, Tilapia- oder Rotbarschfilet verwenden. Garnieren Sie die Vorspeise mit Tomatenblüten und frittierten Salbeiblättern.

Sandwich-Quesadillas

Feiner Snack

6 Stück

Pro Stück: E: 5 g, F: 19 g, Kh: 17 g, kJ: 1077, kcal: 258, BE: 1,0

Für die Tortillafladen:

75 g Weizenmehl (Type 550)
25 g Weizenmehl (Type 405)
25 g Schweineschmalz (zimmerwarm)
Salz
50 ml heißes (nicht kochendes) Wasser

Für die Füllung:

100 g rote Zwiebeln
75 g Bacon (Frühstücksspeck, in Scheiben)
2 EL Olivenöl
40 g schöne Römersalatblätter
1 kleine grüne Paprikaschote (150 g)
250 g Cocktailtomaten
12 Stängel Koriander
175 g Schmand (Sauerrahm)

Zubereitungszeit: 60 Minuten, ohne Ruhezeit

1. Für die Tortillafladen beide Mehlsorten mit dem Schmalz und etwas Salz in eine Rührschüssel geben. Die Zutaten mit einem Mixer (Knethaken) zunächst kurz auf niedrigster, dann auf höchster Stufe leicht krümelig mischen.

2. Das heiße Wasser zugeben und alles zu einem glatten, weichen und geschmeidigen Teig verkneten.

3. Den Teig in 6 gleich große Portionen teilen und zu Kugeln formen. Die Teigkugeln mit Frischhaltefolie bedeckt etwa 60 Minuten bei Zimmertemperatur ruhen lassen.

4. Teigkugeln auf einer leicht bemehlten Arbeitsfläche mit einer Teigrolle zu kreisrunden Fladen (Ø etwa 22 cm) ausrollen.

5. Eine große beschichtete Pfanne erhitzen. Einen Teigfladen hineinlegen und bei starker Hitze von jeder Seite etwa 45 Sekunden backen, bis sich Blasen und leicht braune Stellen bilden (die Tortillas sollen nicht knusprig gebacken werden). Auf diese Weise insgesamt 6 Tortillafladen backen. Die Fladen auf Kuchenrosten erkalten lassen.

6. Für die Füllung die Zwiebeln abziehen und in sehr feine Scheiben schneiden. Bacon in etwa 1 cm breite Streifen schneiden.

7. Das Olivenöl in einer Pfanne erhitzen. Zwiebeln und Bacon darin etwa 3–4 Minuten leicht braun braten.

8. Die Salatblätter abspülen, gut abtropfen lassen und in feine Streifen schneiden.

9. Die Paprikaschote halbieren, entstielen, entkernen und die weißen Scheidewände entfernen. Schotenhälften abspülen, abtropfen lassen und in kleine Würfel schneiden.

10. Die Tomaten abspülen, abtrocknen und in feine Scheiben schneiden.

11. Koriander abspülen, abtropfen lassen und die Blättchen von den Stängeln zupfen. Blättchen grob schneiden.

12. Jeden Tortillafladen mit etwas Schmand bestreichen und mit etwas Salz bestreuen. Paprika, Zwiebel-Bacon-Mischung, Salatstreifen und Koriander gleichmäßig daraufstreuen. Jeden Fladen einmal in der Mitte zusammenklappen und leicht andrücken.

13. Eine Pfanne erhitzen. Die Tortillafladen nacheinander bei starker Hitze ohne Fett darin von jeder Seite 1–2 Minuten goldbraun braten. Sandwich-Quesadillas einmal durchschneiden und heiß servieren.

Tipps: Wenn es schneller gehen soll, können Sie auch fertig gekaufte Tortillafladen (Wraps) verwenden. Die selbst gemachten schmecken allerdings besonders lecker. Zum Bestreichen der Tortillafladen können Sie statt Schmand auch saure Sahne, Crème fraîche oder Frischkäse verwenden.

Schafskäseröllchen

Vegetarisch – mit Alkohol

15 Stück

Pro Stück: E: 5 g, F: 16 g, Kh: 2 g, kJ: 759, kcal: 182, BE: 0,0

Für die Schafskäsefüllung:

375 g Schafskäse
150 g Crème fraîche
1 Knoblauchzehe
1 EL abgetropfter grüner Pfeffer, in Lake (aus dem Glas)
einige Basilikumblättchen

15 große Mangoldblätter (etwa 700 g)
Salz

Für die Marinade:

125 ml Weißwein
1 EL Zitronensaft
125 ml Olivenöl
gem. Pfeffer
1 Prise Zucker

Zubereitungszeit: 25 Minuten, ohne Marinierzeit

1. Für die Füllung Schafskäse fein zerbröseln und in eine Schüssel geben. Crème fraîche unterrühren.

2. Knoblauch abziehen und durch eine Knoblauchpresse drücken oder sehr fein würfeln. Die Pfefferkörner zerdrücken. Basilikumblättchen abspülen, trocken tupfen und evtl. etwas kleiner schneiden.

3. Knoblauch, Pfefferkörner und Basilikumblättchen unter die Schafskäsemasse rühren.

4. Die Mangoldblätter abspülen. Die Stiele keilförmig aus den Blättern schneiden. Die Blätter in kochendem Salzwasser etwa 2 Minuten blanchieren. Die Mangoldblätter in ein Sieb geben, mit kaltem Wasser abschrecken und gut abtropfen lassen.

5. Mangoldblätter nebeneinander auf eine Arbeitsplatte legen. Jeweils etwa 1 Esslöffel von der Schafskäsemasse daraufgeben, dann die Blätter aufrollen. Die Schafskäseröllchen in eine Auflaufform legen.

6. Für die Marinade Wein mit Zitronensaft verrühren, das Olivenöl unterschlagen. Die Marinade mit Salz, Pfeffer und Zucker würzen, danach über die Schafskäseröllchen gießen. Die Schafskäseröllchen zugedeckt etwa 1 Stunde durchziehen lassen.

7. Die Schafskäseröllchen aus der Marinade nehmen und auf einer Servierplatte anrichten.

Beilage: Servieren Sie die Schafskäseröllchen mit einem **Tomatensalat** (Foto). Dafür 500–750 g Tomaten kreuzweise einschneiden, mit kochendem Wasser übergießen. Nach 1–2 Minuten herausnehmen und mit kaltem Wasser abschrecken. Tomaten enthäuten, halbieren, entkernen und die Stängelansätze herausschneiden. Die Tomaten in Würfel schneiden. 10 abgespülte, trocken getupfte und fein geschnittene Basilikumblättchen mit Tomatenwürfeln in eine Schüssel geben und vermengen. Mit Salz, Pfeffer und Zucker würzen. 1 Knoblauchzehe abziehen, durch eine Knoblauchpresse drücken oder sehr fein würfeln und mit 1–2 Esslöffeln Olivenöl verrühren und zu den Tomatenwürfeln geben. Den Tomatensalat kurz durchziehen lassen und in eine Schüssel geben.

Schinken-Muffins mit Suppengrün I

Zum Mitnehmen – herzhaft

12 Stück

Pro Stück: E: 6 g, F: 9 g, Kh: 9 g, kJ: 589, kcal: 141, BE: 1,0

100 g TK-Suppengrün
70 g Bacon (Frühstücksspeck, in Scheiben)

Für den Teig:

150 g Vollkorn-Weizenmehl
3 gestr. TL Dr. Oetker Backin
½ TL Salz
125 ml Buttermilch
2 Eier (Größe M)
70 ml Olivenöl
125 g gewürfelter Katenschinken

Zubereitungszeit: 30 Minuten, ohne Antauzeit
Backzeit: 30–35 Minuten

1. Suppengrün antauen lassen und sehr fein hacken. Frühstücksspeck quer in dünne Streifen schneiden.

2. Den Backofen vorheizen.
Ober-/Unterhitze: etwa 180 °C
Heißluft: etwa 160 °C

3. Für den Teig Mehl, Backpulver und Salz in einer Rührschüssel mischen. Buttermilch, Eier und Olivenöl hinzufügen und mit einem Mixer (Rührstäbe) unterrühren. Den gewürfelten Kantenschinken und das Suppengrün kurz unterrühren.

4. Den Teig in eine Muffinform (für 12 Muffins, gefettet, mit Semmelbröseln ausgestreut) füllen und mit den Frühstücksspeck-Streifen bestreuen. Die Form auf dem Rost in den vorgeheizten Backofen schieben. Die Schinken-Muffins **30–35 Minuten backen.**

5. Form auf einen Kuchenrost stellen. Die Schinkenmuffins etwa 10 Minuten stehen lassen, dann aus der Form lösen und auf einen mit Backpapier belegten Kuchenrost setzen. Die Muffins erkalten lassen.

Tipps: Die Schinken-Muffins mit Schmand (Sauerrahm) oder Crème fraîche und etwas Petersilie servieren. Wenn Sie keine Muffinform haben, können Sie auch Papierbackförmchen verwenden. Dann jedoch immer 2 Papierbackförmchen ineinanderstellen.

Schnecken mit Frischkäsefüllung I

Für Gäste

je 50 Stück

Pro Stück: E: 1 g, F: 2 g, Kh: 3 g,
kJ: 165, kcal: 39, BE: 0,5 (mit grüner Füllung);
E: 1 g, F: 2 g, Kh: 4 g,
kJ: 166, kcal: 40, BE: 0,5 (mit roter Füllung)

Für den Knetteig:

- *400 g Weizenmehl (Type 550)*
- *1 gestr. TL Dr. Oetker Backin*
- *1 TL Salz*
- *2 Eier (Größe M)*
- *160 g Butter oder Margarine (zimmerwarm)*
- *6 EL kaltes Wasser*

Für die grüne Füllung:

- *1 Bund glatte Petersilie*
- *50 g abgetropfte grüne Oliven, ohne Stein*
- *1 TL gerebelter Thymian*
- *100 g Doppelrahm-Frischkäse*
- *20 g Weizenmehl (Type 405)*
- *20 g ger. Parmesan*
- *gem. Pfeffer*

Für die rote Füllung:

- *40 g abgetropfte getrocknete Tomaten, in Öl*
- *100 g Doppelrahm-Frischkäco*
- *2 TL Tomatenmark*
- *20 g Weizenmehl*
- *20 g ger. Parmesan*

Zubereitungszeit: 75 Minuten, ohne Kühlzeit
Backzeit: etwa 20 Minuten je Backblech

1. Für den Teig Mehl mit Backpulver in einer Rührschüssel mischen. Restliche Zutaten hinzufügen und mit einem Mixer (Knethaken) zunächst auf niedrigster, dann auf höchster Stufe gut durcharbeiten.

2. Anschließend auf der leicht bemehlten Arbeitsfläche kurz zu einem Teig verkneten. Den Knetteig in Frischhaltefolie gewickelt etwa 1 Stunde in den Kühlschrank legen.

3. Für die grüne Füllung Petersilie abspülen, trocken tupfen und die Blättchen von den Stängeln zupfen. Blättchen fein hacken.

4. Die Oliven ebenfalls sehr fein hacken. Oliven, Petersilie, Thymian, Frischkäse, Mehl und Parmesan in einer Schüssel mit einer Gabel vermengen. Den grünen Frischkäse mit Pfeffer würzen.

5. Für die rote Füllung die Tomaten fein hacken. Tomatenstücke mit Frischkäse, Tomatenmark, Mehl und Parmesan mit einer Gabel vermengen. Die Füllung mit Pfeffer würzen.

6. Den Teig in 2 Portionen teilen. Jede Teigportion zu einem Rechteck (je etwa 30 x 50 cm) ausrollen. Auf ein Teigrechteck die grüne Füllung geben und mit einem Messer glatt streichen, dabei rundherum einen etwa 1 cm breiten Rand frei lassen.

7. Die rote Füllung ebenso auf dem anderen Teigrechteck verstreichen.

8. Jedes Teigrechteck von der Längsseite her aufrollen und in der Mitte quer durchschneiden. Die Teigrollen auf ein Schneidbrett legen, mit Frischhaltefolie zudecken und mindestens 3 Stunden in den Kühlschrank stellen.

9. Dcn Backofen vorheizen.
Ober-/Unterhitze: etwa 180 °C
Heißluft: etwa 160 °C

10. Die Rollen nacheinander mit einem Sägemesser in etwa 1 cm breite Scheiben schneiden. Die Scheiben auf Backbleche (mit Backpapier belegt) legen.

11. Die Backbleche nacheinander (bei Heißluft zusammen) in den vorgeheizten Backofen schieben. Die Schnecken **etwa 20 Minuten je Backblech backen.**

12. Die Schnecken mit dem Backpapier von den Backblechen auf Kuchenroste ziehen und erkalten lassen.

Schnelle Flammeküchle

Für Gäste – schnell

4–6 Portionen

Pro Portion: E: 10 g, F: 37 g, Kh: 36 g, kJ: 2154, kcal: 516, BE: 3,0

450 g TK-Blätterteig (6 rechteckige Platten)

Für den Belag:

150 g Crème fraîche
1 Beutel oder 1 Pck. Pfeffersauce (erhältlich im Supermarkt)
100 g geräucherter durchwachsener Speck

etwas Petersilie

Zubereitungszeit: 20 Minuten, ohne Auftauzeit
Backzeit: 10–15 Minuten

1. Die Blätterteigplatten nebeneinander zugedeckt nach Packungsanleitung auftauen lassen.

2. Den Backofen vorheizen.
Ober-/Unterhitze: etwa 180 °C
Heißluft: etwa 160 °C

3. Die Blätterteigplatten jeweils in 4 Stücke schneiden und auf ein Backblech (mit Backpapier belegt) legen.

4. Für den Belag Crème fraîche mit dem Pfeffersaucenpulver glatt rühren und auf die Teigstücke streichen.

5. Speck in feine Streifen schneiden und darauf verteilen. Das Backblech in den vorgeheizten Backofen schieben. Flammeküchle **10–15 Minuten backen.**

6. Die Flammeküchle mit dem Backpapier vom Backblech auf einen Kuchenrost ziehen. Flammeküchle etwas abkühlen lassen.

7. Petersilie abspülen und trocken tupfen. Die Blättchen von den Stängeln zupfen. Blättchen klein schneiden. Die Flammeküchle damit bestreuen.

Tipps: Die Flammeküchle schmecken kalt und warm. Dazu einen gut gekühlten Weißwein servieren.

Schnitten mit Anchoiade | Für Gäste

8 Stück

Pro Stück: E: 4 g, F: 5 g, Kh: 11 g, kJ: 439, kcal: 105, BE: 1,0

80 g Anchovisfilets (Sardellen, aus dem Glas)
2 Knoblauchzehen
1 TL Tomatenmark
3 EL Olivenöl
etwas Zitronensaft
gem. Pfeffer
8 kleine Scheiben Baguette
etwas gehackte Petersilie

Zubereitungszeit: 20 Minuten

1. Anchovisfilets kurz unter fließendem kalten Wasser abspülen und trocken tupfen. Knoblauch abziehen.

2. Anchovisfilets mit Knoblauch und Tomatenmark zu einem ganz feinen Püree hacken, in eine Schüssel geben.

3. Olivenöl tropfenweise unterrühren, mit Zitronensaft und Pfeffer würzen.

4. Baguettescheiben von einer Seite rösten. Die ungeröstete Seite mit Anchoviscreme bestreichen. Die Schnitten auf einer Platte anrichten, mit gehackter Petersilie bestreuen und servieren.

Tipp: Anchovishappen nach Belieben mit Tomatenwürfeln, Shrimps, Eierscheiben oder Schnittlauchröllchen garnieren.

Schnitzelchen mit Papaya-Guacamole I

Für die Party

8 Portionen

Pro Portion: E: 15 g, F: 8 g, Kh: 13 g, kJ: 786, kcal: 188, BE: 1,0

Für die Papaya-Guacamole:

1 Papaya (etwa 400 g)
100 g Cocktailtomaten
4 Stängel Koriander
2 Bio-Limetten (unbehandelt, ungewachst)
Salz
Cayennepfeffer

Für die Schnitzelchen:

1 Ei (Größe L)
3 EL Sambal Oelek
50 g Cornflakes
50 g Tortilla-Chips
400 g Putenschnitzel
etwas Weizenmehl
8 EL Speiseöl

Zubereitungszeit: 40 Minuten
Garzeit: etwa 4 Minuten

1. Für die Papaya-Guacamole die Papaya schälen, längs halbieren. Die Kerne mit einem Löffel herausschaben. Das Papayafruchtfleisch grob zerschneiden.

2. Die Tomaten abspülen, abtrocknen, halbieren und evtl. die Stängelansätze herausschneiden.

3. Koriander abspülen, trocken tupfen und die Blättchen von den Stängeln zupfen.

4. Papayafruchtfleisch, Tomatenhälften und Korianderblättchen im Blitzhacker so hacken, dass die Guacamole noch leicht stückig ist.

5. Limetten heiß abwaschen, abtrocknen. 1 Limette zum Garnieren beiseitelegen. Von der anderen Limette die Schale fein abreiben, dann die Limette halbieren, den Saft auspressen und 3 Esslöffel davon abmessen.

6. Die Limettenschale und abgemessenen Saft zu der Papaya-Guacamole geben und unterrühren. Die Papaya-Guacamole mit Salz und Cayennepfeffer leicht scharf würzen.

7. Für die Schnitzelchen das Ei mit Sambal Oelek verquirlen. Cornflakes und Tortilla-Chips mischen und im Blitzhacker zu groben Bröseln zerkleinern.

8. Die Putenschnitzel unter fließendem kalten Wasser abspülen, trocken tupfen und in 16 kleine Schnitzelchen schneiden.

9. Die Putenschnitzelchen mit Salz würzen und so in dem Mehl wenden, dass sie nur dünn bemehlt sind.

10. Die bemehlten Schnitzelchen durch die Sambal-Oelek-Ei-Masse ziehen, dann mit den Cornflakes-Tortilla-Bröseln panieren.

11. Das Speiseöl in einer Pfanne erhitzen. Die Schnitzelchen darin, evtl. portionsweise, bei starker Hitze von jeder Seite in etwa 2 Minuten goldbraun braten.

12. Die Schnitzelchen auf Küchenpapier abtropfen und erkalten lassen.

13. Beiseitegelegte Limette in 8 Mini-Spalten schneiden. Die Schnitzelchen mit der Papaya-Guacamole und den Limettenspalten portionsweise anrichten.

Senfaufstrich mit Crème fraîche I

Pikant – gut vorzubereiten

4–6 Portionen

Pro Portion: E: 5 g, F: 19 g, Kh: 4 g, kJ: 8623, kcal: 209, BE: 0,5

300 g	*Crème fraîche*
100 g	*Magerquark*
75 g	*süßer Senf*
je 1 Bund	*Dill, Kerbel und Petersilie*
	Salz
	gem. Pfeffer

Zubereitungszeit: 15 Minuten, ohne Abtropfzeit

1. Ein feines Küchensieb mit einem sauberen Geschirrtuch auslegen und in eine Schüssel hängen. Crème fraîche und Quark hineingeben und zugedeckt über Nacht im Kühlschrank abtropfen lassen.

2. Senf und abgetropfte Crème fraîche mit Quark in eine Schüssel geben.

3. Dill, Kerbel und Petersilie abspülen, trocken tupfen. Die Spitzen bzw. Blättchen von den Stängeln zupfen, klein schneiden und unterrühren.

4. Den Senfaufstrich mit Salz und Pfeffer abschmecken, in ein verschließbares Gefäß füllen und in den Kühlschrank stellen.

Beilage: Vollkornbrot oder Pumpernickel.

Tipps: Die bestrichenen Brote zusätzlich mit Räucherlachsscheiben, Roastbeef oder Gurkenscheiben belegen. Sie können den süßen durch mittelscharfen oder scharfen Senf ersetzen. Fettärmer wird der Aufstrich, wenn Sie Crème fraîche durch saure Sahne ersetzen. Der Senfaufstrich hält sich gut verschlossen im Kühlschrank 3–4 Tage.

Sesam-Falafel mit Salat und Joghurt-Dip | Exotisch

24 Portionen

Pro Portion: E: 3 g, F: 8 g, Kh: 7 g, kJ: 482, kcal: 115, BE: 0,5

200 g getrocknete Kichererbsen
4 Frühlingszwiebeln
je ½ Bund Minze, Dill, glatte Petersilie und Koriander
200 g abgetropfte weiße Bohnen (aus der Dose)
Salz, gem. Pfeffer
1 EL gem. Kreuzkümmel (Cumin)
1 EL Dr. Oetker Backin
2 EL Wasser
40 g ungeschälte Sesamsamen

etwa 1 l Speiseöl, z. B. Sonnenblumenöl

Für den Joghurt-Dip und den Salat:
500 g Sahnejoghurt (10 % Fett)
1 EL gem. Kreuzkümmel (Cumin)
450 g Cocktailtomaten
450 g Radieschen
5 EL Zitronensaft
6 EL Olivenöl

Zubereitungszeit: 60 Minuten, ohne Einweich-, Ausback- und Abkühlzeit

1. Die Kichererbsen etwa 12 Stunden in kaltem Wasser einweichen. Anschließend gut abtropfen lassen.

2. Frühlingszwiebeln putzen, abspülen und abtropfen lassen. Die Hälfte davon in feine Scheiben schneiden. Restliche Frühlingszwiebeln beiseitelegen. Minze, Dill, Petersilie und Koriander abspülen und trocken tupfen. Von jeder Kräutersorte ein Drittel abnehmen, jeweils die Blättchen von den Stängeln zupfen und grob hacken. Restliche Kräuter beiseitelegen.

3. Die Bohnen in einem Sieb kalt abspülen und sehr gut abtropfen lassen. Bohnen, Kichererbsen, Frühlingszwiebelscheiben, gehackte Kräuter, Salz, reichlich Pfeffer und Kreuzkümmel sehr fein pürieren.

4. Das Backpulver in dem Wasser auflösen, zum Bohnenpüree geben und mit den Händen gleichmäßig unter die Masse mischen. Aus der Bohnenpüree-Masse 24 glatte Kugeln formen. Jeweils eine Kugelseite fest in den Sesam drücken.

5. Speiseöl in einem Topf auf etwa 180 °C erhitzen. Die Falafel darin in 2–3 Portionen jeweils 4–5 Minuten goldbraun backen. Die fertigen Falafel auf Küchenpapier abtropfen und erkalten lassen.

6. Für den Joghurt-Dip und den Salat Joghurt mit Kreuzkümmel und Salz verrühren.

7. Restliche Frühlingszwiebeln in sehr feine Scheiben schneiden. Tomaten abspülen, abtrocknen und evtl. die Stängelansätze herausschneiden. Radieschen putzen, abspülen und abtropfen lassen. Radieschen und Tomaten in kleine Stücke schneiden.

8. Von den restlichen Kräutern die Blättchen von den Stängeln zupfen und evtl. etwas kleiner hacken. Tomaten, Radieschen, Frühlingszwiebeln und Kräuter in eine Schüssel geben, mit Zitronensaft und Olivenöl mischen und mit etwas Salz und Pfeffer würzen. Die Sesam-Falafel portionsweise mit dem Salat und dem Joghurt anrichten.

Shortbread „Acapulco“

Zum Knabbern

24 Stück

Pro Stück: E: 2 g, F: 6 g, Kh: 6 g, kJ: 353, kcal: 84, BE: 0,5

1 rote Chilischote
50 g Frühlingszwiebeln
50 g Gouda, jung, ohne Rinde
8 Stängel Koriander
125 g Butter (zimmerwarm)
1 TL Salz
1 Eigelb (Größe S)
1 Ei (Größe S)
125 g Weizenmehl
50 g Maismehl
2 EL Paprikapulver edelsüß
1 EL gem. Koriander
1 EL gem. Kreuzkümmel (Cumin)
1 TL Cayennepfeffer

Zubereitungszeit: 40 Minuten, ohne Kühlzeit
Backzeit: etwa 10 Minuten je Backblech

1. Chilischote abspülen, abtrocknen, halbieren und mit den Kernen fein hacken. Frühlingszwiebeln putzen, abspülen und abtropfen lassen. Das Weiße und Hellgrüne zunächst in dünne Streifen, dann in kleine Würfelchen schneiden.

2. Gouda fein reiben. Koriander abspülen, trocken tupfen und die Blättchen von den Stängeln zupfen. Blättchen klein schneiden.

3. Butter mit fein gehackter Chilischote und dem Salz in eine Rührschüssel geben. Die Zutaten mit einem Mixer (Rührstäbe) etwa 10 Minuten weiß-schaumig schlagen.

4. Eigelb und Ei nach und nach mit 3–4 Esslöffeln von dem Weizenmehl unterrühren.

5. Restliches Weizenmehl, Maismehl und Gouda kurz mit dem Mixer (Knethaken) unterkneten. Koriandergrün und Frühlingszwiebeln hinzugeben und mit den Händen kurz unterarbeiten.

6. Den Teig zu einem flachen Stück formen, in Frischhaltefolie wickeln und etwa 3 Stunden in den Kühlschrank legen.

7. Den Backofen vorheizen.
Ober-/Unterhitze: etwa 220 °C
Heißluft: etwa 200 °C

8. Paprikapulver mit Koriander, Kreuzkümmel und Cayennepfeffer vermischen.

9. Teig auf einer leicht bemehlten Arbeitsfläche zu einem etwa ½ cm dicken Rechteck (etwa 30 x 20 cm) ausrollen.

10. Die Gewürzmischung am besten in einem Puderzucker-Sieb über den Teig sieben.

11. Den Teig mit einem gewellten Teigrad in 24 Shortbread-Streifen (je etwa 2 ½ x 10 cm) schneiden. Die Shortbread-Streifen auf Backbleche (mit Backpapier belegt) legen.

12. Die Backbleche nacheinander (bei Heißluft zusammen) in den vorgeheizten Backofen schieben. Shortbread-Streifen in **etwa 10 Minuten goldbraun backen.**

13. Die Shortbread-Streifen mit dem Backpapier von den Backblechen auf Kuchenroste ziehen und erkalten lassen.

Smushi

Sushi trifft Smørrebrød

6 Portionen (12 Stück)

Pro Portion: E: 17 g, F: 19 g, Kh: 24 g, kJ: 1434, kcal: 341, BE: 2,0

125 g Radieschen (mit Grün gewogen)
100 g vorgegarte Rote Bete (vakuumverpackt)
½ TL Salz
1 EL Zucker
1 EL Reisessig oder Zitronensaft
1 EL ungeschälte Sesamsamen
1 EL Szechuanpfeffer
225 g Doppelrahm-Frischkäse
2 EL Wasabipaste
1 EL grobkörniger Senf
1 EL fein abgeriebene Bio-Zitronenschale (unbehandelt, ungewachst)
Salz
6 Scheiben Körner-Schwarzbrot (etwa 325 g)
250 g Lachsfilet (ohne Haut und Gräten)
½ Kästchen Kresse

Zubereitungszeit: 40 Minuten, ohne Durchziehzeit

1. Radieschen putzen, abspülen, abtropfen lassen und das Grün entfernen. Radieschen je nach Größe vierteln oder achteln. Rote Bete vierteln und in feine Scheiben schneiden.

2. Radieschen und Rote Bete in eine Schüssel geben, mit Salz, Zucker und Reisessig oder Zitronensaft mischen.

3. Die Radieschen-Rote-Bete-Mischung zugedeckt mindestens 60 Minuten durchziehen lassen.

4. Die Sesamsamen in einer Pfanne ohne Fett unter Wenden goldbraun rösten. Szechuanpfeffer im Mörser grob zerstoßen.

5. Den Frischkäse mit Wasabi, Senf, Zitronenschale und etwas Salz glatt rühren. Die Brotscheiben mit der Frischkäse-Wasabi-Creme bestreichen.

6. Die Radieschen-Rote-Bete-Mischung gut abtropfen lassen.

7. Den Lachs in 24 dünne Scheiben schneiden. Jeweils 4 Scheiben auf 1 Brotscheibe verteilen. Vom Brot nach Belieben die Ränder gerade abschneiden und jede Scheibe einmal durchschneiden. Die Radieschen-Rote-Bete-Mischung darauf verteilen.

8. Die Kresse abspülen, trocken tupfen, vom Beet schneiden und mit Sesam und Szechuanpfeffer auf die Brote streuen.

Tipps: Smushi ist mittlerweile in Dänemark schon sehr bekannt und beliebt. Wie beim Sushi-Vorbild sind bei den Zutaten der Fantasie keine Grenzen gesetzt. Als Basis dient schwarzes Vollkornbrot, Knäckebrot oder auch dünnes Weißbrot. Darauf kommt eine Creme aus beispielsweise Frischkäse oder Schmand, die je nach Geschmack verfeinert und gewürzt wird. Wasabi und Meerrettich sind hier die Klassiker, aber auch abgetropfter Tunfisch (aus der Dose), der unter die Creme püriert wird, schmeckt sehr lecker. Frischer oder geräucherter Lachs krönen die Häppchen.

Sojamilchreis | Vegan

2–3 Portionen

Pro Portion: E: 10 g, F: 4 g, Kh: 64 g, kJ: 1437, kcal: 344, BE: 5,0

500 ml Sojamilch
1 TL Voll-Rohrzucker
125 g Milchreis (Rundkornreis)
130 g abgetropfte Aprikosenhälften (aus der Dose)
2 Kiwis
7–8 EL Orangensaft (von etwa 1/2 großen Orange)
1–2 TL Ahornsirup oder Agavendicksaft

Zubereitungszeit: 40 Minuten

1. Sojamilch mit Zucker in einem kleinen Topf verrühren und zugedeckt zum Kochen bringen. Den Reis einstreuen, dann umrühren und zum Kochen bringen. Den Reis bei schwacher Hitze mit halb aufgelegtem Deckel etwa 30 Minuten quellen lassen, dabei gelegentlich umrühren (damit nichts anbrennt).

2. In der Zwischenzeit Aprikosen in schmale Spalten schneiden. Kiwis schälen, längs vierteln und in kleine Stücke schneiden.

3. Orangensaft mit Ahornsirup oder Dicksaft in einer Schüssel verrühren. Aprikosenspalten und Kiwistücke unterrühren und darin so lange ziehen lassen, bis der Reis gar ist. Die Obstmischung gelegentlich umrühren.

4. Den Sojamilchreis in Müslischalen verteilen und mit dem marinierten Obst dekorativ anrichten.

Tipps: 1–2 Esslöffel Sonnenblumenkerne oder Mandelstifte in einer Pfanne ohne Fett unter Wenden goldbraun rösten, kurz abkühlen lassen und auf den Reis streuen. Der Milchreis wird cremiger, wenn Sie ihn mit 50–100 ml mehr Sojamilch zubereiten oder Sie rühren etwas Sojajoghurt unter den fertig gegarten Reis. Statt Rundkornreis können Sie die gleiche Menge Dinkel- oder Vollkornreis nehmen.

Spargel-Blätterteig-Minimuffins

Einfach
48 Stück

Pro Stück: E: 1 g, F: 4 g, Kh: 3 g,
kJ: 209, kcal: 50, BE: 0,5

450 g TK-Blätterteig (10 quadratische Platten)
250 g TK-Blattspinat
250 g weiße Spargelspitzen oder Bruchspargel
250 ml Wasser
1/2 TL Salz
1 Prise Zucker
2 Tomaten (etwa 200 g)
3 Eier (Größe M)
200 g Schlagsahne
Salz, gem. Pfeffer
ger. Muskatnuss

Zubereitungszeit: 50 Minuten, ohne Auftauzeit
Backzeit: 20–25 Minuten je Form

1. Die Blätterteigplatten nebeneinander zugedeckt bei Zimmertemperatur auftauen lassen. Blattspinat nach Packungsanleitung auftauen lassen.

2. Spargelspitzen evtl. vorsichtig schälen, abspülen und abtropfen lassen. Wasser mit Salz und Zucker in einem Topf zum Kochen bringen. Spargelspitzen hinzufügen, wieder zum Kochen bringen und in etwa 6 Minuten bissfest kochen. Spargelspitzen in ein Sieb geben, kalt abspülen und abtropfen lassen.

3. Den Backofen vorheizen.
Ober-/Unterhitze: etwa 180 °C
Heißluft: etwa 160 °C

4. Aus den Blätterteigplatten mit einer runden Ausstechform oder mit einem Wasserglas (Ø etwa 5 cm) 48 Kreise ausstechen. Teigkreise in eine Minimuffinform (für 24 Minimuffins, gefettet) legen und leicht andrücken (restliche Teigkreise zunächst kalt stellen).

5. Aufgetauten Blattspinat in einem Sieb abtropfen lassen und gut ausdrücken. Spinat evtl. etwas kleiner schneiden. Spargelspitzen in kleine Stücke schneiden. Tomaten abspülen, trocken tupfen, vierteln, entkernen und die Stängelansätze herausschneiden. Tomaten in kleine Würfel schneiden. Eier mit Sahne verschlagen, mit Salz, Pfeffer und Muskat kräftig würzen.

6. Die Muffins mit der Hälfte des Spinats, der Tomatenwürfel und der Spargelstückchen füllen. Die Hälfte der Eiersahne daraufgeben. Die Form auf dem Rost in den vorgeheizten Backofen schieben. Die Muffins **20–25 Minuten je Form backen.**

7. Die Muffins jeweils aus den Formen lösen und auf einen Kuchenrost legen.

8. Die kalt gestellten Teigkreise ebenso zubereiten und backen. Muffins warm oder kalt servieren.

Tipps: Die Minimuffins in Papierbackförmchen servieren. Die Minimuffins können eingefroren und nach dem Auftauen 3–4 Minuten bei Ober-/Unterhitze: etwa 180 °C, Heißluft: etwa 160 °C aufgebacken werden.

Spargelsalat in Waldmeister-Vinaigrette | Mit Alkohol

4 Portionen

Pro Portion: E: 5 g, F: 20 g, Kh: 9 g, kJ: 1070, kcal: 255, BE: 0,5

je 500 g	*weißer und grüner Spargel (dünne Spargelstangen)*
	Salz
je 100 g	*rote und gelbe Cocktailtomaten*

Für die Waldmeister-Vinaigrette:

1	*Schalotte*
1 Bund	*frischer Waldmeister*
4 EL	*weißer Balsamico-Essig*
6 EL	*Spargelflüssigkeit*
100 ml	*weißer Burgunder*
	gem. Pfeffer
8 EL	*Olivenöl*

Zubereitungszeit: 50 Minuten, ohne Durchziehzeit

1. Den weißen Spargel von oben nach unten schälen. Darauf achten, dass die Schalen vollständig entfernt, die Köpfe aber nicht verletzt werden. Die unteren Enden abschneiden (holzige Stellen vollkommen entfernen). Von dem grünen Spargel das untere Drittel schälen und die unteren Enden abschneiden. Spargel abspülen und anschließend in nicht zu kleine Stücke schneiden.

2. Salzwasser in einem Topf zum Kochen bringen, die Spargelstücke darin 8–10 Minuten garen. Die Spargelstücke in einem Sieb abtropfen lassen. Die Spargelflüssigkeit dabei auffangen und 6 Esslöffel abmessen. Spargelstücke erkalten lassen.

3. Tomaten abspülen, abtrocknen, halbieren und evtl. die Stängelansätze herausschneiden.

4. Für die Vinaigrette Schalotte abziehen und in kleine Würfel schneiden. Waldmeister abspülen und trocken tupfen. Die Blättchen von den Stängeln zupfen (einige Blättchen zum Garnieren beiseitelegen). Die Blättchen klein schneiden.

5. Essig mit der Spargelflüssigkeit und dem Wein verrühren, mit Salz und Pfeffer würzen. Das Olivenöl unterschlagen. Schalottenwürfel und Waldmeister unterrühren.

6. Spargelstücke und Tomatenhälften vorsichtig mit der Vinaigrette vermischen. Den Salat zugedeckt und kalt gestellt 2–3 Stunden durchziehen lassen.

7. Den Spargelsalat auf einer Platte anrichten. Mit den beiseitegelegten Waldmeisterblättchen garnieren.

Spargel-Schinken-Röllchen

Etwas Besonderes

24 Stück

Pro Stück: E: 3 g, F: 4 g, Kh: 3 g, kJ: 260, kcal: 62, BE: 0,0

12 Stangen grüner Spargel
Salz
1 Prise Zucker

70 g alter Gouda
50 g Butter
12 Scheiben Parmaschinken
6 Blätter dreieckiger Yufka- oder Filoteig
gem. Pfeffer

Zubereitungszeit: 45 Minuten
Garzeit: 10–15 Minuten

1. Von dem Spargel nur das untere Drittel schälen und die Enden abschneiden. Spargelstangen abspülen und abtropfen lassen. Salzwasser mit 1 Prise Zucker in einem Topf zum Kochen bringen. Spargelstangen darin etwa 10 Minuten garen.

2. Spargelstangen mit einer Schaumkelle herausnehmen, mit kaltem Wasser abschrecken und in einem Sieb abtropfen lassen.

3. Den Backofen vorheizen.
Ober-/Unterhitze: etwa 200 °C
Heißluft: etwa 180 °C

4. Den Käse fein raspeln. Die Butter zerlassen. Den Parmaschinken diagonal halbieren. Spargelstangen quer halbieren.

5. Die Yufkateig- oder Filoteigblätter in je 4 Dreiecke (Tortenstücke) schneiden und mit der Butter bestreichen. Jeweils 1/2 Scheibe Parmaschinken darauflegen, mit Käse, Salz und Pfeffer bestreuen. Je 1 Spargelstange auf das breite Teigende legen. Den Teig von der breiten Seite her locker aufrollen.

6. Die Röllchen auf ein Backblech (mit Backpapier belegt) legen. Das Backblech in den vorgeheizten Backofen schieben und die Spargel-Schinken-Röllchen **10–15 Minuten garen.**

7. Die Spargel-Schinken-Röllchen vom Backblech nehmen und möglichst heiß servieren.

Speckwaffeln, würzige | Raffiniert

14 Stück

Pro Stück: E: 8 g, F: 5 g, Kh: 17 g, kJ: 652, kcal: 156, BE: 1,5

Für den All-in-Teig:

200 g magerer durchwachsener Speck
1 Zwiebel (etwa 100 g)
1 Bund Petersilie
1 Bund Majoran
300 g Roggenmehl (Type 1150)
4 Eier (Größe M)
800 ml Milch (3,5 % Fett)
Salz
gem. Pfeffer

etwas Speiseöl, z. B. Sonnenblumenöl

Zubereitungszeit: 55 Minuten, ohne Teigquellzeit

1. Für den Teig den Speck in kleine Würfel schneiden. Die Zwiebel abziehen und fein hacken. Petersilie und Majoran abspülen, trocken tupfen. Die Blättchen von den Stängeln zupfen und grob hacken.

2. Die Speckwürfel in einer Pfanne ohne Fett unter Rühren anbraten. Zwiebelwürfel hinzufügen und mit andünsten. Die Speck-Zwiebel-Masse etwas abkühlen lassen.

3. Das Mehl in eine Rührschüssel geben. Eier und Milch hinzufügen. Die Zutaten mit einem Mixer (Rührstäbe) in 2 Minuten zu einem glatten Teig verarbeiten.

4. Speck-Zwiebel-Masse kurz unter den Teig rühren. Gehackte Petersilie und Majoran hinzufügen. Den Teig mit Salz und Pfeffer abschmecken, etwa 10 Minuten quellen lassen.

5. Das Waffeleisen auf höchster Stufe vorheizen (dabei die Gebrauchsanleitung des Herstellers beachten).

6. Das Waffeleisen auf mittlere Temperatur zurückschalten und fetten. Für jede Waffel etwa 2 gehäufte Esslöffel Teig auf das Waffeleisen geben und die Waffeln goldbraun backen.

7. Die Waffeln vorsichtig mit einer Gabel oder einem Pfannenwender herausnehmen, nebeneinander auf einen Kuchenrost legen und sofort warm servieren.

Spiegelei-Crostini | Würziger Genuss

8 Stück

Pro Stück: E: 11 g, F: 15 g, Kh: 19 g, kJ: 1038, kcal: 248, BE: 1,5

15 g getrocknete Steinpilze
100 ml kochendes Wasser
750 g Strauchtomaten
2 kleine Zwiebeln
2 Knoblauchzehen
1 rote Chilischote
2 Stängel Thymian
7 EL Olivenöl
8 EL Einweichwasser (von den Steinpilzen)
Salz
etwas Zucker
einige Basilikumblättchen
8 große Scheiben Ciabatta (je etwa 30 g)
8 Eier (Größe M)

Zubereitungszeit: 50 Minuten, ohne Einweichzeit

1. Steinpilze in einem Sieb abspülen und abtropfen lassen. Pilze in eine flache Schale legen, mit kochendem Wasser übergießen, sodass die Pilze ganz bedeckt sind. Pilze etwa 30 Minuten einweichen.

2. Inzwischen Tomaten kreuzweise einschneiden und mit kochendem Wasser übergießen. Nach 1–2 Minuten herausnehmen, mit kaltem Wasser abschrecken. Tomaten häuten, halbieren, entkernen und die Stängelansätze herausschneiden. Tomatenhälften in grobe Würfel schneiden. Zwiebeln und Knoblauch abziehen, klein würfeln.

3. Die Chilischote halbieren, entstielen, entkernen, abspülen, abtropfen lassen und klein hacken. Thymian abspülen und trocken tupfen. Die Blättchen von den Stängeln zupfen. Blättchen klein schneiden. Die eingeweichten Steinpilze leicht ausdrücken, das Einweichwasser dabei auffangen. Steinpilze grob hacken.

4. Von dem Olivenöl 3 Esslöffel in einer Pfanne erhitzen. Steinpilze, Zwiebel-, Knoblauchwürfel, Chili und Thymian darin unter Rühren andünsten. Mit dem Steinpilzwasser ablöschen, mit Salz und Zucker würzen. Die Masse bei mittlerer Hitze unter gelegentlichem Rühren dickflüssig einkochen lassen.

5. Den Backofengrill vorheizen.

6. Die Basilikumblättchen abspülen, trocken tupfen, klein schneiden und mit 2 Esslöffeln Olivenöl vermischen.

7. Die Brotscheiben auf einem Backofenrost verteilen. Den Rost unter den vorgeheizten Backofengrill schieben. Die Brotscheiben kurz von beiden Seiten rösten.

8. Restliches Olivenöl in einer weiten Pfanne erhitzen. Die Eier vorsichtig aufschlagen und nebeneinander in das Fett gleiten lassen (evtl. in 2 Portionen). Eiweiß mit Salz bestreuen. Die Eier etwa 5 Minuten bei mittlerer Hitze braten, bis das Eiweiß fest ist.

9. Die heiße Steinpilz-Zwiebel-Masse auf den Brotscheiben verteilen und mit jeweils 1 Spiegelei belegen. Spiegelei-Crostini mit dem Basilikumöl beträufeln und servieren.

Spinattaler, kleine | Einfach

12 Stück

Pro Portion: E: 6 g, F: 7 g, Kh: 4 g, kJ: 426, kcal: 102, BE: 0,5

225 g TK-Blattspinat
150 g Magerquark
2 Eier (Größe M)
50 g Hartweizengrieß
Salz
gem. Pfeffer
ger. Muskatnuss
5 EL Speiseöl
2–3 Tomaten
150 g abgetropfter Mozzarella
12 Basilikumblättchen

Außerdem:

12 Holzstäbchen

Zubereitungszeit: 60 Minuten, ohne Auftau- und Abkühlzeit

1. Spinat nach Packungsanleitung auftauen lassen. Spinat ausdrücken, hacken und in eine Schüssel geben. Quark, Eier und Grieß unterrühren. Spinatquark mit Salz, Pfeffer und Muskat würzen.

2. Etwas Speiseöl in einer großen Pfanne erhitzen. Den Teig portionsweise mit einem Löffel in die Pfanne geben und mit dem Löffel zu Talern formen. Die Spinattaler von beiden Seiten goldbraun backen. Die Spinattaler aus der Pfanne nehmen und erkalten lassen. Aus dem Teig insgesamt 12 Taler backen.

3. Tomaten abspülen, abtrocknen und die Stängelansätze herausschneiden. Die Tomaten in Scheiben schneiden. Den Mozzarella ebenfalls in Scheiben schneiden.

4. Die Spinattaler mit je 1 Tomaten- und Mozzarella-Scheibe belegen, mit Holzstäbchen feststecken.

5. Die Basilikumblättchen abspülen und trocken tupfen. Die Spinattaler mit je 1 Basilikumblättchen garnieren.

Spinat-Tortilla | Gut vorzubereiten

20 Stück

Pro Stück: E: 2 g, F: 3 g, Kh: 0 g,
kJ: 162, kcal: 39, BE: 0,0

2 Schalotten (etwa 50 g)
1 Knoblauchzehe
2 EL Olivenöl
125 g TK-Blattspinat
Salz, gem. Pfeffer
ger. Muskatnuss
6 Eier (Größe M)
6 EL Milch

Zubereitungszeit: 20 Minuten, ohne Abkühlzeit
Garzeit: etwa 40 Minuten

1. Schalotten und Knoblauch abziehen, in kleine Würfel schneiden. Danach Olivenöl in einer Pfanne erhitzen. Schalotten- und Knoblauchwürfel darin andünsten.

2. Den Backofen vorheizen.
Ober-/Unterhitze: etwa 200 °C
Heißluft: etwa 180 °C

3. Den gefrorenen Spinat hinzugeben, unter gelegentlichem Rühren andünsten und zugedeckt bei schwacher Hitze etwa 10 Minuten garen.

4. Den garen Spinat mit Salz, Pfeffer und Muskat würzen, mit einer Gabel vorsichtig auflockern und die Flüssigkeit verdampfen lassen. Den Spinat aus der Pfanne nehmen und in eine Auflaufform (gefettet) geben.

5. Eier mit Milch verschlagen, mit Salz würzen. Die Eiermilch auf dem Spinat verteilen.

6. Die Form auf dem Rost in den vorgeheizten Backofen geben. Spinat-Tortilla **etwa 30 Minuten garen.**

7. Die Form auf einen Rost stellen. Die Tortilla etwas abkühlen lassen und anschließend in 20 Stücke schneiden.

Tipps: Die Spinat-Tortilla-Stücke mit kleinen Holzspießen oder mit Butterbrotpapier umwickelt als Fingerfood servieren. Etwas bunter werden die Tortilla-Stückchen, wenn Sie zusätzlich ½ rote Paprikaschote abspülen, abtropfen lassen, in sehr kleine Würfel schneiden und mit dem Spinat in der Pfanne dünsten.

Steinpilz-Tartes | Edel – für Gäste

6 Stück

Pro Stück: E: 12 g, F: 33 g, Kh: 38 g, kJ: 2083, kcal: 499, BE: 3,0

Für den Teig:

200 g Weizenmehl
Salz
90 g Butter (kalt)
1 Ei (Größe S)
1 EL kaltes Wasser

1 Zwiebel (35 g)
300 g schöne Steinpilze
3 EL Olivenöl
60 g getrocknete Feigen
60 g Ziegenweichkäse-Taler, z. B. Picandou
1 Ei (Größe S)
100 g Schlagsahne
gem. schwarzer Pfeffer

Hülsenfrüchte und Backpapier zum Blindbacken

3 Scheiben Bacon (Frühstücksspeck, etwa 60 g)
1 EL flüssiger Honig
2 EL vorbereitete frische Rosmarinnadeln

Außerdem:

6 kleine Tarteförmchen (Ø 9 cm)

Zubereitungszeit: 50 Minuten, ohne Kühlzeit
Backzeit: etwa 40 Minuten

1. Für den Teig Mehl mit etwas Salz in einer Rührschüssel mischen. Die Butter in kleine Würfel schneiden und dazugeben. Die Zutaten mit einem Mixer (Knethaken) zunächst kurz auf niedrigster, dann auf höchster Stufe zu einem leicht krümeligen Teig verkneten. Ei und Wasser hinzugeben. Die Zutaten kurz zu einem glatten Teig verkneten. Den Teig in Frischhaltefolie gewickelt mindestens 60 Minuten in den Kühlschrank legen.

2. In der Zwischenzeit die Zwiebel abziehen, halbieren und fein würfeln. Steinpilze putzen und in dünne Scheiben schneiden.

3. Das Olivenöl in einer Pfanne erhitzen. Die Zwiebelwürfel und Pilzscheiben darin unter Wenden etwa 3 Minuten braten, dabei mit Salz würzen. Die Pilz-Zwiebel-Mischung auf einen Teller geben und erkalten lassen. Die Feigen in kleine Würfel schneiden.

4. Den Teig auf einer leicht bemehlten Arbeitsfläche etwa ½ cm dick ausrollen. Aus dem Teig 6 Kreise (Ø etwa 12 cm) ausstechen, in die Tarteförmchen (gefettet, bemehlt) legen. Den Teig leicht andrücken, den Rand gerade abschneiden. Teigboden mit einer Gabel mehrmals einstechen. Die Förmchen zugedeckt etwa 30 Minuten in den Kühlschrank stellen.

5. Den Käse zerbröseln und in eine Schüssel geben. Die Pilz-Zwiebel-Mischung und die Feigen hinzugeben und vermischen. Das Ei mit der Sahne verquirlen. Die Eiersahne mit Salz und Pfeffer würzen.

6. Den Backofen vorheizen.
Ober-/Unterhitze: etwa 180 °C
Heißluft: etwa 160 °C

7. Die Tarteförmchen mit Backpapier auslegen und mit Hülsenfrüchten beschweren. Die Förmchen auf dem Rost in den vorgeheizten Backofen (Mitte) schieben. Die Tartes **etwa 15 Minuten vorbacken.** Die Hülsenfrüchte und das Backpapier entfernen.

8. Die Pilz-Käse-Mischung in den Förmchen verteilen und die Eier-Sahne darübergießen. Den Bacon mit dem Honig beträufeln, in 6 Stücke schneiden. Bacon mit der Honigseite nach oben auf die Tartes legen.

9. Die Förmchen wieder auf dem Rost in den heißen Backofen (unterste Leiste) schieben. Die Tartes **bei gleicher Backofentemperatur in 22–25 Minuten goldbraun backen.**

10. Rosmarin fein schneiden. Die Förmchen auf einen Kuchenrost stellen, mit Rosmarin bestreuen, leicht abkühlen lassen und aus der Form nehmen. Die Steinpilz-Tartes warm oder kalt servieren.

Sülzchen à la Caprese | Für Gäste

4 Portionen

Pro Portion: E: 10 g, F: 22 g, Kh: 3 g,
kJ: 1062, kcal: 254, BE: 0,0

6 Blatt weiße Gelatine
1 Schalotte
1 Knoblauchzehe
100 ml Gemüsebrühe
200 g Schlagsahne (mind. 30 % Fett)
40 ml Weißweinessig
1 TL gerebeltes Basilikum
Salz, gem. Pfeffer
2 gleich große Tomaten
125 g abgetropfter Mozzarella

Zubereitungszeit: 25 Minuten, ohne Kühlzeit

1. Die Gelatine nach Packungsanleitung einweichen. Schalotte und Knoblauch abziehen und in feine Würfel schneiden.

2. Gelatine leicht ausdrücken und in einem Topf mit der Gemüsebrühe unter Rühren erwärmen, bis sie völlig gelöst ist. Schalotten-, Knoblauchwürfel, Sahne und Essig unterrühren. Gelatinemischung mit Basilikum, Salz und Pfeffer kräftig abschmecken.

3. Jeweils 2 Esslöffel von der Gelatinemischung in 4 kleine Förmchen (je etwa 170 ml Inhalt, kalt ausgespült) füllen und für etwa 10 Minuten in den Kühlschrank stellen.

4. Die Tomaten kreuzweise einschneiden und mit kochendem Wasser übergießen. Nach 1–2 Minuten herausnehmen und mit kaltem Wasser abschrecken. Tomaten enthäuten, halbieren und die Stängelansätze herausschneiden. Von jeder Tomate 4 etwa gleich große Scheiben abschneiden.

5. Den Mozzarella abtropfen lassen und in 4 Scheiben schneiden. In jedes Förmchen nacheinander 1 Tomaten-, 1 Mozzarella- und wieder 1 Tomatenscheibe legen. Förmchen vorsichtig mit der Gelatinemischung befüllen und zugedeckt mindestens 3 Stunden in den Kühlschrank stellen. Die Förmchen etwa 10 Sekunden in heißes Wasser tauchen und die Sülzen stürzen.

Tipps: Garnieren Sie die kleinen Sülzen mit frischem Basilikum und Tomatenstreifen. Die Sülzen sind im Kühlschrank etwa 3 Tage haltbar.

Süßkartoffel-Muffins mit Kapern

Würziger Genuss

12 Stück

Pro Stück: E: 4 g, F: 11 g, Kh: 17 g, kJ: 750, kcal: 179, BE: 1,5

Zum Vorbereiten:

1 Süßkartoffel (400 g)
30 g abgetropfte Kapern

Für den Teig:

170 g Weizenmehl (Type 1050)
3 gestr. TL Dr. Oetker Backin
1 ½ TL Salz
75 ml Milch (3,5 % Fett)
2 Eier (Größe M)
100 ml Olivenöl

Zubereitungszeit: 45 Minuten
Backzeit: 30–35 Minuten

1. Zum Vorbereiten die Süßkartoffel schälen, abspülen, abtropfen lassen und auf der groben Seite der Haushaltsreibe raspeln. Die Kapern grob hacken.

2. Den Backofen vorheizen.
Ober-/Unterhitze: etwa 200 °C
Heißluft: etwa 180 °C

3. Für den Teig das Mehl mit Backpulver und Salz in einer Rührschüssel mischen. Milch, Eier und Olivenöl hinzufügen.

4. Die Zutaten mit einem Mixer (Rührstäbe) zunächst kurz auf niedrigster, dann auf höchster Stufe in etwa 1 Minute zu einem glatten Teig verarbeiten. Kartoffelraspel und Kapern kurz unterrühren.

5. Den Teig mit einem Löffel in eine Muffinform (für 12 Muffins, gefettet, bemehlt) füllen. Die Form auf dem Rost in den vorgeheizten Backofen schieben. Die Süßkartoffel-Muffins **30–35 Minuten backen.**

6. Die Form auf einen Kuchenrost stellen. Die Muffins etwa 5 Minuten in der Form stehen lassen. Anschließend vorsichtig aus der Form nehmen und auf dem mit Backpapier belegten Kuchenrost erkalten lassen.

Tipp: Die erkalteten Muffins aufschneiden und mit Schnittlauchquark servieren.

Tapa aus Paprika mit rohem Tunfisch und Pistazien I

Für Gäste
12 Portionen (24 Stück)

Pro Portion: E: 8 g, F: 10 g, Kh: 12 g, kJ: 716, kcal: 172, BE: 1,0

6 große rote Paprikaschoten (je 225–250 g)
150 g Baguette

Für die Füllung:
6 Stängel glatte Petersilie
30 g abgetropfte grüne Oliven, ohne Stein
30 g Pistazienkerne, geröstet und gesalzen
1/2 rote Chilischote
300 g ganz frischer roher Tunfisch (Sushi-Qualität)
15 g abgetropfte Kapern (aus dem Glas)
Salz
4 EL Olivenöl
2 EL Zitronensaft

Außerdem:
24 kleine Holzstäbchen, z. B. Zahnstocher

Zubereitungszeit: 40 Minuten, ohne Abkühlzeit
Backzeit: etwa 10 Minuten

1. Den Backofengrill vorheizen.

2. Paprikaschoten halbieren, entstielen, entkernen und die weißen Scheidewände entfernen. Schoten abspülen, trocken tupfen, längs vierteln und mit der Wölbung nach oben auf ein Backblech legen. Das Backblech unter den vorgeheizten Backofengrill (oberste Leiste) schieben und die Paprikaschoten 6–8 Minuten rösten, bis die Haut Blasen wirft und schwarz wird.

3. Das Backblech auf einen Kuchenrost stellen. Die Schoten mit einem feuchten Geschirrtuch bedecken und etwa 10 Minuten abkühlen lassen. Dann die Haut vorsichtig abziehen.

4. Das Baguette in 24 sehr dünne Scheiben schneiden. Die Baguettescheiben auf ein Backblech legen. Das Backblech unter den heißen Backofengrill schieben. Baguettescheiben von jeder Seite etwa 1 1/2 Minuten goldbraun rösten.

5. Das Backblech auf einen Kuchenrost stellen. Baguettescheiben erkalten lassen.

6. Petersilie abspülen, trocken tupfen und die Blättchen von den Stängeln zupfen. Petersilienblättchen, Oliven und Pistazien klein hacken.

7. Chilischote abspülen, abtrocknen und entstielen. Chilischote mit den Kernen sehr fein würfeln.

8. Den Tunfisch in 1/2 cm große Würfel schneiden. Petersilie, Oliven, Pistazien, Chilischote, Tunfisch und Kapern mit etwas Salz und Olivenöl in einer Schüssel mischen. Den Zitronensaft unterrühren.

9. Die Paprikaschote mit der Innenseite nach oben auf eine große Platte legen.

10. Die Füllung darauf verteilen. Die Paprikaschoten mit Holzstäbchen feststecken und auf den Baguettescheiben servieren.

Tarteletts mit Ziegenfrischkäse

Gut vorzubereiten

8 Stück

Pro Stück: E: 5 g, F: 18 g, Kh: 25 g, kJ: 1196, kcal: 287, BE: 2,0

450 g TK-Blätterteig
5 Stängel Thymian
3 EL flüssiger Honig
1 Bund Frühlingszwiebeln
250 g Ziegenfrischkäserolle
Salz, gem. Pfeffer

Zubereitungszeit: 40 Minuten, ohne Auftau- und Abkühlzeit
Backzeit: etwa 15 Minuten je Backblech

1. Die Blätterteigplatten nebeneinander zugedeckt nach Packungsanleitung auftauen. Thymian abspülen und trocken tupfen. 2 Stängel zum Garnieren beiseitelegen. Die restlichen Blättchen von den Stängeln zupfen.

2. Den Backofen vorheizen.
Ober-/Unterhitze: etwa 200 °C
Heißluft: etwa 180 °C

3. Honig und Thymianblättchen in einem kleinen Topf unter Rühren aufkochen lassen. Den Topf von der Kochstelle nehmen. Thymianhonig etwas abkühlen lassen.

4. Die Blätterteigplatten aufeinanderlegen und auf einer leicht bemehlten Arbeitsfläche zu einem Rechteck (etwa 35 x 50 cm) ausrollen. 8 runde Platten (Ø etwa 12 cm) ausstechen. Die Teigplatten auf Backbleche (mit Backpapier belegt) legen.

5. Frühlingszwiebeln putzen, abspülen, abtropfen lassen und in feine Scheiben schneiden. Ziegenkäse in 8 gleich große Scheiben schneiden. Frühlingszwiebelscheiben auf den Teigplatten verteilen, mit Salz bestreuen und mit je 1 Ziegenkäsescheibe belegen. Ziegenkäse mit Pfeffer bestreuen und mit Thymianhonig bestreichen.

6. Die Backbleche nacheinander (bei Heißluft zusammen) in den vorgeheizten Backofen schieben. Die Tarteletts **etwa 15 Minuten je Backblech backen.**

7. Die Tarteletts vom Backblech lösen und mit den beiseitegelegten Thymianstängeln garnieren.

8. Tarteletts warm oder kalt servieren.

Tintenfischringe | Schnell

4 Portionen

Pro Portion: E: 17 g, F: 12 g, Kh: 4 g, kJ: 784, kcal: 200, BE: 0,0

400 g Tintenfischtuben (TK oder frisch)
3 EL Sojasauce
2 Knoblauchzehen
10 abgetropfte schwarze Oliven, ohne Stein
2 EL Zitronensaft
25 g TK-Italienische Kräuter
2 EL Olivenöl
Salz, gem. Pfeffer
2 EL Chilisauce

Zubereitungszeit: 20 Minuten, ohne Auftau- und Durchziehzeit

1. Tiefgekühlte Tintenfischtuben nach Packungsanleitung auftauen lassen, dann unter fließendem kalten Wasser abspülen, trocken tupfen und in 2 cm breite Ringe schneiden. Tintenfischringe mit Sojasauce mischen und etwa 30 Minuten durchziehen lassen.

2. Knoblauch abziehen und durch eine Knoblauchpresse drücken oder sehr fein hacken. Oliven achteln und mit Knoblauch, Zitronensaft und Kräutern mischen.

3. Die Tintenfischringe abtropfen lassen. Grillpfanne erhitzen und die Rippen der Pfanne mit Olivenöl bestreichen. Die Tintenfischringe darin bei starker Hitze unter Wenden 3–5 Minuten braten.

4. Tintenfischringe zu der Oliven-Kräuter-Mischung geben und mit Salz, Pfeffer und Chilisauce würzen.

Beilage: Frisches Baguette.

Tintenfischringe, gebackene I

Schnell – mit Alkohol

8 Portionen

Pro Portion: E: 22 g, F: 13 g, Kh: 18 g, kJ: 1197, kcal: 286, BE: 1,5

800 g küchenfertige, blanchierte Tintenfischringe
Saft von
1 Zitrone
Salz
gem. Pfeffer

Für den Bierteig:

200 g Weizenmehl
250 ml helles Bier
2 Eier (Größe M)
1 Prise Salz

Zum Frittieren:

etwa 1 ½ l Speiseöl

Zubereitungszeit: 20 Minuten

1. Tintenfischringe unter fließendem kalten Wasser abspülen und trocken tupfen. Tintenfischringe mit Zitronensaft beträufeln, mit Salz und Pfeffer würzen.

2. Für den Teig Mehl in eine Rührschüssel geben und mit dem Bier zu einem glatten Teig verrühren. Die Eier trennen, Eigelb gut unterrühren. Den Teig mit etwas Salz würzen. Eiweiß steif schlagen und unterheben.

3. Öl in einem hohen Topf oder in einer Fritteuse auf etwa 180 °C erhitzen.

4. Die Tintenfischringe durch den Teig ziehen, am Schüsselrand abstreifen und portionsweise schwimmend in dem siedenden Olivenöl goldgelb ausbacken.

5. Tintenfischringe mit einem Schaumlöffel herausnehmen, auf Küchenpapier abtropfen lassen und servieren.

Tipps: Nach Belieben mit Zitronenspalten und Petersilienblättchen garnieren. Für dieses Rezept schmeckt als Frittieröl Olivenöl besonders gut. Erhitzen Sie es aber nicht zu hoch. Es ist nur bis 180 °C hitzestabil.

Tintenfischringe, marinierte

Einfach

4–6 Portionen

Pro Portion: E: 18 g, F: 17 g, Kh: 13 g, kJ: 1151, kcal: 275, BE: 1,0

400 g TK-Tintenfischringe (natur)
Salz
250 g Cocktailtomaten
1 Bund glatte Petersilie
1 Knoblauchzehe
4 EL Balsamico-Essig
gem. Pfeffer
8 EL Olivenöl
250 g abgetropfte rote Bohnen (aus der Dose)

Zubereitungszeit: 25 Minuten, ohne Auftau- und Durchziehzeit

1. Tintenfischringe nach Packungsanleitung auftauen. Anschließend in kochendem Salzwasser etwa 10 Minuten blanchieren. Tintenfischringe mit kaltem Wasser abschrecken und in einem Sieb abtropfen lassen.

2. Tomaten abspülen, abtrocknen, vierteln, entkernen und evtl. die Stängelansätze herausschneiden. Petersilie abspülen, trocken tupfen und die Blättchen von den Stängeln zupfen. Die Blättchen grob zerschneiden.

3. Knoblauch abziehen und durch eine Knoblauchpresse drücken. Mit Essig, Salz und Pfeffer verrühren, Olivenöl unterschlagen.

4. Die Tintenfischringe mit Tomatenvierteln, Bohnen und Petersilie in einer großen Schüssel mischen. Die Marinade untermischen. Tintenfischringe herzhaft abschmecken, 1–2 Stunden kalt stellen und durchziehen lassen.

Beilage: **Kleine Pizzabrötchen mit Oliven.** Dafür 175 g Pizzateig nach Packungsanleitung zubereiten. Zusätzlich etwa 2 Esslöffel Olivenscheiben unter den Teig kneten. Aus dem Teig kleine Brötchen formen, auf ein Backblech (mit Backpapier belegt) legen und zugedeckt an einem warmen Ort 10–15 Minuten gehen lassen, bis sie sich sichtbar vergrößert haben. Die Brötchen im vorgeheizten Backofen bei Ober-/Unterhitze: etwa 180 °C, Heißluft: etwa 160 °C in etwa 15 Minuten knusprig braun backen.

Toast mit leichtem Champignon-Tomaten-Salat | Vegetarisch

4 Portionen

Pro Portion: E: 14 g, F: 10 g, Kh: 14 g, kJ: 812, kcal: 194, BE: 1,0

300 g	kleine braune Champignons
150 g	Cocktailtomaten
1 EL	Olivenöl
10 g	Pinienkerne
½ TL	Fenchelsamen
1–2 EL	Weißweinessig
	Salz
50 g	Rucola (Rauke)
100 g	Fetakäse (15 % Fett)
1 TL	Olivenöl
4 Scheiben	Vollkorntoast
100 g	Joghurt (3,5 % Fett)
	gem. Pfeffer

Zubereitungszeit: 30 Minuten

1. Die Champignons putzen, evtl. kurz abspülen und trocken tupfen. Tomaten abspülen, abtrocknen, halbieren und die Stängelansätze herausschneiden. Tomatenhälften nochmals durchschneiden.

2. Olivenöl in einer großen Pfanne erhitzen. Pinienkerne darin unter Rühren kurz anrösten. Champignons und Fenchelsamen hinzugeben, unter Rühren etwa 3 Minuten garen. Tomatenviertel unterheben. Essig unterrühren, mit Salz abschmecken. Die Pfanne von der Kochstelle nehmen.

3. Rucola putzen und die dicken Stiele herausschneiden. Den Rucola abspülen, gut abtropfen lassen oder trocken schleudern. Rucola evtl. etwas kleiner zupfen und unter den Champignon-Tomaten-Salat mischen.

4. Den Käse abtropfen lassen und in etwa 2 cm große Würfel schneiden. Olivenöl in einer Pfanne erhitzen. Die Käsewürfel darin von allen Seiten leicht anrösten.

5. Die Vollkorntoastscheiben toasten.

6. Joghurt durchrühren und mit Pfeffer abschmecken. Den Champignon-Tomaten-Salat auf den Toastscheiben verteilen. Die Käsewürfel daraufgeben, mit je einem Klecks Pfeffer-Joghurt garnieren und servieren.

Tofuaufstrich, grüner I

Vegetarisch – gut vorzubereiten

4–6 Portionen

Pro Portion: E: 11 g, F: 6 g, Kh: 3 g, kJ: 449, kcal: 107, BE: 0,0

325 g Tofu
1 Zwiebel
1 Knoblauchzehe
8–10 Stängel gemischte Kräuter, z. B. Petersilie, Basilikum, Dill, Schnittlauch
1 EL Sesamöl
2 EL Sojasauce
1 TL Sambal Oelek
Salz

Zubereitungszeit: 20 Minuten

1. Tofu abtropfen lassen, in kleine Würfel schneiden und mit einem Pürierstab grob pürieren. Zwiebel und Knoblauch abziehen und in feine Würfel schneiden.

2. Kräuter abspülen, trocken tupfen und die Blättchen bzw. Spitzen von den Stängeln zupfen. Kräuterblättchen, -spitzen und Schnittlauch fein hacken.

3. Sesamöl mit Sojasauce und Sambal Oelek verrühren. Gehackte Kräuter sowie Tofu-, Zwiebel- und Knoblauchwürfel unterrühren. Den Tofuaufstrich mit Salz abschmecken und in gründlich gereinigte, gespülte und getrocknete Gläser füllen. Die Gläser mit Deckeln fest verschließen und in den Kühlschrank stellen.

Tipps: Der Aufstrich schmeckt auf Grau- oder Roggenmischbrot besonders lecker. Im Kühlschrank können Sie den Tofuaufstrich etwa 5 Tage aufbewahren.

Tomaten mit Käsesalat | Beliebt

8 Stück

Pro Stück: E: 11 g, F: 23 g, Kh: 6 g, kJ: 1150, kcal: 275, BE: 0,5

125 g Salatmayonnaise
50 g gehackte Mandeln
Salz
gem. Pfeffer
2–3 Äpfel, z. B. Cox Orange
300 g Emmentaler oder Gouda, in Scheiben
8 mittelgroße Tomaten
1 EL Schnittlauchröllchen

Zubereitungszeit: 35 Minuten

1. Mayonnaise in eine Rührschüssel geben. Mandeln unterrühren. Die Mandelmayonnaise mit Salz und Pfeffer würzen.

2. Äpfel abspülen, abtrocknen, schälen, vierteln, entkernen und in dünne, etwa 1 cm lange Stifte schneiden. Käse ebenfalls in etwa 1 cm lange Stifte schneiden. Apfel- und Käsestifte sofort unter die Mayonnaise rühren.

3. Tomaten abspülen und abtrocknen. Jeweils einen Deckel abschneiden. Die Tomaten mit einem Teelöffel vorsichtig aushöhlen, dabei einen etwa 1 cm dicken Rand stehen lassen. Die Tomatendeckel klein würfeln, mit den Schnittlauchröllchen unter den Salat rühren.

4. Die ausgehöhlten Tomaten mit dem Käsesalat füllen. Evtl. restlichen Salat dazureichen.

Tomaten-Avocado-Tatar mit Garnelen | Etwas Besonderes – einfach

6–8 Portionen

Pro Portion: E: 8 g, F: 27 g, Kh: 7 g, kJ: 1257, kcal: 300, BE: 0,5

4 Tomaten (etwa 400 g)
2 hart gekochte Eier
1 Topf Schnittlauch
1 Topf Petersilie
4 reife Avocados (etwa 1 kg)
2–3 EL Zitronensaft
3 EL Balsamico-Essig
Salz, gem. Pfeffer
Zucker
8 EL Olivenöl

12 große geschälte Garnelen (mit Schwanz)
2 EL Olivenöl

Zubereitungszeit: 30 Minuten
Bratzeit: etwa 4 Minuten

1. Die Tomaten abspülen, abtrocknen, halbieren, entkernen und die Stängelansätze herausschneiden. Die Tomatenhälften in kleine Würfel schneiden.

2. Eier pellen und würfeln. Schnittlauch und Petersilie abspülen, trocken tupfen. Die Petersilienblättchen von den Stängeln zupfen (einige Blättchen zum Garnieren beiseitelegen). Blättchen klein schneiden. Schnittlauch in Röllchen schneiden.

3. Avocados in der Mitte längs durchschneiden und jeweils den Kern herausnehmen. Die Avocadohälften schälen. Das Fruchtfleisch in kleine Würfel schneiden. Avocadowürfel sofort mit Zitronensaft mischen.

4. Essig mit Salz, Pfeffer und Zucker verrühren. Das Olivenöl unterschlagen.

5. Avocado-, Tomaten-, Eierwürfel, Petersilie und Schnittlauchröllchen in eine Schüssel geben. Die Marinade untermischen.

6. Von den Garnelen evtl. den Darm entfernen. Die Garnelen unter fließendem kalten Wasser abspülen und trocken tupfen. Olivenöl in einer Pfanne erhitzen. Die Garnelen darin von beiden Seiten etwa 4 Minuten braten, bis sie sich rötlich färben, mit Salz und Pfeffer würzen.

7. Das Tomaten-Avocado-Tatar mit den Garnelen auf Tellern anrichten und mit den beiseitegelegten Petersilienblättchen garnieren.

Tomaten-Basilikum-Törtchen

Mediterran inspiriert

12 Stück

Pro Stück: E: 9 g, F: 19 g, Kh: 16 g, kJ: 1148, kcal: 275, BE: 1,0

450 g TK-Blätterteig
36 Cocktailtomaten
6 Eier (Größe M)
150 g ger. Gouda
6 EL Crème fraîche
gem. Pfeffer
ger. Muskatnuss
1 Topf Basilikum

Zubereitungszeit: 30 Minuten, ohne Auftau- und Ruhezeit
Backzeit: etwa 30 Minuten

1. Blätterteigplatten nebeneinander zugedeckt nach Packungsanleitung auftauen.

2. Den Backofen vorheizen.
Ober-/Unterhitze: etwa 220 °C
Heißluft: etwa 200 °C

3. Die Tomaten kreuzweise einschneiden und mit kochendem Wasser übergießen. Nach 1–2 Minuten herausnehmen und mit kaltem Wasser abschrecken. Die Tomaten enthäuten, halbieren, entkernen und die Stängelansätze herausschneiden.

4. Eier verschlagen, Käse und Crème fraîche unterrühren, mit Pfeffer und Muskat würzen.

5. Basilikum abspülen, trocken tupfen und die Blättchen von den Stängeln zupfen. Einige Blättchen zum Garnieren beiseitelegen. Restliche Blättchen klein schneiden.

6. Zwölf hitzebeständige Förmchen (Ø etwa 12 cm) mit kaltem Wasser ausspülen. Den Teig auf einer leicht bemehlten Arbeitsfläche messerrückendick ausrollen. Den Teig etwa 10 Minuten ruhen lassen. Die Förmchen mit dem Teig auskleiden, dabei jeweils einen Rand hochdrücken.

7. Klein geschnittene Basilikumblättchen auf den Teig streuen. Tomatenhälften und die Eier-Käse-Masse darauf verteilen. Die Förmchen auf dem Rost in den vorgeheizten Backofen (untere Schiene) schieben. Die Törtchen **etwa 20 Minuten backen.**

8. Nach etwa 10 Minuten Backzeit den Rost auf die mittlere Schiene schieben. Die Tomaten-Basilikum-Törtchen in **etwa 10 Minuten fertig backen.**

9. Die Förmchen vom Rost nehmen. Die Törtchen in der Form mit den beiseitegelegten Basilikumblättchen garniert servieren.

Tipp: Wer keine kleinen Förmchen hat, kann das Rezept auch in einer Tarteform (Ø 28 cm, gefettet) zubereiten und anschließend in 12 Tortenstücke teilen. Für die Tarteform benötigen Sie etwa 225 g TK-Blätterteig.

Tomaten-Mozzarella-Muffins

Schnell – vegetarisch

12 Stück

Pro Stück: E: 9 g, F: 13 g, Kh: 14 g, kJ: 878, kcal: 210, BE: 1,0

Zum Vorbereiten:

250 g abgetropfter Mozzarella
75 g abgetropfte getrocknete Tomaten, in Öl
5–6 Stängel Basilikum

Für den All-in-Teig:

225 g Dinkel-Vollkornmehl
2 gestr. TL Dr. Oetker Backin
½–1 TL Salz
1 Msp. gem. Pfeffer
3 Eier (Größe M)
150 ml Buttermilch
75 ml Olivenöl

Außerdem:

12 Papierbackförmchen

Zubereitungszeit: 15 Minuten, ohne Abkühlzeit
Backzeit: etwa 25 Minuten

1. Die Papierbackförmchen in einer Muffinform (für 12 Muffins) verteilen.

2. Den Backofen vorheizen.
Ober-/Unterhitze: etwa 200 °C
Heißluft: etwa 180 °C

3. Zum Vorbereiten Mozzarella und Tomaten in etwa ½ cm kleine Würfel schneiden. Etwa 50 g von den Mozzarella-Würfeln beiseitelegen.

4. Basilikum abspülen, trocken tupfen. Die Blättchen von den Stängeln zupfen und in Streifen schneiden.

5. Für den Teig Mehl mit Backpulver in einer Rührschüssel mischen. Restliche Zutaten hinzufügen und mit einem Mixer (Rührstäbe) zunächst kurz auf niedrigster, dann auf höchster Stufe in etwa 2 Minuten zu einem glatten Teig verarbeiten.

6. Die vorbereiteten Mozzarella-, Tomatenwürfel und Basilikumstreifen hinzufügen und kurz unterrühren.

7. Den Teig mit einem Löffel in den Papierbackförmchen verteilen. Die beiseitegelegten Mozzarella-Würfel auf dem Teig verteilen.

8. Die Form auf dem Rost (mittlere Einschubleiste) in den vorgeheizten Backofen schieben. Die Muffins **etwa 25 Minuten backen.**

9. Die Muffinform auf einen Kuchenrost stellen. Die Muffins etwa 5 Minuten in der Form abkühlen lassen. Anschließend aus der Form lösen und auf dem Kuchenrost erkalten lassen.

Tomaten-Zucchini-Carpaccio mit Ricotta | Vegetarisch – schnell

8 Portionen

Pro Portion: E: 6 g, F: 13 g, Kh: 4 g, kJ: 661, kcal: 158, BE: 0,0

4 Fleischtomaten (etwa 600 g)
4 kleine Zucchini (etwa 600 g)
Salz
300 g Ricotta (ital. Frischkäse)
gem. Pfeffer
6 EL Olivenöl

Zum Garnieren:
einige Stängel Dill

Zubereitungszeit: 30 Minuten

1. Tomaten abspülen, abtrocknen, halbieren und die Stängelansätze herausschneiden. Tomatenhälften in Scheiben schneiden. Zucchini abspülen, abtrocknen und die Enden abschneiden. Zucchini längs in dünne Scheiben schneiden (evtl. mit einer Aufschnitt- oder Brotschneidemaschine).

2. Salzwasser in einem Topf zum Kochen bringen. Die Zucchinischeiben darin portionsweise 1–2 Minuten blanchieren. Zucchinischeiben in ein Sieb geben, mit kaltem Wasser abschrecken und gut abtropfen lassen.

3. Ricotta verrühren, mit Salz und Pfeffer würzen. Den Rand von 8 Tellern dachziegelartig mit den Tomatenscheiben belegen. Jeweils ein Achtel der Käsemasse in die Mitte des Tellers setzen. Die Zucchinischeiben an den Käse legen. Das Carpaccio mit Salz und Pfeffer bestreuen und mit Olivenöl beträufeln.

4. Zum Garnieren Dill abspülen und trocken tupfen. Die Spitzen von den Stängeln zupfen. Carpaccio mit den Dillspitzen garnieren.

Beilage: Ofenwarmes Baguette.

Tortillahäppchen | Für Gäste
8 Stück

Pro Stück: E: 2 g, F: 3 g, Kh: 2 g, kJ: 154, kcal: 37, BE: 0,0

1 rote Paprikaschote (etwa 200 g)
1 kleines Bund Frühlingszwiebeln (etwa 125 g)
1 Knoblauchzehe
2 EL Olivenöl
Salz, gem. Pfeffer
4 Eier (Größe M)
3–4 Spritzer Tabasco

Außerdem:
8 kleine Holzspieße

Zubereitungszeit: 30 Minuten
Garzeit: etwa 8 Minuten

1. Paprikaschote halbieren, entstielen, entkernen und die weißen Scheidewände entfernen. Schotenhälften abspülen, abtropfen lassen und in sehr feine Streifen schneiden. Frühlingszwiebeln putzen, abspülen, abtropfen lassen, in etwa 5 cm lange Stücke schneiden. 3–4 Stücke davon in feine Scheiben schneiden und beiseitelegen. Knoblauch abziehen, durch eine Knoblauchpresse drücken oder sehr fein hacken.

2. Von dem Öl 1 Esslöffel in einer großen Pfanne (Ø 20 cm) erhitzen. Die Paprikastreifen, Frühlingszwiebelstücke und den Knoblauch hineingeben und darin bei mittlerer Hitze in etwa 2 Minuten unter gelegentlichem Rühren andünsten. Das Gemüse mit Salz und Pfeffer würzen, aus der Pfanne nehmen und abkühlen lassen.

3. Die Eier mit Salz, Pfeffer und Tabasco verschlagen. Das restliche Öl in der Pfanne erhitzen. Die Eiermasse hineingeben und zugedeckt bei schwacher Hitze in etwa 8 Minuten garen, das Ei sollte vollständig gestockt sein.

4. Das Omelett aus der Pfanne nehmen und in 8 Tortenstücke schneiden. Auf jedes Stück am breiteren Ende die Paprikastreifen und die Frühlingszwiebelstücke gleichmäßig verteilen. Die Omelettspitzen jeweils über das Gemüse nach oben klappen und mit einem kleinen Holzspieß feststecken. Tortilla-Stücke auf einem Teller anrichten und mit den Frühlingszwiebelscheiben bestreuen.

Tipp: Für einen Tapas-Abend die Tortillahäppchen zusammen mit anderen typischen Tapas-Leckereien servieren. Wie wäre es mit gefüllten Oliven oder gerösteten Weißbrotwürfeln (siehe Seite 177)?

Tortilla-Pizza mit Bacon

Würziger Genuss

6 Stück

Pro Stück: E: 11 g, F: 11 g, Kh: 34 g, kJ: 1201, kcal: 287, BE: 2,5

Zum Vorbereiten:

6 Wraps (Tortilla-Weizenmehl-Fladen, Ø 22 cm)

Für den Belag:

6 EL Mango-Chutney (aus dem Glas)
3–6 TL Sambal Oelek
1 kleine rote Paprikaschote (150 g)
250 g Cocktailtomaten
125 g Cheddar-Käse
60 g Bacon (Frühstücksspeck, etwa 5 Scheiben)
2 dünne Frühlingszwiebeln
30 g Rucola (Rauke)

Zubereitungszeit: 30 Minuten
Backzeit: etwa 3 Minuten je Backblech

1. Jeweils 2 Wrap-Fladen auf ein Stück Backpapier (in Backblechgröße) legen. Davon 1 Backpapier mit 2 Fladen auf ein Backblech ziehen.

2. Für den Belag Mango-Chutney mit Sambal Oelek verrühren. Die Fladen damit bestreichen.

3. Den Backofengrill der höchsten Stufe vorheizen.

4. Paprikaschote halbieren, entstielen, entkernen und die weißen Scheidewände entfernen. Schotenhälften abspülen, abtropfen lassen und in ½ cm große Stücke schneiden.

5. Tomaten abspülen, abtrocknen, halbieren und evtl. die Stängelansätze herausschneiden. Tomatenhälften nochmals halbieren.

6. Paprika- und Tomatenstücke gleichmäßig auf den Fladen verteilen.

7. Den Käse grob reiben. Die Pizzen damit bestreuen. Bacon in etwa 1 cm breite Streifen schneiden und auf den Pizzen verteilen.

8. Frühlingszwiebeln putzen, abspülen, abtropfen lassen und in sehr feine Scheiben schneiden. Rucola abspülen, gut abtropfen lassen oder trocken schleudern und evtl. etwas kleiner zupfen.

9. Das Backblech mit den ersten beiden Tortilla-Pizzen in den vorgeheizten Backofen schieben (Mitte). Die Pizzen in **etwa 3 Minuten goldbraun backen.**

10. Die heißen Pizzen mit Frühlingszwiebeln und Rucola bestreuen und servieren. Die restlichen Pizzen ebenso zubereiten.

Tipps: Noch besser schmecken die Pizzen, wenn Sie die Tortilla-Fladen selbst zubereiten (Seite 220, im Rezept für die Sandwich-Quesadillas). Achten Sie beim Kauf darauf, dass das Mango-Chutney nicht zu große Stückchen enthält.

Rezeptvariante: Für einen **Tortilla-Flammkuchen „Elsässer Art“** 6 Esslöffel Crème fraîche mit Salz und Pfeffer glatt rühren und die Fladen damit bestreichen. 1 kleine Stange Porree (Lauch) putzen, längs halbieren, gründlich waschen, abtropfen lassen und in sehr feine Streifen schneiden. 60 g Kochschinken in etwa 1 cm breite Streifen schneiden. Die Fladen mit Porree- und Schinkenscheiben belegen, mit etwas Salz und Pfeffer bestreuen, wie angegeben im Backofen grillen und dann servieren.

Trauben-Walnuss-Brötchen, belegte | Edel – zum Mitnehmen

10 Stück

Pro Stück: E: 13 g, F: 14 g, Kh: 33 g, kJ: 1313, kcal: 313, BE: 1,5

Für den Hefeteig:

50 g	*Walnusskerne*
1–2 Zweige	*Rosmarin*
275 g	*Weizenmehl (Type 550)*
1 1/2 TL	*Dr. Oetker Trockenbackhefe*
1 TL	*Zucker*
175 ml	*lauwarmes Wasser*
1 TL	*Salz*
125 g	*kernlose blaue Weintrauben*
10 EL	*Feigensenf*
30	*große Basilikumblättchen*
10 Scheiben	*Appenzeller, je einmal in der Mitte geteilt*

Zubereitungszeit: 45 Minuten, ohne Teiggehzeit
Backzeit: 20–25 Minuten

1. Für den Teig die Walnusskerne grob hacken. Rosmarin abspülen, trocken tupfen und die Nadeln von den Zweigen zupfen. Rosmarinnadeln fein schneiden. 100 g von dem Mehl in einer Rührschüssel mit der Hefe und dem Zucker mischen. Wasser dazugeben, kurz mit einem Holzlöffel mischen, etwa 10 Minuten zugedeckt stehen lassen.

2. Anschließend das restliche Mehl mit dem Salz hinzufügen. Die Zutaten mit den Händen zu einem elastischen Teig verkneten.

3. Zuletzt die Walnüsse und die Rosmarinnadeln unterkneten. Den Teig zugedeckt an einem warmen Ort etwa 60 Minuten gehen lassen.

4. In der Zwischenzeit die Weintrauben abspülen, trocken tupfen und die Trauben von den Rispen zupfen. Die Trauben einmal quer halbieren.

5. Den gegangenen Teig kurz und sanft mit den Traubenhälften verkneten. Den Teig auf der leicht bemehlten Arbeitsfläche zu einer Rolle formen. Die Teigrolle in 10 gleich große Stücke schneiden. Diese zu runden Kugeln formen und mit etwas Mehl bestäuben.

6. Die Teigkugeln auf ein Backblech (mit Backpapier belegt) legen und zugedeckt nochmals so lange an einem warmen Ort gehen lassen, bis sie sich sichtbar vergrößert haben (etwa 30 Minuten).

7. Den Backofen vorheizen.
Ober-/Unterhitze: etwa 220 °C
Heißluft: etwa 200 °C

8. Die Teigkugeln mit einem Messer einmal über Kreuz etwa 1 cm tief einschneiden. Dafür das Messer immer wieder in etwas Mehl tauchen. Das Backblech in den vorgeheizten Backofen (unteres Drittel) schieben. Die Brötchen **20–25 Minuten backen.**

9. Die Brötchen mit dem Backpapier von dem Backblech auf einen Kuchenrost ziehen, erkalten lassen.

10. Die Brötchen kurz vor dem Servieren einmal waagerecht durchschneiden und jede Hälfte mit etwas Feigensenf bestreichen. Die Unterhälften zuerst mit den Basilikumblättchen und dann mit dem Käse belegen. Die oberen Hälften daraufsetzen und leicht andrücken.

Vegan-Burger | Zum Mitnehmen

2 Stück

Pro Stück: E: 15 g, F: 10 g, Kh: 50 g, kJ: 1465, kcal: 350, BE: 4,0

Für die Gemüse-Frikadellen:

200 g mehligkochende Kartoffeln
1 Möhre (etwa 100 g)
Salz
1–1 1/2 EL Sojamehl (aus dem Reformhaus oder Naturkostladen)
gem. Pfeffer
1 EL Speiseöl, z. B. Sonnenblumenöl

Außerdem:

100 g Sojajoghurt
2 TL Schnittlauchröllchen
2 Roggenbrötchen
2 große Salatblätter, z. B. Kopfsalat oder Lollo rosso
1 große Tomate
einige Schnittlauchröllchen

Zubereitungszeit: 45 Minuten
Garzeit: etwa 20 Minuten

1. Für die Frikadellen die Kartoffeln unter fließendem Wasser abbürsten, knapp mit Wasser bedeckt, zugedeckt zum Kochen bringen und in etwa 20 Minuten gar kochen. Kartoffeln abgießen, mit kaltem Wasser abschrecken, abtropfen lassen. Kartoffeln noch warm pellen, dann mit einer Gabel fein zermusen.

2. In der Zwischenzeit die Möhre putzen, schälen, abspülen, abtropfen lassen und klein würfeln. Möhrenwürfel in einem kleinen Topf in Salzwasser zugedeckt in etwa 5 Minuten garen. Dann in einem Sieb abtropfen lassen.

3. Das Kartoffelmus mit Sojamehl, Salz und Pfeffer mit leicht angefeuchteten Händen verkneten. Möhrenwürfel zum Schluss vorsichtig unterkneten. Aus dem Kartoffelteig 2 gleich große Taler (Ø etwa 9 cm) formen. Das Öl in einer großen Pfanne erhitzen. Die Frikadellen darin von jeder Seite etwa 2 Minuten braten. Frikadellen herausnehmen und beiseitestellen.

4. Joghurt mit Schnittlauch verrühren. Den Schnittlauchjoghurt mit Salz und Pfeffer kräftig würzen.

5. Die Brötchen jeweils waagerecht durchschneiden. Jede Hälfte mit etwa 1 Esslöffel von dem Schnittlauchjoghurt bestreichen. Salatblätter und Tomate abspülen und trocken tupfen. Tomate in Scheiben schneiden und den Stängelansatz herausschneiden.

6. Die unteren Brötchenhälften mit je 1 Salatblatt belegen, dann mit 1 Frikadelle und 2–3 Tomatenscheiben belegen, mit Schnittlauch bestreuen, mit Salz und Pfeffer würzen. Die oberen Brötchenhälften darauflegen und leicht andrücken. Die Burger sofort genießen, bis zum Verzehr einzeln in Frischhaltefolie einwickeln oder in einer Lunch-Box aufbewahren.

Tipp: Für mehrere Portionen lassen sich die Zutaten einfach verdoppeln, verdreifachen ...

Vegetarische Mini-Pizzen I

Für Gäste

4 Stück

Pro Stück: E: 26 g, F: 33 g, Kh: 61 g, kJ: 2722, kcal: 650, BE: 5,0

Für den Hefeteig:

300 g Weizenmehl
1 Pck. Dr. Oetker Trockenbackhefe
1 TL Zucker
½ TL Salz
2 EL Speiseöl, z. B. Sonnenblumenöl
200 ml warmes Wasser

Für den Belag:

200 g Doppelrahm-Frischkäse
1 geh. TL Senf
Salz
1 EL fein gehackte Basilikumblättchen (frisch oder TK)
3 Tomaten
150 g Blauschimmelkäse
170 g abgetropfte Champignonscheiben (aus dem Glas)
gem. Pfeffer
gerebelter Oregano

Zum Bestreuen:

einige Basilikumblättchen

Zubereitungszeit: 65 Minuten, ohne Teiggehzeit
Backzeit: etwa 20 Minuten je Backblech

1. Für den Teig das Mehl in einer Rührschüssel mit Trockenbackhefe sorgfältig vermischen. Zucker, Salz, Speiseöl und Wasser hinzufügen. Die Zutaten mit einem Mixer (Knethaken) zunächst kurz auf niedrigster, dann auf höchster Stufe in etwa 5 Minuten zu einem glatten Teig verarbeiten. Den Teig zugedeckt so lange an einem warmen Ort gehen lassen, bis er sich sichtbar vergrößert hat.

2. Für den Belag Frischkäse mit Senf, Salz und Basilikumblättchen verrühren. Tomaten abspülen, abtrocknen und in Scheiben schneiden, dabei die Stängelansätze herausschneiden.

3. Den Backofen vorheizen.
Ober-/Unterhitze: etwa 200 °C
Heißluft: etwa 180 °C

4. Den Teig auf der leicht bemehlten Arbeitsfläche nochmals kurz durchkneten. Den Teig in 4 gleich große Stücke teilen, zu Kugeln formen und jeweils zu einer runden Platte (Ø etwa 14 cm) ausrollen.

5. Jeweils 2 Teigplatten auf 1 Backblech (mit Backpapier belegt) legen. Jede Teigplatte mit einem Viertel der Frischkäsemasse bestreichen, dabei am Rand etwa 1 cm frei lassen.

6. Den Käse in kleine Würfel schneiden. Jede Pizza mit Tomatenscheiben, Champignons und Blauschimmelkäse belegen. Die Pizzen mit Salz, Pfeffer und Oregano bestreuen.

7. Die Backbleche nacheinander (bei Heißluft zusammen) in den vorgeheizten Backofen (unteres Drittel) schieben. Die Pizzen **etwa 20 Minuten je Backblech backen.**

8. Basilikumblättchen abspülen, trocken tupfen und nach Belieben in Streifen schneiden. Die Pizzen vor dem Servieren damit bestreuen.

Tipp: Sie können den Teig auch mit halb Weizenmehl und halb Weizenvollkornmehl zubereiten.

Venusmuscheln in Mandelbutter I

Mit Alkohol

4–6 Portionen

Pro Portion: E: 5 g, F: 11 g, Kh: 3 g, kJ: 553, kcal: 132, BE: 0,0

1 kg große Venusmuscheln
1 Zwiebel
1 Möhre
2 Stängel Thymian
4 EL Olivenöl
125 ml Weißwein
125 ml Wasser

Für die Mandelbutter:

1 kleine Knoblauchzehe
1 Bio-Zitrone (unbehandelt, ungewachst)
100 g Butter (zimmerwarm)
3 EL gem. Mandeln
2 EL gehackte Petersilie
Salz
gem. Pfeffer

Für das Backblech:

grobes Meersalz

Zubereitungszeit: 45 Minuten
Garzeit: etwa 10 Minuten
Gratinierzeit: etwa 5 Minuten

1. Die Muscheln in reichlich kaltem Wasser gründlich waschen und einzeln abbürsten, bis sie nicht mehr sandig sind (Muscheln, die sich beim Waschen öffnen, sind ungenießbar). Evtl. die Fäden (Bartbüschel) entfernen.

2. Zwiebel abziehen und in kleine Würfel schneiden. Möhre putzen, schälen, abspülen, abtropfen lassen und in dünne Scheiben schneiden. Thymian abspülen und trocken tupfen.

3. Olivenöl in einem Topf erhitzen. Zwiebelwürfel und Möhrenscheiben darin andünsten. Muscheln, Thymian, Weißwein und Wasser hinzufügen. Die Zutaten zum Kochen bringen und zugedeckt etwa 10 Minuten dünsten, bis alle Muscheln geöffnet sind (Muscheln, die sich nach dem Garen nicht öffnen, aussortieren. Sie sind ungenießbar).

4. Den Backofengrill vorheizen.

5. Für die Mandelbutter Knoblauch abziehen und klein würfeln.

6. Die Zitrone heiß abwaschen, abtrocknen und die Schale abreiben. Die Zitrone halbieren und den Saft auspressen.

7. Butter mit Mandeln, Petersilie und Knoblauch zu einer geschmeidigen Masse verrühren. Zitronenschale unterrühren. Die Butter mit Salz, Pfeffer und etwas Zitronensaft abschmecken.

8. Ein Backblech mit Meersalz bestreuen.

9. Die geöffneten Muscheln großzügig mit der Mandelbutter bestreichen und nebeneinander auf das Backblech setzen, damit sie nicht umkippen.

10. Das Backblech unter den vorgeheizten Backofengrill schieben. Die Muscheln etwa 5 Minuten goldgelb gratinieren. Venusmuscheln in Mandelbutter sofort servieren.

Beilage: Tomaten-Zwiebel-Salat. Dafür 500 g Strauchtomaten abspülen, abtrocknen und die Stängelansätze herausschneiden. 250 g Zwiebeln abziehen, zuerst in Scheiben schneiden, dann in Ringe teilen. Die Tomaten in gleich große Scheiben schneiden und in eine Salatschüssel geben. Zwiebelringe und 1 Esslöffel gehackte Petersilie untermischen, mit Salz und Pfeffer bestreuen. Für die Salatsauce 2 Esslöffel Kräuteressig mit 2 Esslöffeln Orangensaft, 1 Teelöffel Orangen- oder Feigensenf und 1 Esslöffel Honig verrühren. 6 Esslöffel Olivenöl unterschlagen. Die Sauce mit Salz und Pfeffer abschmecken, zu den Salatzutaten geben und untermischen. Den Salat bis zum Verzehr kalt stellen. Nach Belieben mit abgespülten und trocken getupften Petersilienblättchen garnieren.

Tipp: Dazu schmeckt ofenfrisches Baguette.

Vitalsandwich I

Einfach

4 Stück

Pro Stück: E: 4 g, F: 15 g, Kh: 23 g, kJ: 1005, kcal: 241, BE: 2,0

1	*Avocado*
	Saft von
1	*großen Limette*
	Salz
	Tabasco
2	*Möhren*
2 TL	*flüssiger Akazienhonig*
1	*Birne*
4 Scheiben	*Mehrkorntoast*
4 Blätter	*Kopfsalat*
20 g	*Radieschensprossen*

Zubereitungszeit: 15 Minuten

1. Avocado abspülen und abtrocknen. Avocado halbieren. Das Avocadofleisch mit einem Löffel aus den Avocadohälften nehmen und in eine Schüssel geben. Das Fruchtfleisch mit einer Gabel zerdrücken, mit etwas von dem Limettensaft sowie Salz und Tabasco pikant würzen.

2. Die Möhren putzen, schälen, abspülen, abtropfen lassen und grob raspeln. Möhrenraspel mit etwas Limettensaft und Akazienhonig vermischen. Die Birne abwaschen, abtrocknen, halbieren und entkernen. Die Birnenhälften mit der Schale in Spalten schneiden.

3. Jede Toastscheibe mit etwas von dem Avocadopüree bestreichen. Auf 2 Toastscheiben die abgespülten und trocken getupften Salatblätter, Möhrenraspel, Birnenspalten und die abgespülten, trocken getupften Sprossen verteilen. Mit den anderen beiden Toastscheiben bedecken, leicht andrücken und diagonal halbieren.

Vollkorn-Stulle I

Schnell
2 Portionen

Pro Portion: E: 6 g, F: 18 g, Kh: 28 g, kJ: 1262, kcal: 303, BE: 2,5

1 EL gehobelte Haselnusskerne
4 getrocknete Soft-Feigen
4 Basilikumblättchen
4 Scheiben Körner-Schwarzbrot
100 g Ziegenfrischkäse
gem. schwarzer Pfeffer
½ Birne (etwa 50 g)
1 TL Zitronensaft

Zubereitungszeit: 15 Minuten, ohne Abkühlzeit

1. Haselnusskerne in einer Pfanne ohne Fett unter Wenden goldbraun rösten und auf einem Teller erkalten lassen.

2. Die Feigen in dünne Scheibchen schneiden. Die Basilikumblättchen abspülen, trocken tupfen und grob zerschneiden.

3. Die Schwarzbrotscheiben mit Frischkäse bestreichen und mit Pfeffer bestreuen. Birnenhälfte heiß abwaschen, abtrocknen, halbieren und entkernen. Birne mit Schale in Streifen schneiden. Die Birnenstreifen mit Zitronensaft beträufeln.

4. Die Birnenstreifen mit den Feigen, Haselnusskernen und dem Basilikum auf dem Frischkäse verteilen. Jeweils 2 belegte Brotscheiben aufeinanderlegen und die Brote evtl. halbieren.

Waldpilzsalat

Beliebt

6 Portionen

Pro Portion: E: 11 g, F: 10 g, Kh: 2 g, kJ: 586, kcal: 140, BE: 0,0

1 kg	*Waldpilze, z. B. Maronen, Steinpilze, Pfifferlinge, Birkenpilze, Rotkappen*
5 EL	*Olivenöl*
2	*Zwiebeln*
1	*Knoblauchzehe*
10 Stängel	*Thymian*
	Saft von
1	*Zitrone*
	Salz
	gem. Pfeffer
150 g	*Kochschinken, in Scheiben*
1 Bund	*glatte Petersilie*

Zubereitungszeit: 30 Minuten, ohne Abkühlzeit

1. Pilze putzen, nicht zu stark verschmutzte mit einem Pinsel abbürsten, ansonsten kurz abspülen und gut auf Küchenpapier abtropfen lassen. Große Pilze in kleine Stücke schneiden.

2. In einer großen Pfanne das Öl erhitzen. Die Pilze evtl. in 2 Portionen darin anbraten. Zwiebeln und Knoblauch abziehen, in feine Würfel schneiden und ebenfalls mit anbraten, Pilze etwa 10 Minuten garen. Die Pilze abkühlen lassen.

3. Thymian abspülen, trocken tupfen, die Blättchen von den Stängeln zupfen und klein schneiden. Die Pilze mit Zitronensaft, Salz, Pfeffer und Thymian würzen. Schinken in Streifen schneiden. Petersilie abspülen, trocken tupfen, die Blättchen von den Stängeln zupfen und klein schneiden. Schinkenstreifen und Petersilie unter die Pilze heben.

Walnuss-Käse-Crostini mit Pfeffer-Feigen | Etwas Besonderes

20 Stück

Pro Stück: E: 4 g, F: 9 g, Kh: 13 g, kJ: 601, kcal: 143, BE: 1,0

225 g Baguette
60 g Walnusskerne
7 EL Olivenöl
1 EL frische Thymianblättchen
75 g getrocknete Soft-Feigen
200 g frische Feigen (etwa 5 Stück)
4 EL flüssiger Honig
2 EL Balsamico-Essig
Salz
gem. schwarzer Pfeffer
200 g Blauschimmelkäse
20 schöne Basilikumblättchen

Zubereitungszeit: 35 Minuten, ohne Abkühlzeit

1. Den Backofengrill vorheizen.

2. Das Baguette in 20 je etwa 1 cm dicke Scheiben schneiden. Die Baguettescheiben auf ein Backblech (mit Backpapier belegt) legen.

3. Walnusskerne, Olivenöl und abgespülte, trocken getupfte Thymianblättchen im Blitzhacker nicht zu fein hacken. Die Walnusspaste auf den Baguettescheiben verteilen.

4. Das Backblech unter den heißen Backofengrill (mittlere Schiene) schieben. Die Baguettescheiben in etwa 3 Minuten goldbraun rösten.

5. Die Crostini mit dem Backpapier von dem Backblech auf einen Kuchenrost ziehen und erkalten lassen.

6. Getrocknete Feigen in sehr kleine Würfel schneiden. Die frischen Feigen abspülen, abtrocknen und ebenfalls in kleine Würfel schneiden. Alle Feigenwürfel mit Honig und Balsamico-Essig mischen, mit etwas Salz und Pfeffer würzen.

7. Dann den Blauschimmelkäse in 20 kleine Spalten schneiden.

8. Pfeffer-Feigen-Kompott auf den Walnuss-Crostini verteilen. Jeweils 1 Käsespalte auf das Pfeffer-Feigen-Kompott legen. Die Basilikumblättchen abspülen und trocken tupfen. Die Walnuss-Käse-Crostini mit den Basilikumblättchen garnieren.

Winter-Crostini | Raffiniert

18 Stück

Pro Stück: E: 4 g, F: 4 g, Kh: 21 g, kJ: 609, kcal: 146, BE: 2,0

Für das Backobst-Chutney:

125 g Gemüsezwiebel
5 EL Apfelessig
100 g Zucker
1 TL Koriandersamen
1 TL Senfsamen
8 schwarze Pfefferkörner
Salz
800 ml naturtrüber Apfelsaft
100 g gemischtes Backobst (Trockenfrüchte, ohne Pflaumen)

300 g geräucherte Gänse- oder Entenbrust
35–40 g frischer Meerrettich
6 Schnittlauchhalme
6 Scheiben Graubrot (etwa 300 g)

Zubereitungszeit: 45 Minuten, ohne Abkühlzeit
Garzeit: etwa 30 Minuten

1. Für das Backobst-Chutney die Zwiebel abziehen und in etwa 1 cm große Stücke schneiden.

2. Essig, Zucker, Koriandersamen, Senfsamen, Pfefferkörner, etwas Salz und Apfelsaft in einem Topf mischen. Die Zutaten zum Kochen bringen, dann bei mittlerer Hitze etwa 20 Minuten einkochen lassen.

3. In der Zwischenzeit das Backobst in sehr kleine Stückchen schneiden. Nach etwa 20 Minuten Einkochzeit die Backobststückchen ebenfalls in den Topf geben und untermischen.

4. Die Zutaten in weiteren etwa 10 Minuten leicht dicklich und glänzend einkochen lassen. Den Topf von der Kochstelle nehmen. Das Backobst-Chutney erkalten lassen.

5. Die Gänse- oder Entenbrust in 36 dünne Scheiben schneiden. Den Meerrettich abspülen, trocken tupfen, schälen und fein raspeln. Den Schnittlauch abspülen, trocken tupfen und in feine Röllchen schneiden. Die Brotscheiben in einem Toaster goldbraun rösten. Jedes Brot in 3 etwa gleich große Stücke schneiden.

6. Jedes Brotstück mit 2 Gänse- oder Entenbrustscheiben belegen. Jeweils einen Klecks Backobst-Chutney darauf verteilen, mit Meerrettich und Schnittlauch bestreuen. Die Winter-Crostini warm servieren.

Rezeptvariante: Winter-Crostini mit Apfel-Feigen-Chutney (für 5 Gläser à 200 ml Inhalt, hält etwa 6 Monate). Dafür 1 kg Äpfel waschen, schälen, vierteln, entkernen, fein würfeln. 50 g Ingwer schälen und klein schneiden. Die Apfelwürfel mit dem Ingwer in einem Topf vermischen. 250 g Zucker, 50 g abgezogene, gemahlene Mandeln, 1 Teelöffel Senfpulver, etwas Salz und 125 ml Weißweinessig dazugeben. Die Zutaten kurz verrühren, dann alles etwa 30 Minuten dünsten. Inzwischen 2–3 frische Feigen abspülen, trocken tupfen und die Haut sorgfältig entfernen. Das Feigenfruchtfleisch klein schneiden. Zu den Apfelwürfeln in den Topf geben und etwa 15 Minuten mitdünsten lassen. Das Chutney mit Salz, Zucker und Senfpulver abschmecken. 1 Päckchen Einmach-Hilfe unterrühren. Das Chutney sofort randvoll in vorbereitete Gläser füllen. Die Gläser sofort mit Twist-off-Deckeln® verschließen, umdrehen und etwa 5 Minuten auf den Deckeln stehen lassen.

Ziegenfrischkäse mit Walnusskrokant und Portulak

Für Gäste

6 Portionen

Pro Portion: E: 3 g, F: 19 g, Kh: 8 g, kJ: 882, kcal: 211, BE: 1,0

Für den Krokant:

50 g Walnusskerne
1 TL Butter
40 g Zucker

2 gute Handvoll Portulak
150 g Ziegenfrischkäse
Salz
gem. Pfeffer
4 EL Olivenöl

Zubereitungszeit: 30 Minuten, ohne Kühlzeit

1. Für den Krokant Walnusskerne fein hacken. Butter und Zucker in einem Topf bei schwacher Hitze zerlassen. Die Walnusskerne hinzugeben und unter Rühren goldbraun rösten. Die Masse auf Backpapier streichen und erkalten lassen.

2. Die Krokantmasse mit einem Fleischklopfer oder einer Teigrolle zerkleinern. Das Krokant in eine flache Schale geben.

3. Portulak abspülen und gut abtropfen lassen oder in einer Salatschleuder vorsichtig trocken schleudern. Die Blätter von den Stängeln zupfen. Ein Drittel der Blätter klein schneiden. Klein geschnittenen Portulak mit Ziegenfrischkäse in eine Schüssel geben und mit einer Gabel vermengen. Die Masse mit Salz und Pfeffer würzen. Aus der Masse kleine kirsch- bis walnussgroße Kugeln formen. Die Käsekugeln in dem Krokant hin und her rollen, sodass sie von dem Krokant umschlossen sind. Die Kugeln zum Festwerden in den Kühlschrank legen.

4. Restliche Portulakblätter auf 4 Tellern oder einer Platte anrichten. Mit den Ziegenkäsekugeln belegen und mit Olivenöl beträufeln.

Tipp: Schneller geht es, wenn Sie fertigen Krokant kaufen (Haselnusskrokant).

Ziegenfrischkäseaufstrich I

Grüße aus der Provence

4 Portionen

Pro Portion: E: 7 g, F: 21 g, Kh: 12 g, kJ: 1077, kcal: 260, BE: 1,0

30 g	*Sonnenblumenkerne*
1 Stängel	*Rosmarin*
1 Stängel	*Thymian*
300 g	*Ziegenfrischkäse*
2 EL	*flüssiger Honig, z. B. Sommerblütenhonig*
	gem. Pfeffer
	Salz

Zubereitungszeit: 20 Minuten

1. Sonnenblumenkerne in einer Pfanne ohne Fett goldbraun rösten und auf einen Teller geben.

2. Rosmarin und Thymian abspülen und trocken tupfen. Die Nadeln bzw. Blättchen von den Stängeln zupfen und die Nadeln bzw. Blättchen fein hacken.

3. Ziegenfrischkäse mit Honig verrühren und mit Thymian, Rosmarin, Pfeffer und Salz würzen.

4. Die Sonnenblumenkerne unter den Aufstrich rühren.

5. Ziegenfrischkäseaufstrich in gründlich gereinigte, gespülte und getrocknete Gläser füllen. Die Gläser mit Deckeln fest verschließen und in den Kühlschrank stellen.

Tipps: Besonders gut schmeckt der Aufstrich auf ofenfrischem Baguette. Wenn Sie den Geschmack von Ziegenkäse nicht mögen, können Sie diesen durch Joghurt (10 % Fett) ersetzen. Im Kühlschrank ist der Aufstrich etwa 4 Tage haltbar.

Ziegenkäse im Speckmantel

Fingerfood – für Gäste

18 Stück

Pro Stück: E: 5 g, F: 18 g, Kh: 2 g, kJ: 796, kcal: 192, BE: 0,0

450 g Ziegenfrischkäse
gem. Pfeffer
36 Scheiben Bacon (Frühstücksspeck, etwa 360 g)

Für den Tomaten-Oliven-Salat:

400 g Cocktailtomaten
1 Bund Schnittlauch
1 rote Zwiebel (etwa 100 g)
je 170 g abgetropfte grüne und schwarze Oliven, ohne Stein (aus dem Glas)
2 EL Balsamico-Essig
Salz
4 EL Olivenöl

1 EL Olivenöl

Außerdem:

18 kleine Holzstäbchen

Zubereitungszeit: 50 Minuten

1. Frischkäse in Stücke schneiden, in eine Schüssel geben und mit Pfeffer bestreuen. Frischkäse mit einer Gabel verkneten.

2. Aus der Frischkäsemasse mit angefeuchteten Händen 18 gleich große Kugeln formen.

3. Die Käsekugeln mit je 2 Scheiben Bacon umwickeln und mit Holzstäbchen feststecken.

4. Für den Salat die Tomaten abspülen, abtrocknen und die Stängelansätze herausschneiden. Größere Tomaten halbieren oder vierteln.

5. Schnittlauch abspülen, trocken tupfen und in Röllchen schneiden.

6. Die Zwiebel abziehen, zuerst in Scheiben schneiden, dann in Ringe teilen.

7. Den Backofengrill vorheizen.

8. Tomaten, Schnittlauchröllchen, Zwiebelringe und Oliven in einer Schüssel mischen.

9. Essig mit Salz und Pfeffer verrühren. 4 Esslöffel Olivenöl unterschlagen. Die Marinade zu den Salatzutaten geben und untermengen.

10. Einen Esslöffel Olivenöl in einer Pfanne erhitzen. Die umwickelten Käsekugeln darin von allen Seiten kurz anbraten.

11. Die Pfanne mit den angebratenen Käsekugeln auf dem Rost unter den vorgeheizten Backofengrill schieben und kurz grillen.

12. Ziegenkäse im Speckmantel mit dem Tomaten-Oliven-Salat anrichten.

Tipp: Wenn Sie den intensiven Geschmack von Ziegenkäse nicht mögen, können Sie ihn durch die gleiche Menge Kräuter-Frischkäse ersetzen.

Ziegenkäse-Pastilla

Marokkanisch inspiriert

6 Portionen

Pro Portion: E: 9 g, F: 18 g, Kh: 25 g, kJ: 1262, kcal: 302, BE: 2,0

Für das Kompott:

1 EL	*vorbereitete frische Rosmarinnadeln*
300 g	*reife Birne, z. B. Williams oder Abate*
20 g	*Pinienkerne*
3 EL	*Aceto-Balsamico-Essig*
50 ml	*Birnensaft*
	Salz
	grob gem. schwarzer Pfeffer
2 EL	*Walnussöl*

Für die Ziegenkäse-Pastilla:

1–2 Stängel	*Thymian*
30 g	*Butter*
75 g	*frischer Filo- oder Yufkateig (aus dem Kühlregal)*
6	*runde Ziegenweichkäse-Taler, z. B. Picandou (je etwa 40 g)*
6 TL	*flüssiger Akazien-Honig*

Zum Bestreuen:

1 gestr. EL	*Puderzucker*
½ TL	*gem. Zimt*

Zubereitungszeit: 40 Minuten, ohne Abkühlzeit
Backzeit: etwa 15 Minuten

1. Für das Kompott die Rosmarinnadeln grob hacken. Birne abspülen, abtrocknen, schälen und halbieren. Danach das Fruchtfleisch in etwa ½ cm große Würfel schneiden.

2. Pinienkerne in einem kleinen Topf ohne Fett unter Wenden goldbraun rösten. Birnenwürfel und Rosmarin dazugeben, mit Balsamico und Birnensaft auffüllen und mit etwas Salz und Pfeffer würzen. Die Zutaten 3–4 Minuten köcheln lassen. Den Topf von der Kochstelle nehmen. Das Kompott erkalten lassen. Das Walnussöl unter das erkaltete Kompott rühren.

3. Für die Pastilla Thymian abspülen, trocken tupfen und die Blättchen von den Stängeln zupfen. Die Butter zerlassen.

4. Den Backofen vorheizen.
Ober-/Unterhitze: etwa 220 °C
Heißluft: etwa 200 °C

5. Die Teigblätter in 12 Quadrate (etwa 16 x 16 cm) schneiden. 1 Teigblatt auf der Arbeitsplatte ausbreiten, dünn mit zerlassener Butter bestreichen und ein zweites Blatt darauflegen.

6. Einen Ziegenkäse-Taler auf die Teigmitte legen, mit 1 Teelöffel Honig beträufeln, mit grob gemahlenem Pfeffer und etwas von den Thymianblättchen bestreuen.

7. Eine Ecke des Teiges über die Füllung falten und mit Butter bestreichen. Etwa alle 2 cm weitere Ecken über die Füllung falten und jeweils mit Butter bestreichen, bis das Päckchen komplett geschlossen ist. Auf diese Weise insgesamt 6 Ziegenkäse-Pastillas herstellen.

8. Die Ziegenkäse-Pastillas auf ein Backblech (mit Backpapier belegt) setzen. Die Oberfläche mit der restlichen Butter bestreichen.

9. Das Backblech in den vorgeheizten Backofen (unteres Drittel) schieben. Ziegenkäse-Pastillas in **etwa 15 Minuten goldbraun backen**.

10. Zum Bestreuen Puderzucker mit Zimt mischen. Das Backblech auf einen Kuchenrost stellen.

11. Den Zimt-Zucker dünn über die heißen Pastillas sieben und die Pastillas warm mit dem Kompott servieren.

Tipps: Die Ziegenkäse-Pastillas schmecken auch kalt sehr lecker. Sie können das Kompott auch mit der gleichen Menge frischer Feigen zubereiten. Pinienkerne sind ziemlich teuer. Etwas günstiger wird es, wenn Sie sie durch die gleiche Menge Mandelstifte ersetzen. Diese ebenfalls wie unter Punkt 2 beschrieben goldbraun rösten.

Schnittchen, Canapés und Sandwiches

Antipasti, Tapas, Mezze & Co.

Fingerfood & Knabbereien

Pikantes Gebäck

Kleine Mahlzeiten

Beilagen, Dips & Co.

Süßes

Für Fragen, Vorschläge oder Anregungen stehen Ihnen der Verbraucherservice der Dr. Oetker Versuchsküche Telefon: 00800 71 72 73 74 Mo.–Fr. 8:00–18:00 Uhr, Sa. 9:00–15:00 Uhr (gebührenfrei in Deutschland) oder die Mitarbeiter des Dr. Oetker Verlages Telefon: +49 (0) 521 52 06 42 Mo.–Fr. 9:00–15:00 Uhr zur Verfügung. Schreiben Sie uns:
Dr. Oetker Verlag KG, Am Bach 11, 33602 Bielefeld. Oder besuchen Sie uns online unter www.oetker-verlag.de, www.facebook.com/Dr.OetkerVerlag oder www.oetker.de.

Umwelthinweis Dieses Buch und der Einband wurden auf chlorfrei gebleichtem Papier gedruckt. Die Einschrumpffolie – zum Schutz vor Verschmutzung – ist aus umweltfreundlichem und recyclingfähigem PE-Material.

Redaktion Christina Langner

Innenfotos Walter Cimbal, Hamburg (S. 59, 81, 138, 191, 199, 202, 222, 226, 237, 250, 258)
Fotostudio Diercks: Thomas Diercks/ Kai Boxhammer/ Christiane Krüger, Hamburg (S. 10, 16, 19, 21, 23, 26, 28, 36, 42–44, 47, 49, 63, 68, 83, 85, 86, 88, 89, 96, 97, 101, 109, 115, 119, 121, 124, 125, 129, 131, 135, 137, 139, 143, 147, 158, 164, 165, 168–170, 176, 179, 181, 187, 194, 207, 213, 216, 223, 227, 229–231, 238, 240, 247, 264, 266, 269, 270, 273, 276)
Ulli Hartmann, Halle/Westf. (S. 14, 48, 65, 79, 80, 84, 103, 108, 113, 120, 122, 134, 146, 192, 200, 249, 257, 260, 278)
Bela Hoche, Hamburg (S. 46, 54, 77, 106, 112, 253, 272, 279)
Ulrich Kopp (S. 196)
Bernd Lippert (S. 58, 91, 110, 114, 140, 141, 145, 166, 185, 239, 242)
Janne Peters, Hamburg (S. 5, 7, 18, 25, 31, 40, 51, 52, 55, 56, 61, 62, 64, 71, 72, 82, 87, 90, 98, 105, 111, 117, 118, 123, 127, 149, 154, 157, 161, 162, 172, 175, 188, 201, 208, 211, 232, 235, 241, 245, 248, 254, 263, 271, 275, 280)
Antje Plewinski, Berlin (S. 8, 9, 27, 32, 41, 92, 93, 130, 133, 136, 144, 212, 221, 224, 236, 251, 259, 261, 265)
Hans-Joachim Schmidt, Hamburg (S. 11, 13, 17, 20, 34, 45, 74, 75, 95, 142, 152, 167, 180, 183, 190, 193, 195, 204, 214, 218, 256)
Axel Struwe, Bielefeld (S. 22, 33, 35, 37–39, 57, 67, 76, 78, 102, 116, 128, 132, 151, 153, 173, 177, 198, 205, 215, 217, 234, 243, 246, 252, 255, 274, 277)
Norbert Toelle, Bielefeld (S. 30, 50, 53, 104, 148, 155, 159, 233, 267)
Brigitte Wegner, Bielefeld (S. 24, 29, 73, 99, 150, 160, 163, 182, 184, 186, 197, 203, 228, 262)

Lektorat no:vum, Susanne Noll, Leinfelden-Echterdingen

Nährwertberechnungen Nutri Service, Hennef

Grafisches Konzept und Gestaltung MDH Haselhorst, Bielefeld
Titelgestaltung kontur:design GmbH, Bielefeld
Druck und Bindung Mohn media Mohndruck GmbH, Gütersloh

ISBN: 978-3-7670-0781-9